본문이 살아있는 설교 플랫폼

깊게 공감하고 함께 설교하기 위한
본문이 살아있는 설교 플랫폼

권호, 임도균, 김대혁, 류응렬, 정승룡 지음

아가페

추천의 글

이 책은 훌륭한 교수님들과 현장의 목회자들이 한 팀이 되어 만든 설교에 관한 안내서다. 모든 신학생과 목회자의 손에 들려야 할 중요하고 도움이 되는 자료로, 성경에 충실하면서도 철저하게 실용적이다. 이 책을 읽고 얻은 통찰력은 당신의 설교 능력을 향상시키는 데 큰 도움이 될 것이다. 나는 이 책을 강력하게 추천한다!

데이비드 알렌 _사우스웨스턴신학대학원 설교학 석학교수

출중한 설교학자와 존경받는 목회자 다섯 명이 함께 설교자들을 돕기 위해 뭉쳤다. 이들은 탁월한 이 책을 통해 성경 본문에 충실한 메시지를 만들기 위한 유익한 통찰을 제공한다. 또 본문에 진실하게 접근하고, 성경의 장르에서 설교 구조를 만들어내며, 21세기 청중에게 효과적으로 접근할 수 있는 유용한 설교 도구도 제공한다. 많은 목회자가 새롭고 탁월한 이 책을 통해 도움받기를 기도한다.

마이클 두두잇 _Preaching Magazine 수석편집장

오늘날 성경 본문에 전적으로 의존하는 설교가 많지 않다. 설교자가 결정할 수 있는 가장 중요한 것 중 하나가 성경 본문이 설교의 본보기가 되게 하는 것이다. 이것이 어려운 도전같이 느껴지지만, 우리 주님과 그분의 교회는 우리에게 이 일에 최선을 다해 줄 것을 요구한다. 이

렇게 값진 책을 쓴 충성스러운 저자들의 노고에 감사하며, 이 책을 정중히 추천한다.

스티븐 스미스_알칸사스 임마누엘침례교회 담임목사,
전 사우스웨스턴신학교 부총장

주님께서 신실하고 매력적인 강해설교자들을 한 자리로 불러 이 책을 쓰게 하신 것에 진심으로 감사한다. 성령님은 영감하신 말씀에 충실한 설교를 사용하신다. 따라서 나는 이 책이 자신의 청중에게 풍성한 성경 진리를 이해시키고, 가슴과 삶에 적용하는 법을 제대로 가르치는 신실한 다음세대 목회자를 세워갈 것이라 확신한다. 그리스도인이 하나님 말씀 앞으로 나아오게 하는 설교에 더 익숙해지면, 다른 설교는 결코 귀에 들어오지 않을 것이다!

허셜 요크_서든신학대학원장, 설교학 교수

『본문이 살아있는 설교 플랫폼』이라는 책 제목부터 관심을 끌기에 충분하다. 성경은 하나님의 생명의 말씀, 생활의 말씀이다. 설교할 때 성령의 능력으로 성경 본문이 스스로 말하게 하면(Let the Bible speak for itself), 생명과 생활의 말씀이 우리의 삶을 변화시키는 살아있는 말씀 그대로 드러난다. 설교학 전문가와 목회자들이 함께 집필한 이 책을 통해, 하나님의 창조와 부활의 생명 능력을 체험하는 설교의 진수를 맛볼 것이라 확신한다.

권성수_대구동신교회 담임목사

코로나19로 인한 이 시대는 그야말로 '미디어의 시대'라고 할 수 있

다. 교회에서 이런 변화를 가장 적극적으로 받아들일 수밖에 없는 분야가 다름 아닌 설교의 영역이다. 매일 미디어를 통해 쏟아지는 설교 가운데 진정한 하나님의 말씀을 담은 설교는 몇 편이나 되겠는가? '설교란 무엇인가'에 대한 진지한 질문이 어느 시대보다 중요해진 오늘날, 이 책은 설교가 하나님의 말씀인 본문 자체에서 나와야 함을 분명히 하며, 독자들에게 그 길을 보여준다.

김병삼 _만나교회 담임목사

한국 교회 다음세대 목회자들에게 이런 것을 소망해 본다. 주의 나라를 위해 서로 협력하는 정신, 복음에 감격하여 섬기는 모습, 그리고 말씀에 목숨 걸고 대언하는 열정 말이다. 이 책을 통해 이 소망이 이루어지길 기대해 본다. 이 책의 저자들에게서 그런 모습을 볼 수 있기 때문이다. 앞으로 독자들의 삶에서도 복음 사역을 위한 아름다운 동역과 소멸하지 않는 감격과 불타는 대언자의 열정을 기대한다.

김승욱 _할렐루야교회 담임목사

한국 교회에 강단의 회복이 절실한 때다. 이에 대해 제대로 된 강해설교만이 유일한 답이라 믿는다. 그러나 제대로 된 강해설교를 찾아보기가 쉽지 않다. 이번에 설교학 교수와 목회자들이 힘을 모아 강해설교의 정신을 계승하면서도, 본문에 더욱 충실하게 설교하도록 돕는 실제적이고 신선한 제안을 소개하는 것은 매우 고무적인 일이다. 이 책이 바르고 능력 있는 설교를 사모하는 설교자들에게 지침과 도전이 되길 기대한다.

김창훈 _총신대 신학대학원장, 설교학 교수

이 책은 첫머리에서 중요한 질문을 하나 던진다. "왜 본문이 살아있는 설교여야 하는가?" 설교자는 끊임없이 하나님의 은혜를 구하는 청중과 성경 사이에 말씀의 전령자로 서 있다. 본서의 저자들은 한국 교회 설교자들에게 값싼 지식이나 잡다한 말로 하나님의 은혜를 포장하지 말고, 본문에 담겨있는 생명력 있는 말씀의 설교자가 되라고 권면한다. 더불어 저자들은 다양성과 감성을 추구하는 이 시대의 문화 한복판에 있는 청중에게 다양한 전달방식으로 말씀을 소통하라고 주문한다. 시대의 기류에 편승해 말씀의 능력을 상실하는 한국 교회에, 본서 같은 본문에 충실한 설교를 위한 안내서가 꼭 필요하다고 믿는다.

문상기 _침신대 신학대학원장, 설교학 교수

말씀의 홍수 시대에 참된 생수의 길을 안내하는 책이다. 설교학자 세 분의 학문적인 전문성과 목회자 두 분의 현장 설교의 현실을 간파한 날카로운 제안이, 많은 설교자에게 새로운 도전을 주리라 확신한다. 단순한 강해나 석의가 아닌, 본문이 이끄는 핵심 메시지가 청중의 실제적인 삶과 연결될 때, 강단이 살아나고 성도의 삶이 변화될 것은 자명하다. 많은 설교자가 이 책을 통해 설교의 새 지평을 여는 기회가 되길 소망하며, 한국 교회 앞에 주저 없이 추천한다.

박성근 _남가주 새누리교회 담임목사

이 책은 설교학자 세 명과 설교학을 전공한 목회자 두 명이 동일한 설교 철학을 바탕으로 현대 교회와 목회자들을 위해 저술한 설교학 교과서다. 본문 중심이되 포스트모던 시대의 현장 연관성과 적용을 중시하며, 성경의 독특한 장르를 고려한 주의 깊은 시도다. 게다가 설교에만 그치는 것이 아니라 예배라는 범위로 확장되어, 우리의 전체 삶이 하나님께 예배하는 삶이 되게 한다. 하나님의 영원한 말씀 안에서 '안식'하고자 하는 모든 목회자와 성도에게 필독을 추천한다.

박태현 _총신대 목회신학전문대학원 설교학 교수

오늘날 강단에서 외치는 설교자는 많지만, 하나님의 진한 마음을 그대로 드러내는 설교자는 그리 많지 않다. 나는 자신에게 늘 묻는다. '너는 타성에 젖은 종교배우로서 종교놀이 하는 설교자는 아닌가?' 본문이 살아나는 설교는 모든 설교자의 꿈일 것이다. 그 꿈에 대한 뜨거운 목마름으로 찾아 헤매다 만난 오아시스 같은 책이 바로 이 책이다. 성경 본문 속의 독생자를 주기까지 사랑하시는 그 뜨거운 하나님의 사랑을 그대로 드러내는 설교를 하고 싶다면 이 책을 꼭 읽기 바란다. 부족한 종이 목회하면서 절절히 느끼는 것은 설교가 목회라는 것이다. 설교가 지도력이자 목회의 모든 것이다. 설교가 살면 영혼이 살고 목회가 살며 교회가 산다. 이런 설교를 하고 싶다면 모든 일을 뒤로하고 이 책부터 읽으라고 간곡히 권한다.

백동조 _목포 사랑의교회 담임목사

2020년은 백 년에 한 번 경험할까 말까 한 코로나 사태로 온라인 예배가 일상어가 되어, 어느 때보다 혼과 영과 골수를 쪼개는 말씀의 날 선 검이 절실히 필요한 시기다. 이럴 때 교단과 사역 현장은 다르지만 '말씀 사랑'과 '영혼 사랑'에 같은 마음을 가진 권호, 임도균, 김대혁 교수님과 류응렬, 정승룡 목사님이 쓴 이 책이 출간되어 매우 기쁘다. 이 책은 '성경이 말씀하게 하라'(Let the Bible speak)는 믿음의 선배들의 가르침을 실제로 적용할 수 있는 지침서가 될 것이다. 또 상대주의에 익숙한 포스트모더니즘 청중에게 절대 진리인 하나님의 말씀을 효과적으로 전하는 귀한 도구로 쓰일 것이다. 모쪼록 이 책을 통해 한국 교회 강단이 목자의 심정으로 선포되는 말씀으로 흥왕하기를 소원한다.

오정현 _사랑의교회 담임목사

새설교학 운동을 토머스 롱, 유진 로우리, 데이비드 버트릭이 주도했다면, 새강해설교(본문이 살아있는 설교)는 권호, 임도균, 김대혁이 이끈다. 설교를 요리로 비유한 저자들이 준비한 밥은 집밥이다. 원재료 고유의 맛에 시대와 장르를 버무려 멋스럽기까지 한 건강식이다. 본서는 역사 이래 생명과 건강이 가장 위협받는 요즘, 마스크를 쓰고 호흡이 곤란한 회중에게 산소 같은 설교를 공급하자고 동료 설교자들을 격려하고 있다. 주인공은 현장 설교자들이고 영광은 저자나 설교자가 아닌 하나님의 몫이다.

오현철 _성결대 설교학 교수, 한국복음주의실천신학회 회장

설교는 본문에 스며 있는 하나님의 꿈을 전하는 것이다. 우리를 구원해 천국의 기쁨을 누리기 원하시는 아버지의 마음을 쏟아내는 시간이기도 하다. 이 꿈과 마음이 고스란히 성경에 담겨있다. 말씀이 살아날 때 이 꿈과 마음은 오늘 이곳에서 경험되는 은혜의 현실이 된다. 이 책은 어떻게 그것이 가능한지 친절하고 흥미롭게 설명한다. 이 책을 통해 한국 교회 강단에 말씀이 살아나기를 기대한다.

이찬수 _분당우리교회 담임목사

설교는 해석과 전달이라는 두 기둥으로 세워진다. 해석의 대상은 성경 본문이고, 전달의 궁극적 대상은 청중이다. 청중에게 전달되지 않는 본문 해석은 무용지물이다. 본문에 근거하지 않은 잘 전달된 설교는 감언이설이다. 본문 해석은 해석학자들의 몫이고, 그들이 제공해 준 본문 해석에 예화나 간증 한둘 곁들여 쉽고 재미있게 포장하는 것이 설교자들의 몫인 양 설교자의 책임을 왜곡해 온 것은 잘못 정도가 아니라 심각한 범죄다. 이 책은 설교자가 수행해야 할 이 두 작업을 돕기 위해 한국의 내로라하는 현역 설교학자들과 현장감 있는 목회자들이 '본문이 살아있는 설교'라는 개념 아래 펼쳐낸 고마운 작업의 결과다. 모든 설교자에게 효과적인 길잡이가 되고 큰 유익이 될 것이다.

정창균 _합동신학대학원 총장, 설교자하우스 대표

Contents

추천의 글　　005
머리말　　014

Part 1
한눈에 보는 현대 설교의 흐름

Chapter 1　　왜 '본문이 살아있는 설교'인가 / 권호　　023

Part 2
본문이 살아있는 설교의 핵

Chapter 2　　본문이 살아나는 본문연구 / 임도균　　059

Chapter 3　　본문이 살아나는 설교와 장르 / 김대혁　　104

Chapter 4　　본문이 살아있는 설교의 연관성과 적용 / 권호　　159

Part 3
본문이 살아있는 설교의 전달과 예배

Chapter 5　본문이 살아나는 성경 봉독 / 임도균　　**207**

Chapter 6　본문이 살아나는 설교와 예배 / 김대혁　　**230**

Part 4
본문이 살아있는 설교와 목회

Chapter 7　본문을 살아내는 설교자 / 류응렬　　**267**

Chapter 8　강해설교와 목회 / 정승룡　　**283**

미주　**307**

머리말

"설교자가 본문을 해석하는 것이 아니라 본문이 설교자를 해석한다. 경외감을 느낀다. 설교자가 본문에 무엇을 넣는 것이 아니라, 본문이 설교자에게 무엇을 넣어준다. 다시 희망을 느낀다."

_어느 설교자의 고백 중에서

지난 몇 년간 가장 보람 있었던 일은 본문이 살아있는 설교를 하자고 외친 것이었다. 요즘 가장 행복한 일은 동역자들과 함께 이 길을 걷는 것이다. 설교에서 본문을 살리는 것만큼이나 사역에서 동역자를 세우는 것이 중요함을 깨닫는다. 최근 '새강해설교'와 '본문이 살아있는 설교'의 길에서 소중한 이들을 더 많이 만나니 흥분되고 기쁘다.

이 책은 유학시절부터 본문 중심의 설교를 함께 고민해 온 이들이 마음을 모아 만들었다. 저자 중 어떤 이는 신학교에서 연구하며 학생들을 가르치고, 어떤 이는 목회 현장에서 충성스러운 목양과 충실한 설교 사역을 감당하고 있다. 사역의 현장은 다르지만 말씀을 사랑하고 설교를 통해 영혼을 변화시키고자 하는 마음은 동일하다.

이 책은 최근 북미 설교학에 큰 영향을 주고 있는 '본문이 살아있는 설교'에 대한 중요한 이론과 주요 기법을 소개한다. 각 저자는 중요한 이론을 가능한 한 쉽고 명료하게 풀어내고자 노력했다. 실제 기법도 구체적으로 제시하고자 애썼다. 본문이 살아있는 설교에 대해 더 쉽고 더 깊이 연구할 수 있도록 각 장과 미주에 국내외의 중요한 책도 소개했다. 이런 노력이 독자에게 배움의 기쁨으로 이어지길 기대한다.

우리가 뭔가 대단하고 근사한 설교학적 공헌을 하기에는 역부족이다. 그래도 말씀을 소중히 여기고 순전하게 설교하고 싶은 열정만큼은 뜨겁다. 그런 우리를 귀하게 보시는 하나님, 기쁘게 동역해 주시는 여러분이 있어 오늘도 본문이 살아있는 설교의 길을 간다.

_권호

먼저 나를 창조하시고 구원하시고 말씀의 종으로 부르신 하나님께 감사와 영광을 올려드린다. 종의 길을 가는 과정 중에 눈물의 기도로 끝까지 지지해 주시는 사랑하는 어머님께도 감사드린다. 또 미국 텍사스에서 유학시절, 말씀의 종으로서 섬기는 태도와 방법을 가르쳐주신 데이비드 알렌 박사님과 스티븐 스미스 박사님, 캘빈 퍼슨 박사님, 알 파솔 박사님께도 감사드린다. 이분들의 헌신과 모범된 삶이 아니었다면 지금 설교자를 돕는 일은 불가능했을 것이다. 함께 꿈꾸고 서로 격려해 주는 동역자들을 허락하셔서 사명의 길이 외롭지 않아 감사하다. 이러한 분들의 사랑과 수고가 밑거름이 되어 이 책이 나오게 되었다.

하나님은 살아계시고 영원하시다! 하나님의 말씀에는 영원한 생명력이 있다. 본문이 살아있는 설교는 하나님의 영감받은 말씀인 성경이 설교 중 생명력 있게 움직이도록 조력하는 설교다. 이렇게 싱싱하게 살아있는 하나님의 말씀으로 한국 교회와 전 세계에 흩어진 디아스포라 한인 교회를 섬기고자 설교학자와 현장목회자들이 거룩한 플랫폼에 모였다. 교단과 배경은 달라도 모두 하나님을 사랑하고, 하나님 말씀의 능력을 신뢰하며, 그리스도의 몸 된 교회를 존귀하게 여기는 사람들이다.

이와 같은 생생한 사역은 성경을 기록하신 성령 하나님의 도움으로

만 가능하다. 초대교회와 교회 역사 가운데 강력하게 역사하신 성령님의 권능이 시대 가운데 활력 있게 나타나길 기대한다. 아무쪼록 이 책을 펼쳐 들고 말씀 사역에 동참하는 모든 설교자들의 선포 사역 가운데, 하나님의 살아있는 말씀의 역사가 풍성하게 나타나길 기대하며 기도한다!

_임도균

설교자에게 설교는 영원한 가슴앓이다. 말씀의 목소리보다는 사람의 목소리가 더 높아지는 이 시대에, 설교자의 가슴은 더 아릴 수밖에 없는 것 같다. 어떻게 하면 강단에서 하나님의 목소리가 더 잘 들리게 할 수 있을까? 아무리 생각해도, 낮아진 강단의 권위를 바로 세우는 길이 강단 위에 선 설교자의 역량이 커지거나 설교자의 목소리가 높아지는 것은 아닌 것 같다. 설교자의 참된 가치가 설교자 자신의 성취와 능력에 달려있기보다는, 성경 말씀에 얼마나 더 충실했는지에 달려있기 때문이다. 그래서 설교다움을 진지하게 고민하는 설교자는 다시 본문으로 돌아갈 수밖에 없다.

오해하지는 말라. 설교자라면 성경의 진리의 목소리, 자신의 숨은 동기가 자아내는 소리, 그리고 현대 문화와 사람의 소리에 모두 귀를 기울여야 한다. 그러나 여기에도 반드시 우선순위가 있어야 한다. 바른 설교를 위해 자신의 내면의 소리는 본문의 목소리 앞에서 무릎을 꿇어야 한다. 세상의 소리에 귀를 기울이는 것은 결국 본문의 목소리를 생생히 드러내기 위함이다. 설교에는 반드시 본문의 음성이 생생하게 살아있어야 한다.

이 책은 이런 확신을 가진 설교자가 함께 모여 만든 플랫폼이다. 플랫폼이라는 말 그대로, 각자 고유한 개성을 존중하되 본문에 대한 같은 사랑을 가지고 협력과 상생의 마음으로 만들었다. 모쪼록 『본문이 살아있는 설교 플랫폼』이 하나님의 진리의 목소리가 이 세상을 휘어잡아 이끌어가기를 바라는 말씀의 수종자가 함께 참여해 성장하는 '장'(場)을 마련하는 책이 되길 소망한다.

_김대혁

PREACHING

Part 1 한눈에 보는 현대 설교의 흐름

Chapter 1
왜 '본문이 살아있는 설교'인가

_ 권호

대담한 설교, 희망의 설교

세계적인 구약학자이자 통찰력 있는 설교자 월터 브루그만(Walter Brueggemann)에 따르면, 설교는 '대담한 행위'(audacious act)다.01 끊임없이 세속화 되는 사회에서 다양한 지식과 생각을 지닌 청중에게 설교가 늘 예상치 못한 메시지를 던지기 때문이다. 설교는 외적 성장, 물질, 개인 중심의 문화에만 몰두해 있는 사회에 태클을 건다. '나 정도면 괜찮지'라고 생각하는 청중에게 당신의 영혼은 병들었다고 진단을 내린다. '이젠 막다른 골목'이라고 절망하는 개인과 사회에 아직 길이 있다는 희망을 제시한다. 이렇게 설교는 생각지 못한 새 메시지를 가감 없이 던지는 대담한 행위다.

설교가 개인과 사회에 이토록 중요한 영향력을 미친다면, 그 뿌리에 무엇이 있어야 하는가. 바로 텍스트, 하나님의 말씀인 성경이다. 정신없이 돌아가는 세상에서 잠시라도 휴식과 여유를 누리고 싶은 성도들이 교회에 앉아있는 이유는, 하나님의 말씀을 듣고 싶어서다. 이런 영적 갈망을 지닌 청중에게 설교자 개인의 잡다한 지식과 주관적 생각을 전한다면 죄악이다. 본문에 충실하지 않고 대충대충 메시지를 전한다면 소명에 대한 배신이다.

물론 필립 브룩스(Phillips Brooks)의 말처럼, 설교는 '설교자의 인격을 통해 전해지는 진리'다.02 그러나 여기서 인격은 말씀에 매여 있는 인격, 말씀에 충실하고자 하는 인격, 말씀에 순종하고자 하는 인격을 말한다. 말씀과 분리된 잡다한 지식과 생각과는 거리가 멀다. 또 본문에 충실하게 완벽히 준비해야만 설교할 수 있는 것도 아니다. 이론적으로나 경험적으로 완벽한 설교가 없다는 것을 우리는 잘 안다. 그러나 먼저 우리가 할 수 있는 최선을 다해 설교를 준비할 때, 우리의 부족한 부분을 넘어 성령께서 도와주신다.

분명하다. 설교가 하나님을 배제하는 세상에 경고를 던지고, 죄악으로 죽어가는 영혼에 희망이 되기 위해서는 텍스트, 즉 성경 본문에 깊고 견고하게 뿌리내려야 한다. 부담스럽고 어렵게 들릴 수도 있다. 그러나 포기할 수 없다. 우리의 설교가 성경에 뿌리를 두고 있을 때만 본문이 살아있는 설교(Text-Living Preaching)가 강단의 열매로 나타나기 시작한다.

동일한 철학과 방법, 다양한 이름

'본문이 살아있는 설교'는 '본문이 이끄는 설교'(Text-Driven Preaching)를 쉽게 이해하고 효과적인 방법으로 제시하기 위한 명칭이다. 곧 살펴보겠지만, 본문이 이끄는 설교는 현재 북미 설교학의 가장 영향력 있는 설교 방법론 중 하나로 자리 잡았다. 한편 본문이 살아있는 설교는 국내에서 '새강해설교'(New Expository Preaching)로도 불린다. 이 명칭은 전통적인 강해설교의 철학을 이어받으면서, 동시에 현대 설교 방법론을 새롭게 발전시켰다는 의미를 나타내기 위해 사용하고 있다.

요약하면 전통적 강해설교의 정신을 계승하는 면에서 '새강해설교'를, 쉬운 이해와 효과적인 설교 방법론을 강조하는 면에서는 '본문이 살아있는 설교'라는 용어를 사용한다. 지금까지의 내용을 아래 그림을 통해 간략하게 정리해 보자.

그림1 : 본문이 살아있는 설교의 출현 흐름

앞에서 살펴본 것처럼, 본문이 살아있는 설교는 본문을 소중히 여기고 끊임없이 본문을 살려내고자 노력하는 설교 철학과 방법론이다. 이제 본문이 살아있는 설교의 핵심 내용을 살펴보자.

본문이 살아있는 설교의 방향, 4C

현시대에 말씀의 빛과 힘이 사라졌다고 한탄하는 사람이 많다. 그런데 그렇지 않다. 이 책을 읽고 있는 독자처럼 설교자가 텍스트, 즉 성경 본문으로의 강한 회귀 본능을 가졌다면 여전히 변화와 성장을 꾀할 수 있다.

이런 확신에서 본문이 살아있는 설교는 크게 네 가지 방향을 추구한다. 이번 장 후반부에서 세부적으로 설명하겠지만, 먼저 이것을 4C로 간단히 정리해 보자.

첫째, 하나님의 위임(God's Commission)이다. 하나님은 여전히 이 시대에도 사람들에게 말씀하신다. 하나님은 설교자를 세워 당신의 뜻을 전하신다. 하나님의 이 위임이 설교자가 누릴 감격과 영적 권위의 근본적 이유다.

둘째, 본문에 기초한 설교(Biblical Content)다. 진정한 설교는 본문의 내용에 기반을 둔다. 청중의 생각, 경험, 삶의 기준이 되는 본문의 내용을 충실하게 전할 때 진정한 영혼의 변화가 일어난다.

셋째, 장르를 반영한 설교(Biblical Carrier)다. 본문 내용뿐 아니라 그것을 전달하는 다양한 틀(biblical carrier, genre), 즉 성경의 장르를 존중하고 활용해야 한다. 이러한 노력으로 다양하고 풍성한 설교의 형태를 만들 수 있다.

넷째, 연결을 시도하는 설교(Biblical Connection)다. 설교자는 하나님의 말씀이 모든 세대에 연결되도록 끊임없이 성경적 연결점을 찾아야 한다. 본문의 의미를 선명하게 드러내면서, 현세대와 다음세대를 위해 다양한 연관성, 설교 전달, 효과적 적용을 찾고 제시해야 한다.

본문이 살아있는 설교의 방향(4C)을 그림으로 요약해 보자.

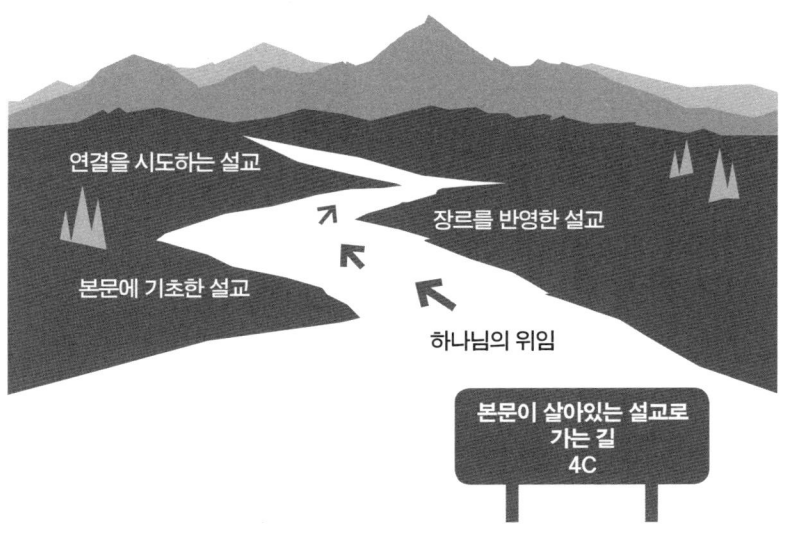

그림2 : 본문이 살아있는 설교로 가는 길

본문이 살아있는 설교가 추구하는 큰 방향을 알아보았다. 세밀한 시각으로 본문이 살아있는 설교의 구체적 방법에 대해 본격적으로 배우기 전에, 넓은 시각으로 현대 설교학의 흐름 속에서 본문이 살아있는 설교의 위치를 파악해 보자.

한눈에 보는 현대 설교의 흐름

설교자가 성경 본문을 대하는 태도가 설교의 방향과 효과를 결정한다. 구체적으로 말하면, 본문에 대한 태도가 설교의 내용, 전달방식, 적용방식을 결정한다. 설교 현장에서 이 사실은 쉽게 확인된다. 또 설교학적 흐름을 살펴봐도 결론은 동일하다. 지난 50년 동안 나타난 북미 설교학의 움직임을 살펴보면 이 사실이 더 분명해진다.[03]

북미의 대표적인 세 설교학의 본문에 대한 설교 철학과 구체적인 방법론을 몇 페이지로 짧게 요약한다는 것은 쉽지 않은 일이다. 너무 단순화하는 위험이 있다. 그럼에도 명료한 이해를 위해 각 그룹이 본문을 어떻게 생각했는지, 그에 따른 결과가 무엇인지 핵심적으로 살펴보는 것이 필요하다. 본문에 대한 각 그룹의 입장을 본문의 내용과 장르를 기준으로 살펴보자.

첫 움직임 – 신설교학

1970년대 북미 강단에 새로운 목소리를 내는 사람들이 나타났다. 이들은 전통적인 설교에 회의를 품고 뭔가 새 방향을 모색했다. 전통적인 설교와 차별되는 설교를 꿈꿨던 이들의 움직임을 '신설교학'(the New Homiletic)이라고 부른다.[04] 신설교학은 전통적 설교를 전제적, 연역적, 청중 비참여적 설교라고 비판했다. 그리고 전통적 설교가 잘 인식하지 못한 변화된 현대 청중의 상황을 분석하기 시작했다.

신설교학에 따르면, 현대 청중은 더는 메시지를 수동적으로 듣기만 하는 조용한 수용자가 아니다. 청중을 과거의 틀로 인식할 때 설교자는 아무런 감동이나 영향을 줄 수 없다. 설교자는 청중이 본문에 대해 호기심을 느끼게 하고, 해석에 참여하게 한 후, 스스로 답을 찾게 해야 한다. 설교자는 이 과정을 통해 청중이 말씀을 경험하는 '설교적 사건'(homiletical event)을 만들어야 한다.

전체적으로 볼 때, 신설교학은 본문의 내용보다는 그것을 청중에게 어떻게 효과적으로 전달할지를 고민했다. 이 과정에서 성경 장르의 중요성을 깨닫고, 내러티브 형식의 귀납적 설교 형식을 소개했다. 몇 가지 설교학적 부작용은 후에 살펴보기로 하고, 신설교학의 두 핵심 인물을 통해 그들의 이론과 실제 방법을 살펴보자.

텍스트와 설교자의 경직 풀기

신설교학의 창시자는 프레드 크래독(Fred B. Craddock)이다. 그는 전통적 설교를 통렬히 비판했다.[05] 크래독은 전통적 설교가 아리스토텔레스의 뿌리 깊은 수사학적 영향을 받았다고 보았다. 그 결과 전통적 설교는 신학적 명제를 추출해 논리적으로 풀어가는 연역적 형태로 굳어졌다. 이 과정에서 설교자는 진리를 선포하는 권위적 입장이 되고, 청중은 그저 듣기만 하는 소극적 입장이 되었다. 청중의 참여와 적극적인 반응이 불가능한 구도가 형성된 것이다.

크래독은 전통적 설교의 내용도 기독교 문화 속에서 자란 현대 청중에게는 뻔한 내용이어서, 더는 흥미와 새로움을 주지 못한다고 비판했다. 그에 따르면, 전통적 설교는 본문의 형태인 장르를 무시한 채 몇 가지 신학적 관찰과 핵심 내용만 추출해 전하는 3대지 형식으로 고착화했다. 이런 획일적 연역 방식은 말씀을 파편화하고 본문의 생명력을 상실케 한다. 이제 설교자는 '나는 진리를 선포하는 자'라는 권위적 모습을 벗어야 한다. 오히려 청중을 말씀 속으로 초대하고, 그들이 스스로 집중해서 답을 발견하도록 돕는 자가 되어야 한다.

크래독은 전통적 설교의 한계를 극복하기 위해 성경 내러티브가 지닌 문학적 기능과 효과에 주목하고, 그것을 자신의 설교 방법론에 적용했다.06 그 결과 '복음을 엿듣게 하기' 혹은 '복음을 우연히 듣게 하기' (overhearing the Gospel)라는 간접적 소통방식을 제시했다.

크래독에 따르면, 예수님은 내러티브, 특별히 비유가 가진 간접적 소통방식을 통해 메시지를 전하셨다. 비유는 직접적인 신학적 진술이나 성급한 적용으로 시작되지 않는다. 쉽고 생생하며 흥미로운 은유를 통해 천천히 청자에게 다가간다. 그러다 어느 순간 전혀 예측할 수 없던 새로운 시각과 행동의 변화를 촉구하는 힘을 발휘한다. 이렇게 비유는 간접적 방식으로 청자의 관심을 사로잡고, 참여를 유도하며, 듣는 자가 스스로 이야기 속에서 답을 찾게 한다. 크래독은 설교자가 예수님처럼 비유에 사용된 간접적 소통방식을 사용해 청중의 마음을 열고, 하나님 나라에 대한 새 시각을 열어줄 것을 제안했다.

양탄자 잡아 빼기

신설교학에서 크래독이 시작한 내러티브에 대한 관심은 유진 로우리(Eugene L. Lowry)가 더욱 가속화하고 구체화했다. 그는 '로우리 고리'(Lowry Loop)라 불리는 다섯 단계의 창의적 내러티브 설교의 틀을 제시했다.07

로우리에 따르면, 플롯 중심의 내러티브 설교를 만들기 위해서는 1) 평형을 뒤집고, 2) 모순을 분석한 후, 3) 해결의 실마리를 드러내면서, 4) 복음을 경험하게 하고, 5) 결과를 기대하게 해야 한다. 로우리의 방법론은 내러티브 안에 있는 모호함과 모순을 통해 위기를 극대화한 후 해결을 제시하는 구도다. 설교자는 내러티브 장르의 특성을 고려해, 이야기가 진행되는 동안 청중이 스스로 문제의 답을 찾아갈 수 있도록 해결의 실마리를 천천히 드러내야 한다. 이런 과정을 통해 설교자는 청중에게 '역전의 원리', 즉 전혀 예상치 못한 반전 속에서 새로운 것을 깨닫게 하는 경험을 제공한다.[08]

로우리에 따르면, 역전의 원리가 가장 잘 나타난 것이 비유다. 이 원리는 어떤 사람이 깔고 앉아있는 양탄자를 획 잡아 빼 뒤로 넘어지게 하는 행동과 유사하다. 양탄자를 깔고 한 사람이 앉아있다고 상상해 보자. 예수님이 선한 사마리아인 비유를 말씀하실 때, 유대인들은 자신의 편견이라는 양탄자를 깔고 앉아 듣는다(눅 10:30-37). 예수님은 유대인들이 '사마리아인은 천하다'는 익숙한 생각의 양탄자 위에 앉아서 이야기를 듣도록 그냥 두신다. 그들은 비유를 들으며, 사마리아인이 강도 만난 자를 돕는 행위도 결국 좋지 않은 결과로 끝날 것이라 예측한다. 왜 그런가! 강도 만난 자를 돕는 인물이 바로 사마리아인이기 때문이다. 그런데 짜잔! 놀랍게도 그들의 예상과 달리 비유 속에서 제사장과 레위인은 무정한 사람이다. 그토록 천하게 생각했던 사마리아인이 선한 사람이며 진정한 이웃이다. 예수님은 비유가 진행되는 어떤 순간에 유대인이 깔고 앉은 편견의 양탄자를 획 잡아 빼신 것이다.

로우리에 따르면, 예수님이 이런 역전의 원리를 사용하신 것처럼, 설교자도 내러티브 설교를 통해 청중이 전혀 예상치 못한 깨달음과 결론에 도달하게 해야 한다. 그 결과 복음이 주는 해방과 새로워진 미래를 청중이 경험하도록 해야 한다.

신설교학, 청중과 내러티브를 생각하다

1970년대 신설교학은 전통적 설교가 연역적 설교에만 머물고 있을 때 청중 분석과 장르 연구를 통해 다양한 형태의 설교를 시도했다. 특별히 성경 내러티브의 가치를 부각하고, 어떻게 그것을 설교할 것인지 구체적으로 제시해 현대 설교학을 발전시켰다.

그러나 신설교학은 내러티브를 지나치게 강조하면서 스스로 한계에 부딪히기도 했다. 신설교학의 창시자 크래독은 여러 설교 형태의 개발을 위해 다양한 장르를 연구해야 한다고 했다. 그러나 신설교학은 아쉽게도 내러티브에 한정된 방법론을 제시했다.

또 로우리의 방법론의 경우 성경의 내러티브에 대한 연구에 기초하기보다는 소설, 드라마, 연극, 영화에서 사용되는 플롯 기법에 가깝다는 비판을 받았다. 그는 성경 장르와 관계없이 모든 본문을 내러티브 설교의 틀로 바꿀 수 있다고 주장했다. 이런 주장은 성경에 나타난 다양한 장르를 내러티브 형식이라는 하나의 틀 안에 넣음으로써, '장르의 획일화'와 '설교 형식의 획일화'를 초래할 수 있다. 내러티브가 성경에서 가장 많은 부분을 차지하는 주요 장르임에는 틀림없다. 그러나 모든 장르를 내러티브 설교로 바꿀 수 있다는 그의 생각에는 무리가 있다.

신설교학의 설교가 새롭고 신선한 전달방식을 가지고 있지만, 정작 본문의 내용은 소홀히 다루고 있다는 평가도 계속되고 있다.[09] 이런 부정적인 평가에도 불구하고 신설교학이 전통적 설교가 놓치고 있던 청중 분석과 장르 연구의 중요한 문을 열었음은 부정할 수 없는 사실이다.

둘째 움직임 - 성경적 설교

1970년대 초반에 생긴 신설교학이 점점 영향력을 확대할 때, 1980년대 초 복음주의 진영에서는 해돈 로빈슨(Haddon W. Robinson)이 서서히 또 다른 움직임을 만들었다. 그는 기존 강해설교의 철학과 방법론을 충실히 따르면서 자신의 전공인 커뮤니케이션 기법을 설교학에 접목했다. 그 결과 현시대 청중에 적합한 다양한 설교법과 본문의 생동감을 담아내는 전달법을 개발할 수 있었다.

로빈슨은 크래독과 같이 성경 내러티브에 관심을 보였다. 그러나 신설교학이 비판했던 연역적 설교 방식을 더욱 견고하게 발전시켰다. 지금까지도 로빈슨의 영향을 받은 설교학자들이 '복음주의 설교학회'(Evangelical Homiletical Society)에서 중요한 역할을 하고 있다. 이들은 기존의 '강해설교'라는 용어 대신 '성경적 설교'(Biblical Preaching)라는 명칭을 사용한다. 복음주의 설교학회에 속한 설교학자들은 본문의 의미 해설에 중점을 두는 강해설교의 철학을 유지하면서, 동시에 다양한 현대 설교 기법을 만들고자 고심했다. 이들은 본문의 내용뿐 아니라 전달하는 틀, 장르를 참고해 다양한 설교 형식을 개발하려 애썼다. 그 결과 서신서를 중심으로 연역적 설교 형태를, 내러티브를 중심으로 귀납적 설교 형태를, 시편과 기타 장르를 중심으로 또 다른 설교 형태를 계속 개발하고 있다.

전통 위에 쌓는 새로움

로빈슨은 1980년에 '성경적 설교'(*Biblical Preaching*)라는 책을 출판했는데, 현재까지도 북미의 많은 신학교에서 설교학 교재로 사용하고 있다.[10] 한국에서는 『강해설교』(CLC 역간)라는 제목으로 출간되었지만 원제목은 '성경적 설교'다. 로빈슨이 강해설교라는 제목을 쓰지 않은 것에 주목하라. 부제와 책 내용에서 종종 강해설교를 언급했지만, 그는 책의 제목을 성경적 설교로 잡았다. 이는 그가 전통적 강해설교가 지닌 약점, 즉 내용에 지나치게 치중하는 점을 극복하고 현대적 설교 기법을 발전시켜야 한다는 설교적 지향점을 표현한 것이다. 로빈슨이 사용한 '성경적 설교'라는 용어는 후에 그를 따르는 복음주의 설교학회 학자들이 광범위하게 사용했다.

로빈슨은 설교가 철저히 본문의 의미를 찾아 전하는 것이라 확신하며, 강해설교와 같은 입장에 섰다. 그러나 설교가 일방적 선포로 끝나지 말아야 하고, 여러 기법을 통해 메시지를 명료하고 풍요롭게 전달해야 함을 강조하며, 전통적 강해설교와는 좀 다른 입장에 섰다. 설교자는 명료한 메시지를 전하기 위해 먼저 본문의 중심 주제(big idea)를 찾아야 한다. 로빈슨은 주제(subject)와 주제를 뒷받침하는 보충내용(compliment)을 활용해 중심주제를 찾는 구체적 방법을 제시했다.

로빈슨은 본문의 장르 연구를 통해 설교의 다양성과 생동감을 유지하는 방법을 찾아갔다. 그는 신설교학과 다르게 내러티브 장르에만 관심을 집중하지 않았다. 연역적 형식의 서신서 또한 중요한 장르로 보았다. 그리고 서신서 같은 교육적 내용(didactic literature)의 본문을 어떻게 설명과 논증 중심의 연역적 형태로 설교할 수 있는지 제시했다.[11] 그는 신설교학이 비판한 연역적 설교가 무조건 배척할 것이 아닌, 서신서 장르가 지닌 논리적 특징을 잘 반영한 중요한 설교 형태임을 잘 보여주었다.

계속되는 노력

로빈슨이 본문의 장르를 고려해 발전시킨 서신서와 내러티브 설교 방법론은 후에 복음주의 설교학회 설교학자들의 두 가지 노력으로 이어진다. 첫째가 스티븐 매튜슨(Steven D. Mathewson) 등이 주도한 내러티브 설교법을 구체화하려는 노력이다. 매튜슨은 내러티브 본문의 중요한 특징인 플롯, 등장인물, 배경, 관점에 주목했다. 그는 이 네 가지 요소의 특징을 살리면서 설교자가 어떻게 다섯 가지 형식으로 설교할 수 있는지 제시했다. 그가 제시한 형식은 1)귀납적 방식, 2)플래시백 방식, 3)귀납-연역적 방식, 4)반(semi) 귀납적 방식, 5)1인칭 내러티브 방식이다.[12] 그가 내러티브의 특징을 반영해 다섯 가지 형식의 설교법을 제시한 것은 로빈슨의 방법론을 한 단계 발전시킨 것이다.

로빈슨의 방법론을 발전시키려는 두 번째 노력은 서신서와 내러티브 외에 다양한 장르 설교법을 개발하려는 시도다. 제프리 아더스(Jeffrey D. Arthurs)는 이런 움직임을 구체화했다.[13] 그에 따르면, 설교는 내용뿐 아니라 전달하는 방식, 즉 장르의 특징을 반영해야 한다. 그의 말을 들어보자. "성경 안에는 시, 율법, 비유, 이야기 등의 다양한 형식이 넘쳐난다. 하나님께서 그런 [장르의] 다양함을 통해 소통하시기 때문에, 해석자는 반드시 성경 장르에 주의를 기울여야 한다."[14] 이러한 확신 위에 그는 시편, 내러티브, 비유, 잠언, 서신서, 묵시문학에 나타난 장르적 특징을 어떻게 설교에서 살려낼지 제시했다.

아더스의 방법론을 잠언의 예로 잠시 살펴보자.[15] 설교자는 먼저 본문의 장르가 무엇이며, 어떤 방식으로 메시지를 전하는지 파악해야 한다. 잠언은 삶의 일상에 뿌리내린 속담, 격언 형태의 지혜들이다. 잠언은 짧으면서도 리듬과 운율 등의 청각적 장치가 있어 기억하기 쉬운 장르적 특징이 있다. 잠언은 일종의 시이기 때문에 수사학적 효과를 만들기 위해 은유, 아이러니, 알레고리, 과장, 비유적 언어를 사용하며, 동시에 교차대구법, 평행법 같은 구조적 장치로도 메시지를 강화한다. 이런 문학적 장치를 통해 잠언은 말하는 자와 듣는 자가 함께 협력해 본문의 의미를 발견하도록 유도한다. 잠언에 유머가 많고, 여인의 역할

(좋은 것이든 나쁜 것이든)을 부각하는 것도 하나의 특징이다.

그렇다면 이런 잠언의 장르적 특징을 어떻게 설교에 반영할 수 있을까? 먼저 잠언을 설교할 때 이미지를 활용하는 것이 중요하다. 잠언은 시처럼 강한 이미지를 전달한다. 설교자가 이미지를 설교에 사용하되, 현재 방식으로 바꾸는 것이 필요하다. 잠언 26장 18절의 "횃불을 던지며 화살을 쏘아서 사람을 죽이는 미친 사람"은 현대 사회에서 폭탄을 던지고 총을 쏘는 살인자의 이미지로 바꾸어 제시할 수 있다.

또 잠언은 일상의 관찰을 기반으로 교훈을 주기 때문에, 이것을 청중에게 익숙한 형태로 바꾸는 것도 효과적인 방법이다. 예를 들어, 잠언 27장 3절 "돌은 무겁고 모래도 가볍지 아니하거니와 미련한 자의 분노는 이 둘보다 무거우니라"를 본문으로 설교한다고 가정하자. 설교자는 본문 속 미련한 자의 분노를 관찰한 결과를 현시대의 분노와 관련된 통계, 실제 사건 등을 통해 메시지를 강조할 수 있다.

설교의 중심메시지를 잠언 식의 짧고 기억하기 쉬운 문장으로 만드는 것도 잠언 설교법의 핵심 중 하나다. 잠언의 구조를 통해 메시지를 강화하는 것도 가능한 방법이다. 잠언이 유머를 선호하기 때문에 설교자가 적절히 유머를 사용하는 것도 좋은 방법이다. 아더스는 지금까지 살펴본 것을 포함해 잠언의 특징을 고려한 13가지 잠언 설교기법을 제시했다.

성경적 설교, 내용과 형식을 생각하다

복음주의 설교학회 설교학자들은 강해설교의 장점을 살리는 동시에 약점을 보완했다. 이들은 본문의 내용과 형식을 동일하게 강조하면서 성경적 설교를 발전시켰다. 성경 장르라는 기준으로 평가해 보면, 성경적 설교는 1980년대 복음주의에 속한 설교자들에게 내러티브의 중요성을 부각하면서 서신서의 가치도 유지했다. 신설교학이 내러티브에 치중한 설교법을 제시할 때, 이들은 장르적 균형을 유지한 것이다. 매튜슨과 아더스의 방법론에서 볼 수 있는 것처럼, 성경적 설교는 본문 장르의 특징을 설교에 구체적으로 반영하고자 노력한다. 그 결과 다양한 설교 형태를 통해 본문의 메시지를 풍성하고 생생하게 전할 수 있는 길이 열렸다. 이들의 노력은 서신서와 내러티브에서 시작해 현재는 성경의 모든 장르로 확대되고 있다.

셋째 움직임 – 본문이 이끄는 설교

1970년대 초에 시작된 신설교학과 1980년대 초에 시작된 성경적 설교 후에, 2010년 초반에 또 하나의 중요한 설교학적 움직임이 일어났다. 바로 '본문이 이끄는 설교'(Text-Driven Preaching)다. 본문이 이끄는 설교는 본문의 내용, 본문의 구조, 본문의 역동성에 주목한다. 본문이 이끄는 설교는 과거의 그 어떤 설교학 그룹보다 설교에서 본문의 역할을 중요시한다.

본문이 이끄는 설교는 '본문이 왕'이라는 전통적 강해설교의 철학을 확고히 하면서, 효과적인 현대 설교기법을 구체적으로 제시한다. 앞에서 잠시 살펴본 것처럼 본문의 3S, 즉 내용(substance), 구조(structure), 역동성(spirit)을 설교에 반영하는 것이 바로 그것이다.[16] 성경적 설교보다 방법론에서 더 세밀해진 본문이 이끄는 설교에 대해 살펴보자.

본문의 장르에 깊이 주목

본문이 이끄는 설교는 본문 자체에서 설교 형태를 가져오기 위해 성경 장르에 관심을 갖기 시작했다. 신설교학, 성경적 설교처럼 역시 내러티브를 어떻게 설교할 것인지를 먼저 연구하기 시작했다.

내러티브의 중요성을 강조한 제임스 콕스(James W. Cox)는 성경을 하나님이 만들어가시는 '하나의 웅장한 이야기'라고 했다.[17] 콕스에 의해 시작된 내러티브에 대한 관심은 캘빈 밀러(Calvin Miller)가 심화하고 구체적인 설교법으로 제시했다.[18]

이렇게 내러티브 중심으로 시작한 성경 장르에 대한 관심은, 1990년대 초 전체 장르를 어떻게 설교에 반영할지에 대한 고민으로 이어졌다. 마이클 두두잇(Michael Duduit)은 그가 편집한 저서를 통해 모세오경, 역사서, 시가서, 선지서, 복음서, 비유, 서신서, 묵시문학을 어떻게 설교할 것인지에 대해 다양한 설교법을 소개했다.[19] 그러나 소개된 내용이 대부분 성경신학에서 말하는 장르의 특징에 대한 보편적 내용이었고, 아쉽게도 구체적인 장르 설교법은 아니었다.

본문이 이끄는 설교는 2000년대 초부터 본격적으로 성경 장르에 대한 강조와 그에 따른 구체적 설교법을 소개했다. 예를 들면, 허셀 요크(Hershael W. York)는 성경 장르에 대한 이해가 본문의 의미 파악에 결정적 영향을 미치는 점을 강조했다. 각 장르의 특성을 고려하면서 본문을 대해야 바른 의미가 파악된다는 것이다.

실례로 요한계시록 12장 6절에 등장하는 광야로 달려가는 여인을 요한복음 4장에 등장하는 우물가의 여인과 동일한 방식으로 해석할 수는 없다. 전자는 상징이고, 후자는 실제 여성이기 때문이다. 결국 "의미에 대한 우리의 이해는 본문의 형식과 장르에 따라 달라진다. 이런 이유에서 설교자는 본문의 의미를 완전히 이해하기 위해 반드시 성경 저자가 사용하고 있는 형식과 장르에 대해 확실히 알고 이해해야 한다."[20]

현재 본문이 이끄는 설교를 주도하는 인물 중 한 명인 데이비드 알렌(David L. Allen)은 성경이 내러티브, 시가서, 예언서, 서신서 같은 다양한 장르를 포함하고 있기에, 설교자는 이런 장르의 다양성을 설교에 반영해야 한다고 다시 한번 강조했다.[21] 그는 설교자가 본문의 장르를 반영해 어떻게 설교의 명확한 구조와 효과적 메시지를 만들 수 있는지 실제적인 방법을 제시한다. 본문의 장르에 주목할 때 설교자는 본문의 구조를 설교의 구조에 반영할 수 있다. 또 본문에 담긴 역동성을 파악해 설교의 감성을 살릴 수 있다. 이런 노력은 자연스럽게 효과적 적용으로 이어진다.

본문의 구조가 설교의 구조

본문이 이끄는 설교는 성경 장르를 연구해 다양한 면으로 설교에 반영한다. 그중 하나가 본문의 구조에 기초해 설교의 구조를 만드는 것이다. 논리 중심의 장르인 서신서를 예로 들어보자. 알렌은 의미론과 구조론을 활용해 본문의 정확한 의미와 구조를 파악한 후 설교 형식으로 삼을 것을 제안했다.[22] 요크는 다이어그램을 활용해 텍스트의 미시 구조와 거시 구조를 파악한 후, 설교의 중심메시지와 전체 설교 구조를 결정할 것을 조언했다.[23]

장르의 구조를 따라 설교 형식을 만들어내려는 노력은 시가서에서도 나타난다. 로버트 보겔(Robert Vogel)은 시편의 문학 구조가 수사적 효과를 만드는 데 중요한 역할을 한다고 보았다.[24] 설교자가 시편의 구조를 통해 메시지를 강조하고 싶다면 본문의 구조를 파악해야 한다. 동일한 것을 강조해서 말하는 동의평행법(synonymous parallelism)인지, 반대의 것을 보여주는 대조평행법(antithetic parallelism)인지, 아니면 각각의 것을 조합해서 의미를 더 크게 확대하는 종합평행법(synthetic parallelism)인지 세부적으로 관찰해 설교의 구조에 반영해야 한다.

예를 들어, 세 개의 행이 동의평행법을 이루며 하나의 개념을 강화하고 있다고 가정해 보자. 설교에서 그 하나의 개념이 '주대지'(main point)가 되어야 한다. 이때 각각의 행은 대지를 뒷받침하는 '소대지'(subpoint)가 되어야 한다. 실례로 시편 1편 1절의 세 행은 모두 '복 있는 사람은 악인들의 영향에서 벗어난 삶을 산다'는 점을 강조하고 있는 주대지다. 그리고 각각 세 행은 소대지가 되어 복 있는 사람이 피해야 할 죄와 관련된 일을 자세히 보여준다. 보겔에 따르면, 설교자가 무조건 본문의 구조를 설교의 구조로 가져올 필요는 없다. 그러나 본문을 존중하면서 가능한 본문의 구조를 설교의 형태에 반영해야 한다.

본문이 이끄는 설교는 본문의 역동성을 설교의 감성으로 나타낸다. 본문의 '역동성'이란 본문의 장르에 흐르는 '감성'을 말한다. 성경 본문에는 내용만 담겨있는 것이 아니라, 그 내용과 관련된 여러 감성이 담겨있다. 시편 98편에는 구원자 하나님에 대한 '감사'의 감정이 흐른다. 사도 바울이 자신의 사도권을 변호하는 고린도후서 11, 12장에는 바울의 '격양됨과 실망'의 감정이 나타난다. 요한계시록 22장에는 예수님의 재림과 천국에 대한 '환희와 사모'의 감정이 넘쳐난다.

설교자는 먼저 자신이 택한 본문에 어떤 장르적인 특징이 있는지 확인해야 한다. 그 후 그 특징을 통해 본문의 내용이 어떤 감성을 전달하는지 느껴야 한다. 이 과정을 거쳤으면 설교자는 이제 자신이 느낀 본문의 정서를 설교 작성에 반영해 청중이 동일한 감정으로 느낄 수 있게 해야 한다.[25] 본문의 환희가 청중의 기쁨이 되고, 본문의 눈물이 청중의 슬픔이 되며, 본문의 약속이 청중의 소망이 되게 하는 것이다.

청중이 본문의 내용뿐 아니라 정서까지 느끼면 설교자가 자연스럽게 적용을 제시해야 할 순간이다. 설교자가 본문의 내용을 통해 청중의 머리를 움직일 뿐 아니라 정서를 통해 마음까지 움직일 때 적용의 길이 열린다. 이 점을 강조하기 위해 스미스는 "적용은 본문의 감성에 내재되어 있는 것"이라고 했다.[26] 본문의 내용이 본문의 감성으로 흘러 청중 속으로 들어가면, 청중은 자신이 들은 말씀을 삶에서 실천하고 싶은 영적 갈망을 갖는다.

본문이 이끄는 적용

본문이 이끄는 설교는 본문에서 설교의 내용, 구조, 감성뿐 아니라 적용도 끌어낸다. 어떤 장르를 설교하든 일반적인 적용뿐 아니라 구체적인 적용을 제시하고자 노력한다. 내러티브를 예로 살펴보자. 신설교학은 내러티브 본문을 설교할 때 구체적인 적용을 제시하길 꺼린다. 구체적인 적용을 제시하면 설교의 플롯이 깨지고 청중의 흥미가 사라진다고 생각한다. 결국 신설교학에서 적용은 청중이 스스로 발견해야 할 개인의 몫이다.

이런 입장에 대해 콕스는 "우리는 청중을 너무 믿는 나머지 그들이 스스로 의미를 찾고 적용할 수 있다고 보는 듯하다"고 우려를 표하며, 청중의 변화를 위해서는 설교자가 분명한 적용을 해야 한다고 강조했다.[27] 밀러 또한 신설교학의 입장을 반대하면서, 설교자는 청중의 삶에 변화를 촉구하는 구체적 적용을 제시해야 한다고 주장했다.[28] 어떤 장르를 설교하든 구체적 적용이 필요하다는 본문이 이끄는 설교의 방법론은 신설교학과는 반대 입장을, 성경적 설교와는 유사한 입장을 보인다.

본문이 이끄는 설교, 텍스트에 올인하다

본문이 이끄는 설교는 신설교학이나 성경적 설교보다 본문의 장르에 대해 뒤늦게 고민했다. 그러나 장르에 대한 다양하고 깊은 연구를 통해 어느 학파에도 뒤지지 않는 세밀한 장르 설교법을 제시하고 있다. 본문이 이끄는 설교가 깊은 설교 철학과 실제 방법의 균형을 이루고 있음을 주목해야 한다. 본문이 이끄는 설교의 철학을 쉽게 표현하자면 '텍스트에 올인하는 것'이다. 필요한 모든 것이 본문에 있다고 확신한다. 그렇게 '본문이 왕'이라는 깃발을 걸고 본문에서 내용, 구조, 감성, 적용을 끌어내 설교에 반영하고자 땀을 흘린다.

문제는 설교자가 본문에서 설교의 내용, 구조, 감성, 적용까지 가져오기가 결코 쉽지 않다는 것이다. 그래서 본문이 이끄는 설교가 좋게 보이지만 목회자에게 어렵게 느껴질 수 있다. 어떻게 현장의 설교자에게 쉽고 효과적으로 가르쳐줄 수 있을까? 이런 고민의 과정에서 태어난 것이 바로 '본문이 살아있는 설교'다.

지금까지 현대 설교학의 주요 흐름에 대해 알아보았다. 이제 본문이 이끄는 설교가 무엇인지 알아보기 전에 지금까지 살펴본 내용을 간단히 그림으로 정리해 보자.

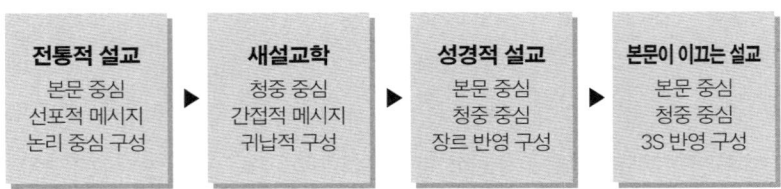

그림3 : 현대 설교학의 주요 흐름

본문이 살아있는 설교의 탄생

'본문이 살아있는 설교'는 한국 목회자와 신학생이 '본문이 이끄는 설교'를 쉽게 이해하고, 여러 현대 설교기법을 배울 수 있도록 하기 위해 선택한 명칭이다. 앞에서 살펴본 북미 설교학의 세 흐름을 보면서, 본문이 살아있는 설교는 지금 한국 교회 강단에 어떤 설교 철학과 방법론이 필요한지 깊이 고민했다. 결론은, 본문을 정확하면서도 풍성하게 살려내는 설교 철학과 방법론이 필요하다는 것이다.

앞에서 언급한 것처럼 본문이 살아있는 설교는 '새강해설교'라는 이름으로도 활동하고 있다. 한국 목회자와 신학생에게 북미의 대표적 세 설교학의 이름은 낯설게만 들린다. 익숙한 것에서 시작하는 것이 필요하다. 한국의 많은 설교자가 이미 많은 관심을 가지고 지속적으로 추구하는 설교가 '강해설교'다. 그러니 강해설교를 출발점으로 삼으면 된다.

분명 강해설교는 좋은 출발점이나, 이미 살펴본 대로 전통적 강해설교의 약점이 있다. 약점을 구체적으로 발전시키고 보완해야 한다. 전통을 이어나가는 동시에 새로운 것을 더해야 한다. 이런 면을 강조하기 위해 기존의 강해설교에 '새'(new)라는 말을 추가했다. 새강해설교! 기존의 강해설교에 무엇인가 보완하는 새로운 것을 더한다. 본문이 이끄는 설교의 또 다른 이름, 새강해설교가 이렇게 만들어졌다. 익숙한 듯 새롭고, 새로운 듯 익숙한 느낌을 주는 이름이다.

결코 변하지 않는 뿌리

우리에게 익숙한 용어인 강해설교란 구체적으로 어떤 설교일까? 본문이 살아있는 설교는 강해설교의 전통을 이어가는 동시에, 강해설교가 가지기 쉬운 약점을 보완하려는 노력이다. 강해설교의 전통 위에 새로운 것을 더한다. 그렇다면 먼저 강해설교가 무엇인지 정확히 짚어야 한다. 종종 강해설교를 그저 하나의 설교 형식으로 보기도 한다. 특히 강해설교를 '연속 설교'라는 특정 형식으로 생각하는 경향이 있다. 창세기나 요한복음 등을 택해서 매주 한 장 한 장 연속으로 설교하는 것을 강해설교라고 생각한다. 결론부터 말하면 강해설교는 형식이 아니라 '내용'이다. 매주 한 성경책을 연속으로 설교해도 그 내용이 본문에 벗어나면 그것은 강해설교가 아니다.

반대로 창세기나 요한복음의 중요한 부분을 다섯 번 설교하거나, 중요한 주제를 뽑아 본문 내용에 충실하게 설교하면 그것은 연속 설교가 아니지만 분명 강해설교다. 강해설교는 특정 형식이 아니라 본문의 내용을 그대로 전달하려는 뜨거운 열정과 구체적 실천이다. 이런 이유로 존 스토트(John Stott)는, 강해를 설교의 스타일이라기보다는 설교의 '내용'(content)이라고 말했다.[29] 로빈슨의 유명한 "강해설교는 방법(method)이라기보다 철학(philosophy)이다"라는 말도 이런 배경에서 나온 것이다.[30] 이제 강해설교가 무엇인지 더 정밀하게 살펴보자.

강해설교를 영어로 '엑스포지토리 프리칭'(expository preaching)이라고 한다. 잘 알듯이 '프리칭'은 '설교'라는 뜻이다. '엑스포지토리'(expository)는 형용사다. '강해의' 혹은 '해설적인'으로 번역한다. 형용사형은 명사형의 파생 형태다. 명사의 뜻을 알면 형용사의 뜻을 쉽게 알 수 있다.

'엑스포지토리'의 명사형은 '엑스포지션'(exposition)이다. 주로 '강해' 혹은 '해설'로 번역한다. '엑스포지션'은 이미 존재하고 있는 것(position)을 밖으로(ex) 끌어내는 것을 말한다. 결국 강해, 엑스포지션은 이미 존재하고 있는 것의 의미를 밝혀주고, 닫혀있는 의미를 열어주며,

애매한 것과 엉킨 것을 풀어 명확한 뜻을 알려주는 것이다.[31] 핵심을 짚어보면, 강해는 무엇을 새로 만드는 것이 아니라, 본문 안에 존재하는 것을 끄집어내서 그 의미를 밝히는 것이다. 그렇다면 강해설교, 문자적으로 말하면 강해적 설교 혹은 해설적 설교는 '본문에 담긴 본래의 뜻을 정확하게 해석하고 풀어주는 설교'다.

본문이 살아있는 설교는 강해설교가 추구하는 이 방향을 전적으로 따른다. 설교는 본문에 스며있는 하나님의 뜻을 정확히 드러내 청중에게 전달하는 것이다. 이런 의미에서 본문이 살아있는 설교는 전통적 강해설교의 맥을 잇는다. 그러나 거기서 끝나지 않는다. 무엇인가 새로운 것(new elements)을 더한다. 그 이유는 무엇인가? 새로운 것이란 무엇일까?

강해설교를 고민하다

앞에서 살펴본 것처럼 강해설교는 본문의 내용을 최우선으로 한다. 본문의 내용을 충실하게 전하려는 이런 노력은 올바른 것이다. 강해설교의 핵심 철학은 유지되어야 한다. 그러나 안타깝게도 전통 강해설교에는 몇 가지 문제점이 있다.

첫째, 전통적 강해설교는 성경 본문의 내용을 최우선으로 강조한 나머지 청중이 살아가는 시대와의 연관성(relevance)을 소홀히 하는 경향을 보여 왔다. 영미 교회에서도 그렇지만, 특히 한국 교회의 설교자들은 강해설교에 대한 갈망이 있다. 강해설교에 대한 정확한 정의와 구체적인 방법을 모르는 목회자도 종종 자신이 추구하는 설교의 방향이 강해설교라고 말한다. 이런 분들의 설교를 들어보면 성경 한 구절 한 구절을 풀어가면서 본문의 뜻을 정확하게 전달하려고 노력하는 것을 볼 수 있다. 문제는, 많은 경우 설교에서 본문의 의미만 드러내고 그것이 오늘날과 어떻게 연관되는지 말하지 않는다는 것이다. 오늘날과의 연관성이 거의 없거나 미비하게 나타난다.

설교가 단지 본문의 내용만을 정확히 전달하는 것이라면, 좋은 주석을 읽는 것이 오히려 도움이 되지 않겠는가. 그러나 주석의 중요한 부분만 정리해서 본문의 뜻을 정확하게 풀어준다고 설교가 되는 것은 아니다. 본문의 뜻만 전달한다면 주해 혹은 강해는 될 수 있어도 설교는 결코 아니다. 선지자나 제자들이 전달한 메시지는 '구약 시대' 혹은 '신약 시대'라는 구체적 시간, 장소, 상황, 사람과 연관되어 선포되었다. 설교는 몇천 년 전에 쓰인 본문을 왜 현대를 살아가는 우리가 들어야 하고, 그것이 우리의 삶과 어떤 연관성이 있는지 반드시 보여주어야 한다. 단순히 본문의 뜻만 풀어낸다고 해서 설교가 되지 않는다. 설교자는 설교를 통해 성경의 세계와 오늘날의 세계 중간에 연관성이라는 다리를 놓음으로써, 의미와 진리가 소통되도록 해야 한다.

둘째, 전통적 강해설교는 설교 전달 형식을 소홀히 하는 경향을 보여 왔다. 강해설교를 추구하는 많은 설교자에게 나타나는 또 하나의 안타까운 현상이다. 본문의 내용에 집중하다 보니 그 내용이 전달되는 형식에 소원한 것이다. 본문의 문학 형식(literary form of the text)에 따라 설교의 다양한 전달 형태가 나올 수 있다. 그러나 현재 한국 교회 강단의 설교를 보면 대부분 연역적 방법, 그것도 3대지 설교로 모든 형태가 굳어진 것을 볼 수 있다.

본문의 메시지와 그것을 전달하는 형식은 결코 분리될 수 없다. 토머스 롱(Thomas G. Long)이 바르게 지적한 것처럼, 본문의 문학 형식은 본문의 내용과 결코 분리될 수 없으며, 하나의 조화된 시스템으로 작동하여 놀라운 영향력을 만들어낸다.³² 설교자가 본문의 내용을 정확히 파악하고 효과적으로 전달하기 위해서는 먼저 본문의 문학 형식을 파악하고, 어떤 수사적 장치에 의해 본문의 다이내믹이 만들어지는지 살펴야 한다.

예를 들면, 성경은 '좋으신 하나님'이라는 주제를 다양한 문학 형식으로 나타내고 있음을 주목하라. 탕자의 이야기라는 내러티브가 있다. 좋은 목자의 이미지로 풀어내는 시편도 있다. 하나님의 은혜를 논리적으로 해설해 나가는 로마서 같은 교리 서신서도 있다. 다시 오셔서 불의를 심판하실 하나님을 각종 상징과 예언으로 전하는 계시도 있다. 이렇게 성경은 매우 다양한 형식으로 우리에게 메시지를 전달한다. 강해설교가 성경 본문 내용에 너무 치중한 나머지 획일화된 3대지로 고착되는 것은 본문의 의미를 풍성히 나타내지 못하는 전달의 한계를 보여준다.

셋째, 전통적 강해설교는 적용이 부자연스럽거나 약한 경향을 보여 왔다. 이런 현상도 강해설교가 본문의 내용만을 강조할 때 나타난다. 본문의 의미만 강조하다 보면 현시대와 연관성이 약해지고, 연관성이 흐려지면 자연히 적용도 약해질 수밖에 없다. 예를 들어, 복음의 가치와 능력을 아무리 잘 설명해도, 어떻게 예수님을 영접하고 어떻게 신앙을 유지해야 하는지 구체적인 적용점을 제시하지 않으면 청중에게 불완전한 설교로 남는다. 스티븐 올포드(Stephen F. Olford)는 여러 번 복음에 대한 메시지를 들었지만, 오랜 후에야 예수님을 영접한 어느 유명 의사의 이야기를 소개한다.³³ 그 의사가 예수님을 영접했을 때 한 목회자가 그에게 물었다.

"복음에 꽤 오랫동안 관심을 가졌는데 왜 지금에서야 예수님을 영접했습니까?"

의사의 대답은 질문한 목회자를 깜짝 놀라게 했다.

"아무도 제게 구원받기 위해 무엇을 해야 할지 구체적으로 말해 주지 않았습니다."

많은 설교자가 복음에 대해 설교했지만, 정작 어떻게 그가 복음을 받아들이고 어떤 노력이 필요한지 구체적으로 적용해 주지 않은 것이다. 구체적 적용이 없으면 성도들은 은혜를 받아 마음은 뜨거운데, 정작 무엇을 어떻게 해야 할지 몰라 감동만 간직하고 있다가 점점 식어버린다. 설교자가 깨달음과 감동은 주었지만, 그것을 현실의 삶에 어떻게 적용할지 제시하지 않으면 청중의 삶에 변화를 기대하기는 어렵다.

본문이 살아있는 설교의 관점에서, 전통 강해설교의 약점이 한국 교회 강단에서 실제 나타나는 점을 잠깐 살펴보았다. 우리는 강해설교의 좋은 전통을 살려야 한다. 동시에 전통적 강해설교의 약점을 분석하고 보완해 새롭게 발전시켜야 한다. 시대와 함께하지 못하는 전통, 새로움이 차단된 전통은 영향력을 잃고 점점 사라질 수밖에 없다. 그렇다면 강해설교의 귀중한 전통을 지키면서도 약점을 보완한 새로움을 어떻게 더할 수 있을까.

강해설교에 새로움을 더하다

본문이 살아있는 설교는 전통적 강해설교의 약점을 보완하고 발전시키기 위해 고민에 고민을 거듭했다. 아무리 좋은 전통이라도 시대에 맞게 발전하고 상황에 맞게 보완되지 않으면 퇴색하기 마련이다. 앞에서 간단히 언급한 본문이 이끄는 설교의 방향 4C는 전통적 강해설교를 수용하는 동시에 발전시키려는 노력이다. 전반부의 2C(God's Commission, biblical Content)는 본문이 살아있는 설교가 강해설교의 전통적 맥을 잇는 방향이다. 나머지 2C(biblical Carrier, biblical Connection)는 본문이 살아있는 설교가 전통적 강해설교의 약점을 보완하고 발전시키기 위해 새롭게 추가하는 방향이다.

하나님의 위임 (God's Commission)

하나님은 태초부터 지금까지 말씀하신다. 우리에게 말씀하시는 많은 방법 중 성경이 가장 중요한 채널이다. 성경에는 우리를 향한 완전한 하나님의 뜻과 구원의 길이 나타난다. 하나님은 그것을 세상에 알리기 위해 말씀의 종, 설교자를 세우셨다. 말씀을 전하는 영광스러운 자로 위임하신 것이다. 바울은 디모데에게 하나님께 위임받은 말씀의 종으로서 어떤 환경에서든 '하나님의 말씀을 전파하라'고 당부했다(딤후 4:2). 한국 번역본의 '전하라'에 해당하는 헬라어에는 '위임받아 외치다'라는 의미가 있다. 대부분의 영어성경은 이 단어를 '설교하라'로 번역한다(preach the word). 말씀하시는 하나님은 우리의 설교를 통해 당신의 뜻을 펼치신다. 우리의 능력 때문이 아니다. 우리의 설교가 탁월해서는 더더욱 아니다. 은혜의 하나님께서 우리를 말씀의 종으로 위임해 주셨기에 가능한 일이다. 설교를 잘하는 것보다 중요한 것은 자격 없는 내가 하나님께 부름받았다는 것을 가슴에 새기는 것이다. 본문이 이끄는 설교는 그 무엇보다도 하나님의 위임과 설교자로서의 소명을 기억하는 것이 가장 으뜸의 방향이라고 확신한다.

본문에 기초한 설교(biblical Content)

본문이 이끄는 설교는 철저히 본문에 기초한 설교를 추구한다. 설교자는 하나님의 말씀을 전하도록 위임받은 자다. 설교자의 개인적인 것을 전해서는 안 된다. 자신을 위임해 주신 하나님의 말씀을 전해야 한다. 그 메시지가 어떤 것이든 그대로 전하는 것이 설교자의 임무다. 바울은 십자가에 못 박힌 그리스도가 유대인에게는 거리끼는 것이고, 이방인에게는 미련한 것임을 잘 알았다(고전 1:23). 바울이 자신의 메시지를 듣게 될 유대인과 이방인만을 생각했다면 그토록 대담하게 설교하기 어려웠을 것이다. 바울은 자신을 부르신 하나님을 먼저 생각했다. 그랬기에 마지막 순간까지 하나님의 말씀을 가감 없이 전할 수 있었다. 현재 한국 교회 강단의 메시지를 분석해 보면, 안타깝게도 설교자가 자신의 상황을 본문에 끼워 맞춰 해석할 때가 많다. 본문의 원래 의미는 제쳐두고 설교자의 생각을 전할 때도 많다. 이런 현상이 한국 교회 강단에서만 나타나는 것은 아니다. 우리보다 긴 설교 역사가 있는 서구 강단, 심지어는 설교 연구모임에서도 나타난다.

몇 년 전 미국 프리칭 잡지사가 주최한 국제설교모임(International Preaching Congress)이 영국 케임브리지대학에서 열렸다. 북미와 유럽의 저명한 설교학자와 다양한 목회자가 모인 중요한 자리였다. 현재 본문이 살아있는 설교의 공동대표 두 명도 모임에 참여했다. 참석자들은 다양한 현대 설교의 이슈와 효과적 설교법을 발표하고 함께 토의했다. 실제적 설교의 모델을 제시하기 위해 일정한 간격으로 몇 명의 유명한 설교자가 메시지를 전했다. 그들의 설교는 대체로 본문에 충실한 메시지였다. 그러나 몇몇 설교자는 청중의 마음을 불편하게 했다. 본문의 내용을 깊게 다루기보다 자신의 주변 이야기와 예화를 장황하게 늘어놓았기 때문이다. 메시지가 끝났을 때 청중의 반응은 냉담했다. 잠시 후 한 설교자가 이런 분위기를 완전히 뒤바꾸었다. 그는 미국의 대표적 강해설교자 중 한 명인 데이비드 제레마이어(David Jeremiah)였다. 제레마이어는 설교가 시작되자 곧 깊은 본문 연구를 통해 발견한 통찰을 선명하면서도 풍성하게 전달했다. 청중은 그가 전하는 메시지에 완전히 빠져들었다. 현장에 있던 설교학자와 목회자 모두 본문 안의 꿈틀거리는 진리가 우리 마음으로 들어오는 것을 경험했다. 그는 본문에 충실한 설교가 얼마나 중요한지 분명하게 보여주었다.

사소한 것을 강단으로 가져오지 말라. 더는 본문과 관계없는 온갖 잡다한 개인적 생각을 설교라는 이름으로 전하지 말아야 한다. 본문이 이끄는 설교는 본문보다 중요한 것은 없다고 확신한다. 본문의 내용을 충실히 전할 때 영적 파장이 일어난다. 이제 본문이 설교하게 하자.

장르를 반영한 설교(biblical Carrier)

본문이 살아있는 설교는 본문의 장르를 설교에 반영한다. 이것이 전통적 강해설교를 보완하고 발전시킬 새로운 방향 중 하나다. 앞에서 살펴본 것처럼 현재 북미와 유럽 설교학도 이 부분을 발전시키고자 노력 중이다.

성경은 내용(content)과 형식(form)으로 이루어져 있다. 내용은 본문의 메시지요, 형식은 그 메시지를 전하는 문학적 형태, 즉 장르를 말한다. 본문의 장르는 단순한 메시지의 장식이 아니다. 장르는 본문의 내용을 청중의 머리와 마음에 심는 전달의 중추(vital part)다.[34] 하나님의 말씀은 여러 장르에 담겨있다. 내러티브, 시, 서신, 때로 예언의 방식으로 전달되었다. 절대 획일적이지 않다. 아름다운 다양성이 있다.

여러 장르의 특징을 발견하고 설교에 도입하는 것은 매우 성경적인 동시에 메시지에 풍요로움을 준다. 우리는 이 책을 통해 성경의 각 장르가 가지고 있는 독특한 특징, 구체적 의미의 전달방식, 감정 전달방식 등을 살펴볼 것이다. 그것을 어떻게 설교에 반영할 수 있는지 실례도 제시할 것이다.

한 가지 주의할 것이 있다. 장르를 설교에 적용하는 것이 본문의 장르를 그대로 설교의 형식으로 가져오는 '형식 근본주의자'(form fundamentalist)가 되는 것을 뜻하지 않는다.35 즉, 시편 설교를 한다고 해서 설교자가 메시지를 한 편의 시로 전달할 필요는 없다. 장르를 설교에 반영한다고 할 때 우리의 역할은 본문을 '모사'(replicate)하는 것이 아니라, 그 장르가 가지는 수사학적 효과를 다시 '살려내는 것'(regenerate)이다.36 시편 설교라면 히브리 시가 가지고 있는 독특한 장르적 특징인 이미지, 감정, 구조 등을 적절히 살려 메시지를 전하면 된다.

장르의 특징을 설교에 반영하는 것은 많은 고민과 노력이 필요한 작업이다. 그러나 본문이 살아있는 설교가 제시하는 원리와 방법을 활용하면 모든 설교자가 시도할 수 있다. 서론에 해당하는 이 책은 여러 장르 중 먼저 내러티브와 시가서를 다룰 것이다. 그 후 계속 출판될 책을 통해 점점 더 많은 장르를 연구하고, 그에 따른 장르 설교의 실례를 제시할 것이다. 본문이 살아있는 설교가 제시하는 장르 설교법을 통해, 한국 강단에 메시지가 더욱더 풍성하게 전해지길 기대한다.

연결을 시도하는 설교 (biblical Connection)

본문이 살아있는 설교는 하나님의 말씀을 모든 시대와 모든 세대에 연결하는 데 중점을 둔다. 특별히 다음세대에게 어떻게 말씀을 효과적으로 전하고 적용할지 고민한다. 이런 고민에 대한 답을 찾기 위해, 전통적 강해설교가 소홀히했던 청중 분석과 현대적 소통방식에 대해 적극적으로 연구하고, 새로운 방법을 꾸준히 제시하고 있다.

우리가 현장에서 만나는 다음세대인 청소년과 청년들은 과거와 전혀 다른 모습으로 살고 있다. 이들은 그 어느 때보다 미디어에 익숙한 세대다. 미디어를 통해 세상을 바라보고, 미디어를 통해 사람과 소통한다. 이렇게 미디어 중심의 삶에 이미 익숙한 청소년과 청년들을 말씀의 세계로 초대하는 일은 점점 더 어려운 사역이 되고 있다. 최근 자료에 따르면, 현재 한국 국민의 인터넷 이용률은 91퍼센트다. 국민 10명 중 9명이 인터넷을 사용한다. 한 주간 인터넷 평균 사용시간은 17시간 48분이다. 점점 빨라지는 인터넷 환경 속에서 청소년과 청년들은 각종 동영상과 인터넷 뉴스를 통해 자기도 모르게 세속주의에 물들어간다. 이런 세대에게 적합한 설교가 무엇인지 연구하고 찾는 노력은 이제는 미룰 수 없는 긴급한 과제가 되었다.

본문이 살아있는 설교는 본문의 내용을 정확하게 파악하고 가감 없이 전한다. 동시에 그 내용을 현대 청중이 공감할 수 있는 방식으로 전한다. 내용을 충실히 지키되 전달방식은 적절히 다양화한다. 그 방법 중 하나가 앞에서 언급한 장르를 설교에 반영하는 것이다. 또 다른 방법이 다양한 미디어와 문화적 요소를 설교에 사용하는 것이다. 예를 들면, 본문 내용을 잘 이해하도록 본문과 관련된 짧은 동영상을 사용할 수 있다. 본문이 어떻게 현대인의 삶과 연관되는지 보여주기 위해 짧은 스킷드라마를 사용하기도 한다. 본문에 나타난 이미지를 청중의 마음에 심기 위해 사진을 사용하는 것도 좋은 방법이다. 본문과 관련된 간단한 소품을 사용할 수도 있다. 각종 미디어와 문화적 요소를 사용하되, 그것이 본문을 훼손하거나 청중의 관심을 엉뚱한 곳으로 돌리게 해서는 안 된다. 본문의 의미를 좀 더 잘 드러내기 위해, 적절히 준비된 적합한 방식을 효과적으로 사용해야 한다.

예수님은 다양한 사람에게 다가가셨다. 유대인, 이방인, 부자와 가난한 자, 병자, 여성, 아이에게도 말씀하시고 복음을 가르치셨다. 그분은 다양한 방식으로 소통하고 가르치셨다. 때로는 논쟁하고 병자도 고쳐주셨다. 세리 같은 죄인들과 식사도 하셨다. 도움이 필요한 여인과 면대하시고 죄를 용서해 주셨다. 어린아이들이 가까이 올 수 있게 하셨다. 본문이 살아있는 설교의 설교자는 말씀과 사람을 연결하는 사명을 가진 자다. 오늘도 예수님처럼 다양한 사람에게 다가가 그들에게 적절한 여러 방법으로 말씀을 전해야 한다.

본문이 살아있는 설교로의 초대

이 책의 저자들은 초대장을 준비하는 마음으로 글을 썼다. 이 책을 통해 당신을 본문이 살아있는 설교로 초대한다. 저자들은 신학교에서 설교학을 가르치고 있다. 설교이론을 누구보다 잘 아는 전문가다. 어떤 저자들은 목회 현장에서 매주 설교하는 목회자다. 강단을 잘 아는 현장의 사람이다. 무엇보다 저자들은 모두 하나님의 말씀을 사랑하고, 말씀이 강단에서 살아 움직이기를 소망하는 충성스러운 설교자다. 저자들은 지금도 본문이 살아있는 설교라는 이름으로 모여, 어떻게 하면 설교를 통해 하나님께 영광을 돌리고 영혼을 변화시킬 수 있을지 진지하게 길을 찾고 있다. 지금 한국 교회 강단을 살리기 위해 더 많은 동역자가 필요하다. 함께 고민하고 기꺼이 땀 흘릴 목회자와 신학생이 필요하다. 이 책을 읽고 있는 당신이 그 사람이 되길 기대한다.

더 깊은 이해와 연구를 위한 추천 자료

• 국내 자료 •

권호, "현대 강해설교의 장르 이해와 적용", 「신학정론」 36/2 (2018. 12): 327-51.

권호, 『본문이 살아있는 설교』 (서울: 아가페북스, 2018).

김대혁, 『프리칭 텍스트, 텍스트 프리칭』 (서울: 솔로몬, 2020).

류응렬, "최근의 설교학, 어떻게 이해할 것인가?", 「복음과 실천신학」 11 (2006): 299-319.

임도균, "본문중심 설교로 초대", 「복음과 실천」 56집 (2015 가을): 395-419.

• 번역 자료 •

데이비드 알렌 외, 『간추린 본문이 이끄는 설교』, 김대혁, 임도균 역(서울: 아가페북스, 2016).

데이비드 알렌, 다니엘 애킨, 네드 매튜스 외, 『본문이 이끄는 설교』, 김대혁, 임도균 역(서울: 아가페, 2020).

리처드 에스링거, 『설교 그물짜기』, 주승중 역(서울: 예배와설교아카데미, 2008).

유진 로우리, 『이야기식 설교구성』, 이연길 역(서울: 한국장로교출판사, 2011).

제프리 아더스, 『목사님 설교가 다양해졌어요』, 박현신 역(서울: 베다니출판사, 2010).

토머스 롱, 『성서의 문학유형과 설교』, 박영미 역(서울: 대한기독교서회, 1995).

프레드 크래독, 『권위 없는 자처럼』, 김운용 역(서울: 예배와설교아카데미, 2010).

해돈 로빈슨, 『강해설교』, 박영호 역(서울: CLC, 2011).

PREACHING

Part 2 본문이 살아있는 설교의 핵

Chapter 2
본문이 살아나는 본문연구:
오가닉 메시지를 이해하고 느끼라

_임도균

오가닉 식품을 찾는 시대[37]

요즘 한국이나 미국에서는 건강 음식에 대한 관심이 높다. 오가닉 또는 웰빙이라는 단어가 붙으면 사람들의 시선을 더욱 끈다. 우리가 아는 것처럼 오가닉은 화학비료나 합성농약 등을 사용하지 않고 자연적인 재료만을 사용한 깨끗한 식품이다. 오가닉 식품은 일반식품보다 비싼데도 찾는 사람이 늘고 있다. 왜일까? 환경오염에 많이 노출된 현대인들이 화학첨가물에 찌든 인위적인 식품에서 벗어나고 싶기 때문이다. 오가닉 식품은 신선한 영양분을 공급해 사람의 몸에 생명력을 증진시킨다. 따라서 비용이 들더라도 사람들은 건강을 위해 오가닉 식품을 선택한다.

그런데 몸을 위해 어떤 종류의 음식을 섭취할 것인지를 고민하는 것 못지않게 중요한 것이 있다. 바로 영혼의 양식이다. 영혼의 건강을 위해 우리의 삶을 돌아보아야 한다. 영적으로 무엇을 섭취해야 건강할 수 있을까? 하나님의 말씀은 영적 생명력을 촉진하기 위한 필수 양식이다. 시편 기자는 다음과 같이 고백한다.

> 복 있는 사람은 … 오직 여호와의 율법을 즐거워하여 그의 율법을 주야로 묵상하는도다 그는 시냇가에 심은 나무가 철을 따라 열매를 맺으며 그 잎사귀가 마르지 아니함 같으니 그가 하는 모든 일이 다 형통하리로다 _ 시 1:1-3

하나님이 보시기에 복된 삶이 되기 위해서는, 하나님의 말씀을 주야로 묵상하고 가까이해야 한다. 이럴 때 자연스러운 결과가 있다. 주님이 원하시는 영적 열매를 맺고 윤기 있는 삶을 경험하게 된다. 사도 바울도 성경이 하나님의 사람들에게 주는 유익을 다음과 같이 설명한다.

> 모든 성경은 하나님의 감동으로 된 것으로 교훈과 책망과 바르게 함과 의로 교육하기에 유익하니 이는 하나님의 사람으로 온전하게 하며 모든 선한 일을 행할 능력을 갖추게 하려 함이라
> _ 딤후 3:16-17

성경에는 하나님의 숨(God-breathed)이 깃들여 있어 신령한 능력이 있다. 말씀을 섭취하면 영적 순환이 되어 영혼이 온전해지고 모든 선한 일을 할 수 있는 능력도 갖추게 된다. 이처럼 하나님의 말씀은 말씀 그 자체로 영적 영양분과 능력이 있다. 따라서 오가닉 음식처럼 성경말씀을 있는 그대로 순수하게 섭취하는 것이 영적 건강에 좋다. 영적 유기체인 교회에서 하나님의 말씀이 있는 그대로 전달될 때, 성도들의 삶에

온전한 회복이 일어나고 영적으로 풍성한 열매를 맺는다. 또 주님이 원하시는 일을 감당할 수 있는 영적 능력도 갖추게 된다. 그렇다면 세속의 문화와 포스트모던 세계관에 익숙한 현세대에게도 오가닉 하나님의 말씀이 필요할까?

포스트모던에 익숙한 청중과 성경적 오가닉 메시지

포스트모던의 공기를 마시는 사람들

21세기 환경은 역동적으로 변하고 있다. 이 급격한 변화의 한가운데 포스트모던이 있다. 포스트모던은 관용을 중시한다. 이러한 사고의 틀에는 열린 마음과 대화가 있다. 포스트모던의 사고는 모든 종교, 가치와 대화하려 하고, 서로 다른 종교와 가치를 인정하고 받아들이려 한다. 인본주의적 입장에서 이러한 사고는 인간을 존중하고 자유와 평등을 강조하는 인류애의 실천이라 볼 수 있다. 상대를 존귀하게 여기고 배려하는 것은 오히려 기독교 윤리와 태도다. 그러나 하나님의 진리를 비진리와 동일하게 놓는 접근은 받아들일 수 없다. 심지어 다원주의적이고 종교 혼합주의적 접근은 위험하다. 구원에 있어서 베드로 사도는 다음과 같이 선포한다.

> 이 예수는 너희 건축자들의 버린 돌로서 집 모퉁이의 머릿돌이 되었느니라 다른 이로써는 구원을 받을 수 없나니 천하 사람에 구원을 받을 만한 다른 이름을 우리에게 주신 일이 없음이라 하

였더라 _ 행 4:11-12

그러나 현대를 살아가는 사람들은 문화적으로 이러한 관용과 평등을 중시하는 포스트모던의 공기를 마시며 살아가고 있다. 중생을 경험한 그리스도인도 예외는 아니다. 따라서 이러한 21세기의 문화적 도전에 직면한 설교자들은 풀어야 할 숙제가 있다. '포스트모던의 청중이 하나님의 권위를 인정할 수 있는가?' '포스트모던 시대의 강한 영향력 아래 있는 청중에게 과연 하나님의 말씀인 성경 메시지를 왜곡하지 않고 그대로 전달할 수 있는가?' 또 '성경이 증거하는 예수 그리스도의 구원의 유일성을 타협하지 않고 증거할 수 있는가?' 하는 것이다.

포스트모던의 뿌리에는 상대주의적 가치관이 있다. 모든 일을 상황 윤리로 판단하려 한다. 어떻게 보면 남을 배려하고 너그럽게 생각하는 것처럼 보인다. 따라서 어떤 이슈에 대해 강하게 주장하고 남을 설득하는 것 자체가 포스트모던적이지 않다. 모두 옳을 수 있고 상황적으로 해석이 다양할 수 있다고 생각하기 때문이다. 포스트모던에서는 개인의 느낌과 경험을 강조한다. 그런데 이러한 태도와 철학에 계속 노출되다 보면, 어느 때부터인가 안정감과 지속성이 없어진다. 내가 지금 옳다고 생각하는 일이 내일이면 바뀔 수 있기 때문이다. 상황에 따라 변하고 다르게 해석될 수 있다. 결국 포스트모던적 생각의 틀 안에서는 온전한 안정감과 영원한 가치를 찾기 힘들다.

이러한 포스트모던적 사고에 노출될수록 영적 불안정이 찾아오고, 포스트모던적 생각과 신앙 태도에 익숙할수록 뭔가에 매이지 않는 자유를 누리는 것 같은 착각을 하게 된다. 그런데 이상하다. 이러한 개인이 풍성한 자유를 누리는 것 같지만, 이상하게도 오히려 안정감을 더 갈망하게 된다. 또 누군가에게 조언을 듣고 싶고, 공동체에 소속되고 싶은 마음이 생긴다. 역설적으로 자유를 누리는 것 같지만, 내면은 더욱더 메마르고 갈증을 느껴 영적으로 병들게 된다. 주님만 채울 수 있는 영적 공간이 비어 있기 때문이다.

아직도 성경적 오가닉 메시지를 원하는가

그렇다면 포스트모던의 영향력에 노출된 사람은 어떻게 이러한 영적 어려움을 극복할 수 있을까? 그 해답은 영원하신 하나님께 있고, 하나님의 말씀인 성경에 있다. 하나님만이 영원하시다. 또 그분의 인격과 능력이 반영된 말씀만이 영원하다. 급속히 변하는 세상 가운데 흔들리지 않는 안정감을 누릴 수 있는 것은, 변치 않는 하나님의 영원한 말씀을 믿고 말씀에 뿌리내릴 때 가능하다. 이사야 선지자는 선언한다.

> … 모든 육체는 풀이요 그의 모든 아름다움은 들의 꽃과 같으니 풀은 마르고 꽃이 시듦은 여호와의 기운이 그 위에 붊이라 이 백성은 실로 풀이로다 풀은 마르고 꽃은 시드나 우리 하나님의 말씀은 영원히 서리라 하라 _ 사 40:6-8

하나님의 말씀은 영원하다. 따라서 시대를 초월해 끝까지 붙들어야 할 것은 말씀이다. 하나님 말씀의 인도함을 받을 때 영적 안정감과 확신을 경험한다. 영적으로 거듭나 영원한 생명을 얻는 것도 하나님의 말씀을 통해 가능하다. 특히 불확실함으로 방황하는 현세대는 변치 않는 하나님의 말씀을 더욱 가까이해야 한다. 이러한 진리의 가르침이 인생의 종착지에 대한 궁금증을 근본적으로 해결해 준다. 베드로 사도는 다음과 같이 영적 생명의 비결을 밝힌다.

> 너희가 거듭난 것은 썩어질 씨로 된 것이 아니요 썩지 아니할 씨로 된 것이니 살아 있고 항상 있는 하나님의 말씀으로 되었느니라
> _ 벧전 1:23

포스트모던의 영향력 아래 있는 현세대가 영적으로 거듭나는 경험을 할 수 있는 것도 바로 하나님의 말씀을 통해 가능하다. 영적으로 든든히 서고 헛되지 않은 유업을 받는 것 또한 은혜의 말씀을 통해 가능하다.

> 지금 내가 여러분을 주와 및 그 은혜의 말씀에 부탁하노니 그 말씀이 여러분을 능히 든든히 세우사 거룩하게 하심을 입은 모든 자 가운데 기업이 있게 하시리라 _ 행 20:32

포스트모던에 익숙한 세대에게 더욱 필요한 것은 바로 변치 않는 하나님의 말씀이다. 말씀만이 상대적이고 회의적인 생각에 빠져 있는 사람을 평안의 길로 인도할 것이다. 하나님의 말씀은 청정수처럼 영원함에 대한 갈증을 해소한다. 영원한 생명과 유업을 누리는 비결이 바로 하나님의 말씀 안에 있다. 포스트모던의 영향력 가운데 살아가는 현대인도 여전히 하나님의 말씀이 필요하다. 오히려 영적으로 더욱 갈망하는 상태다. 그렇다면 하나님의 말씀과 현세대의 만남을 어떻게 주선할 수 있을까?

포스트모던 후예들과의 접촉점

포스트모던 사고에 익숙해 기독교에 부정적이고 반항적인 기질이 있는 청중을 만난다면 어떻게 말씀을 선포할 것인가? 포스트모던 시대의 사람들에게 하나님의 말씀을 절대 진리로 선포하는 것이 과연 가능한가? 이러한 어려움의 해법은 메시지의 순수성과 설교자의 진정성 있는 전달에 있다. 포스트모던 청중은 인위적으로 만들어진 부자연스러운 권위에 거부 반응을 보이고 반항하는 경향이 있다. 그러나 순전한 마음과 태도로 의사를 전달하면 더욱 능동적으로 상대방의 생각에 공감하고 빠져든다.

미국의 교회를 중심으로 시작되어 이제는 아시아에도 이머징교회(emerging church)가 등장했다. 이머징교회는 모더니즘의 획일적 사고와 대형교회의 실용주의적이고 인위적인 접근에 대한 반동으로 새로운 접근에서 시작되었다. 카슨(D. A. Carson)은 "이머징교회는 모더니즘적 철학을 바탕으로 이성에 치중하는 교회 사역과 대형교회 운동으로 인한 실용주의적 사역 접근을 거부하기에, 전통적인 교회와 구도자 중심 교회 운동(seeker-sensitive church movement)에 반발한다"고 했다.[38] 이러한 극단적인 입장은 복음의 진리와 가치를 잃어버릴 수 있기에 경계해야 할 것이다.

그러나 이러한 교회 운동이 공헌한 바가 있다. 바로 포스트모던에 익숙한 세대의 문화를 이해하고, 그들에게 창의적으로 접근하려 한다는 것이다. 또 믿지 않는 사람들을 향한 전도와 선교의 열정이 있다. 나아가 이러한 교회 운동에서 포스트모던 세대와 접촉점으로 발견된 것은 진정성 있는 나눔과 순수한 경험이다. 특히 이머징교회 운동은 순수한 종교적 경험을 찾는다. 빈티지(vintage)한 종교적 체험을 찾고, 설교자의 진정성 있는 나눔을 원한다. 그래서 이머징교회는 예배 중 초를 켜거나, 성화를 강조하거나, 고전적 예배 분위기를 만들기도 한다. 또 진정성 있는 삶의 나눔을 강조하고, 순수한 경험을 중요하게 여긴다. 영적 리더는 삶의 동반자로 진실성을 가장 필요로 한다.

그러나 포스트모던이 경험할 수 있는 건강한 영적 체험이 있다. 바로 오랫동안 신앙 공동체와 함께한 성경이다. 빈티지한 성경 말씀의 전달을 통해 순수한 영적 경험을 할 수 있다. 포스트모던에 익숙한 청중은 설교자가 성경을 가지고 하나님의 말씀을 전달할 때, 설교자 자신이 실제로 믿는지 볼 것이다. 그리고 그들은 설교자의 삶을 볼 것이다. 또 하나님의 변치 않는 말씀을 설교하는 전달 방법과 태도도 볼 것이다.

그렇다면 말씀 자체가 가진 의미와 영적 영향력을 어떻게 인위적이 아니라 순수하게 있는 그대로 현대 청중에게 전달할 수 있을까? 순수한 영적 경험을 사모하는 사람들에게 하나님 말씀과의 순수한 만남을 주선해야 한다.

순수한 성경적 경험으로 안내하는
본문이 살아있는 설교

오가닉 메시지 + 순전한 효과 = 성경적 경험

설교자는 말씀을 전달하는 자요, 양 떼를 돌보는 목자다. 설교자는 공동체의 영적 건강을 돌보도록 부르심을 받았다. 어찌 보면 영혼을 돌보는 목자의 마음이 있기에 하나님의 말씀을 대언하는 것이다. 종교개혁 이후 모든 신자가 제자장 같은 마음으로 교회사역에 적극적으로 참여하는 만인제사장 정신이 강조되었다. 이러한 접근은 성경적이기에 바람직하다(벧전 2:5). 그러나 이것이 공동체를 이끌어가는 목회자의 영적 책임과 리더십의 약화를 의미하지는 않는다. 목회자에게는 공동체를 대표하는 마음으로 공동체의 영적 건강을 돌봐야 하는 의무가 있기 때문이다(딤전 3:1-13; 딛 1:5-9). 따라서 설교자는 구체적으로 공동체에 맞는 바람직한 설교방법을 찾기 위해 고민하고, 설교기술을 발전시키기 위해 노력해야 한다.

설교자가 공동체의 영적 건강을 위해 성경을 어떻게 순전하게 전달할 수 있을까? 순수한 영적 경험을 찾고 있는 현세대를 위해, 설교자는 성경이 말하고자 하는 정확한 메시지를 찾으려 연구하고, 또 성경 자체의 의사전달 방법에도 관심을 가져야 한다. '성경이 무엇을 말하는가?'와 함께 '성경이 어떻게 메시지를 전달하는가?'도 중요한 부분이다. 성경의 순전한 메시지를 찾으려 노력하고, 성경 안에 살아 움직이는 효과를 존중하는 설교자는, 성경이 처음 만들어질 때 하나님이 선택하신 의사소통 방법도 존중해야 한다. 이렇게 성경에 충실한 설교를 접하는 성도는 성경의 순전한 메시지뿐 아니라 성경적 효과를 경험할 수 있다. 그렇다면 순전한 메시지와 성경의 의사소통 방법을 적용하는 설교 방법은 무엇인가?

성경 본문을 순수하게 전달하는 설교 방법

존 파이퍼(John Piper) 목사는 좋은 설교는 단순히 성경에 기초한 설교가 아니라 성경에 흠뻑 젖은 설교라고 주장한다.[39] 설교가 좀 더 성경적이어야 함을 강조하는 말이다. 시드니 그레이다누스(Sidney Greidanus)는 성경 본문이 중심이 될 뿐 아니라 설교를 움직이는 원동력이 되어야 함을 주장한다. "성경적 설교는 말씀을 형성하고 있는 성경을 성경과 같은 방법으로 전달하는 것이다. 강해설교에서 본문은 단순히 서론 역할만 하거나 다양한 생각을 전달한 후 마지막에 정리하는 결론 같은 역할을 해서는 안 된다. 성경은 설교를 지시하고 안내하는 주인 같은 역할을 해야 한다."[40] 설교가 좀 더 성경적인 설교가 되기 위해서는 본문의 메시지뿐 아니라 본문이 메시지를 전달하는 소통 방법과 효과도 고려해야 한다. 하나님이 성경을 기록하실 때의 역사적 정황과 그 성경을 기록하신 방법도 존중하면서 설교해야 한다.[41]

서론에서 설명했듯, 지금 미국 복음주의 교회에서 좀 더 성경에 충실한 설교를 하자는 운동이 일어나고 있다. 바로 본문이 이끄는 설교다. 강해설교의 또 다른 이름이라 할 수 있다. 성경 본문의 내용과 함께 성경이 기록된 방법도 더욱 존중하는 설교 철학이 본문이 이끄는 설교를 형성한다. 현대 청중에게 더욱 순수한 성경적인 경험을 하게 하려 한다. 이러한 설교가 되기 위해, 처음 말씀이 기록될 때의 전달하고자 하는 의미와 함께, 의도된 의사전달 효과를 인지하는 것이 필요하다. 좀 더 성경적인 설교가 되기 위해서는 성경적 메시지뿐 아니라, 처음 말씀이 기록될 때 성경이 지닌 전달 효과에도 충실한 설교가 되어야 한다. 본문이 이끄는 설교가 되기 위해서 스티븐 스미스(Steven Smith)는 성경 본문의 세 가지 요소를 설교 형성에 반영해야 한다고 말한다. 세 요소는 성경 본문의 내용(the substance of the text), 본문의 구조(the structure of the text), 본문의 역동성(the spirit of the text, 본문의 의사전달 효과)이다.[42] 이러한 세 요소가 균형 있게 설교 형성에 반영되어야, 본문이 가지고 있는 메시지와 의사전달 효과를 좀 더 성경적으로 순수하게 전달할 수 있다. 그렇다면 본문이 이끄는 설교를 구성하는 세 가지 요소는 무엇인가?

본문의 내용

본문이 이끄는 설교는 본문이 담고 있는 메시지를 순전하게 전달하고자 한다. 설교의 뼈대라고 할 수 있는 설교의 중심생각은 철저히 성경 본문에서 나와야 한다. 설교 중 전달자는 자기 생각을 말하기 위해 성경을 남용해서는 안 된다. 성경이 말하고자 하는 중심생각을 찾고, 이 메시지가 설교의 중심이 되어야 한다. 선택한 본문의 중심메시지(the Central Message of a Text, CMT)가 명확하게 나타나야 한다. 본문을 해석하는 데 주해자의 의견을 과도하게 인위적으로 주입하는 것이 아니라, 본문이 말하고자 하는 데 집중한다. 강해자는 성경을 바르게 이해하고 있는지 스스로 먼저 질문을 던져야 한다. 또 그 메시지에 순종하려는 결단이 있어야 한다.

▶ 점검 사항: 본문의 중심메시지

본문의 구조

본문의 구조는 본문이 이끄는 설교를 형성하는 두 번째 구성요소다. 성경을 정직하게 설교하려는 설교자는 목회 현장에서 매주 본문의 구조와 설교의 구조에 대한 고민이 있다. 꼭 성경 본문의 구조가 설교 아웃트라인에도 반영되어야 하는지 고민할 수 있다. 그러나 현대 청중을 순수하게 성경적 경험으로 안내하기 위해서는 성경 본문의 중심생각뿐 아니라 본문의 구조도 존중해야 한다. 성경 저자는 중심이 되는 메시지를 효과적으로 전달하기 위해 의도적인 움직임을 가지고 있다. 이처럼 본문의 구조와 움직임을 연구해 간단하게 정리한 결과물이 본문의 아웃트라인(textual outline)이다. 성경의 메시지를 순수하게 전달하는 설교가 되기 위해서는, 본문이 자체적으로 가지고 있는 구조와 논리를 존중하고 반영해, 설교의 아우트라인을 작성해야 한다.

실제로 성경 본문이 중심이 되는 설교를 준비하다 보면, 설교의 중심 생각을 본문에서 끌어내는 부분은 동의하고 따를 수 있다. 그런데 본문의 구조를 파악하고 그 구조와 움직임을 설교에 반영하기 위해서는 필요한 것이 있다. 본문의 구조를 파악하기 위해서는 강해자로서 많은 훈련과 노력이 필요하다. 그런데 더욱 중요한 것은 설교자 자신의 결단이다. 설교자 자신의 논리와 익숙한 방식이 아니라, 성경의 논리와 움직임에 따르겠다는 결단이 있어야만 본문의 구조를 설교에 반영할 수 있다. 본문의 장르에 따라 본문의 움직임이 다양하게 나타날 수 있다. 예를 들면, 서신서에는 주로 논리적 움직임이 있고, 내러티브에는 장면의 이동이 있으며, 시편은 감정적인 흐름에 따라 본문이 움직인다.

▶ 점검 사항: 본문의 움직임(논리, 장면, 감정적 흐름), 본문의 아우트라인

본문의 역동성

본문이 이끄는 설교에서 가장 특이한 구성요소가 본문의 역동성이다. 본문의 역동성을 다른 말로 표현하면, 본문이 가지고 있는 고유한 커뮤니케이션 효과, 즉 감성(emotion)이라 할 수 있다. 본문의 메시지는 논리와 이성으로 전달될 뿐 아니라 다양한 의사소통 수단을 통해 감성적으로도 전달된다.[43] 현대 청중에게 성경 본문의 중심생각과 본문의 움직임이 반영된 아우트라인, 본문의 감성적 효과까지 전달될 때 좀 더 순수한 성경적 경험을 할 수 있다. 성경 본문은 살아있는 유기체처럼 체온이 있다. 전달되는 감정의 온도가 있다. 이것이 어조(tone)다.

성경적 저자는 다양한 장르와 수사적 장치를 사용해 의도적으로 감성적인 효과를 전달한다. 본문의 형식인 장르에는 감성적인 효과가 반

영되어 있다.⁴⁴ 장르는 본문의 내용과 감성을 담는 그릇이라 할 수 있다. 본문이 살아있는 설교는 서신서, 내러티브, 시를 주된 장르로 분류해, 각 장르의 특징에 따른 설교작성을 안내한다. 설교가 좀 더 성경적으로 되기 위해서는 성경 본문이 가지고 있는 수사적 장치(rhetorical device)도 간과해서는 안 된다. 수사 장치는 설득과 감성 전달을 위한 소통의 기술이고 도구라 할 수 있다. 예를 들면, 이미지, 수사적 질문, 상상력, 반복 같은 기술이 여기에 속한다. 성경 저자는 장르와 수사적 장치의 사용을 통해 메시지뿐 아니라 감성적인 효과도 전달하다. 본문이 살아있는 설교를 하기 위해서는 본문의 장르와 수사적 장치를 이해할 필요가 있다.

▶ 점검 사항: 감성적 효과, 장르, 수사적 장치

본문이 살아있는 설교는 본문이 이끄는 설교의 철학과 맥을 함께한다.⁴⁵ 성경적 메시지와 논리적 움직임과 함께 감성적 영향력까지 순수하게 전달하려 한다. 본문이 살아있는 설교는 한국적 상황을 고려해 이를 실제로 적용하고 발전시켜 나가려 한다. 설교자가 성경 본문에 충실할 때, 청중은 처음 경험한 성경을 이성뿐 아니라 감성적으로도 순전하게 경험할 것이다. 그렇다면 성경 본문의 의미와 본문의 구조와 역동성은 어떤 과정을 통해 현시대의 청중에게 순전하게 전달될 수 있는가?

본문이 살아있는 설교 형성의 세 단계

존 스토트는 성경과 현대 청중의 연결을 설명하기 위해 다리(bridge) 놓기 비유를 사용했다. 두 세계가 특별한 연결장치를 통해 연결되는 것을 말한다. 본문의 메시지와 그 효과를 순수하게 전달해 성경적 경험이 나타나게 하기 위해서는, 설교 형성의 세 단계를 균형 있게 다루어야 한다. 본문이 살아있는 설교는 본문연구 단계, 원리점검 단계, 설교작성 단계를 통해 두 세계(성경의 세계와 현세계)를 견고히 연결하려 한다. 각각의 단계적 특징은 다음과 같이 정리할 수 있다.

본문연구 단계

본문연구 단계에서는 성경 저자가 처음 청취자 또는 독자에게 무엇을 전달하고 어떠한 영향을 주려는지를 파악하는 데 집중한다. 처음의 수신자에게 전달하려 한 의미와 의도된 반응이 무엇이었는지 찾아내는 과정이다.[46] 강해자는 이러한 주해적 단계에서, 성경이 처음 기록된 시기와 관점에서 성경이 처음 수신자들에게 읽히거나 들려질 때의 상황에 집중해 본문의 메시지와 전달 효과를 파악한다.

▶ 점검 사항: 처음 수신자, 성경 시대에 의도된 의미와 전달 효과

원리점검 단계 [47]

본문과 청중의 연관성(relevance)을 찾는 것은 본문이 청중의 삶에 접촉하기 위해 매우 필요하다. 성경과 현대의 독자는 원리를 통해 자연스럽게 연결된다. 해석학에서 이러한 원리를 찾는 과정을 원리화 단계(principlization step)라 한다. 이 단계는 초시간적/우주적 사실에 관심을 두고, 본문연구를 통해 얻어낸 결과물을 진리성과 보편성의 관점에서 점검한다. 이때는 성경이 처음 기록되어 전달된 처음의 청중에게만 국한되지 않고, 모든 청중(all place/audience)에게 확대된다. 원리화 단계를 통해 성경 본문의 특성 중 변치 않고 전달 가능한 부분을 비평적으로 고찰한다. 해석학에서 원리화 과정이 본문의 의미에만 집중했다면, 본

문이 살아있는 설교에서는 본문이 메시지를 전달하는 방법과 감성적 영향력도 포함해 살펴본다. 강해자는 원리적 단계에서 모든 청중에게도 전달 가능한 본문의 메시지와 의사전달 효과를 순전하게 파악하는 데 집중한다. 이러한 원리는 청중과의 연결을 위한 연관성의 기초와 기준을 제공한다.

▶ 점검 사항: 모든 수신자, 보편적으로 전달할 수 있는 의미와 전달 효과의 원리

설교작성 단계

원리점검 단계는 해석학적 관점에서 문화와 시대를 뛰어넘은 보편적 원리를 찾아내는 데 힘쓴다. 그러나 설교작성 단계는 커뮤니케이션 관점에서 특별한 청중에게 잘 전달되게 연구하는 과정이다.[48] 따라서 설교작성 단계에서는 현시대의 특정한 청중에게 본문의 메시지와 의사소통의 역동성을 현대화해 순전하게 전달하도록 힘쓴다. 본문연구는 본문 자체의 메시지와 의사소통의 효과를 찾는 과정이고, 해석학적 연구는 성경과 현시대의 연결고리인 원리를 찾는 과정이다. 설교작성 과정은 본문에서 파악한 원리를 구체적인 청중과 접속해 적용되도록 설교를 준비하는 과정이다.

▶ 점검 사항: 현대 수신자, 현대에 전달할 수 있는 의미와 전달 효과의 적용

위의 세 과정은 유기적으로 연결되어 있다. 종합해 보면 다음 도표와 같다.

구 분	본문연구 단계	원리점검 단계	설교작성 단계
초 점	본문	연관	적용
언 어	성경적	초시간적/영속적	현재적
영 역	특별한	우주적	특별한
장소/청중	성경 저자/성경 청중	모든 장소/청중	현대 설교자/현대 청중
중심메시지	주해적 메시지	명제적 메시지	설교적 메시지
아우트라인	성경 본문의 구성과 움직임	성경 진리의 구성과 움직임	적용된 성경 진리의 구성과 움직임
장 르	본문형식에서의 성경적 역동성	본문형식에서의 초시간적 역동성	본문형식에서의 현대화된 역동성
목 적	성경 본문의 목적	성경 진리의 목적	적용된 성경 진리의 목적
어 조	성경 본문의 감성	성경 진리의 감성	적용된 성경 진리의 감성

표1 : 본문이 살아있는 설교형성 3단계[49]

    본문이 살아있는 설교는 이러한 설교형성 과정만이 유일한 설교방법이라 주장하지 않는다. 그러나 본문이 살아있는 설교는 본문의 메시지와 본문의 움직임과 본문이 담고 있는 감성적인 효과를 현대의 청중에게 더욱 순전하게 전달하고자 힘쓰려는 설교접근 방법이다. 이러한 설교 방법이 성경 본문을 더욱 온전히 경험하도록 안내할 것이다. 이제는 본문 자체의 메시지를 위해 본문이 살아있는 설교의 본문연구 과정을 돌아보자.

성경적 오가닉 메시지를 연구하는 과정: 본문이 살아있는 설교와 본문연구 과정

본문 선택의 투명성

이제부터는 성경적 오가닉 메시지를 함께 준비해 보자. 설교 준비는 어디서부터 시작되는가? 본격적인 설교 준비는 본문 선택부터 시작된다. 오랫동안 설교해 온 능숙한 설교자라면 비록 강해설교를 한다 할지라도 본문 선택 자체에 이미 메시지가 포함되어 있다는 것을 안다. 성경을 아는 설교자가 한 본문을 선택했을 때는, 이미 자신이 청중에게 전달하고자 하는 메시지가 내포되어 있다는 말이다. 성경에 익숙한 성도들은 설교를 들을 때 왜 설교자가 이 본문으로 설교하는지 생각할 수 있다. 설령 성경 본문에 충실한 설교를 할지라도 설교의 동기에 대해 의문을 가질 수 있다.

목회 현장은 참 복잡하다. 때로는 예상하지 못한 곳에서 오해가 생기기도 한다. 각양 각층의 사람이 모여 있는 곳이기 때문이다. 설교자에게는 지혜가 필요하다. 따라서 설교자의 본문 선택에 대한 투명성과 순수성에 대한 신뢰를 청중에게 얻어야 한다. 설교자는 공동체를 대표하는 마음으로 하나님과 그의 백성 앞에서 자신의 동기가 얼마나 순수한지 매 순간 돌아보아야 한다. 진정성 있는 태도와 접근은, 현시대의 청중에게 하나님의 말씀을 전하는 데 방해가 되는 장애물을 극복하도록 도와준다. 그렇다면 메시지를 순전하게 전달하기 위해서는 어떤 태도와 방법으로 본문을 선택해야 하는가?

본문 선택의 태도

순수하게 메시지를 전달하기 위해 설교자는 무엇보다 자신을 돌아보아야 한다. 설교자는 메시지를 전달하는 중간매체(medium)다. 똑같은 내용이어도 중간매체에 따라 다른 효과가 나타나고 다르게 전달된다. 따라서 설교자는 끊임없이 자신을 성찰해야 한다. 하나님 앞에서 다음과 같이 질문하며 자신의 태도를 점검해야 한다.

① 본문 선택을 위해 기도했는가?
② 주님은 내 본문 선택을 기뻐하고 원하시는가?
③ 회중에게 꼭 필요한 말씀인가?
④ 나는 이 본문 말씀에 순종할 준비가 되어 있는가?
⑤ 개인적인 목적을 가지고 본문을 선택하지 않았는가?

본문 선택의 가이드

설교하는 상황은 다양하다. 이에 따른 획일화된 본문 선택의 원칙을 제시하기는 쉽지 않다. 그러나 청중에게 메시지의 투명성을 확보하기 위해 도움이 될 만한 본문 선택의 몇몇 가이드를 제시하려 한다.

1. 명확한 설교계획을 수립하라.

① 장기 설교계획을 가지라.

먼저 긴 설교적 방향이 있어야 한다. 설교자는 주님의 부르심을 따르는 사명자다. 설교자는 언제 어디로 주님이 인도하실지 모른다. 한 공동체를 오랫동안 섬기게 하실 수도 있다. 설령 주님의 인도하심으로 섬김의 자리에 변화가 생겨도, 목회자는 장기 목회에 대한 비전과 안목이 있어야 한다. 좀 더 구체적으로 말하면, 목회현장에서 5-10년간 어떤 설교를 할 것인지에 대한 큰그림이 있어야 한다. 이러한 큰그림은 설교본문 선택이 한쪽으로 치우치는 것을 방지해 주고, 말씀 선포와 목양의 균형과 일관성을 유지해 공동체에 유익이 있다. 따라서 설교자는 목양의 방향과 설교계획이 있어야 한다. 물론 상황에 따라 변동될 수 있지만, 긴 안목으로 설교를 계획하는 유익이 매번 급히 설교를 준비하는 것보다 훨씬 크다. 설교를 계획하는 방법으로는 연속 강해설교, 교회력을 이용한 방법, 성서정과(lectionary), 시리즈 설교 등이 있다.[50]

② 중기 설교계획을 확인하라.

기도하며 장기간 어떤 설교를 할 것인지 큰 설교 방향이 정해졌다면, 이제는 중기(3개월, 6개월, 1년 단위)의 설교계획이 있어야 한다. 이 기간은 더 구체적으로 설교를 준비하는 단계다. 한 해의 주제나 핵심 성경구절, 깊게 강해하고 싶은 성경의 한 부분을 미리 정해 놓는 것이 좋다. 특히 교회력 또는 특별한 주간(예, 신년예배, 고난주간, 부활주일, 어린이주일, 어버이주일, 맥추절, 추수감사주일, 성탄절, 교회창립기념일 등)과 집중 강해 성경 본문을 중심으로 52주 설교계획을 작성한다.

그러나 청중은 살아 움직이는 유기체이므로, 상황에 따라 설교가 변할 수 있도록 유연성이 있어야 한다. 성령의 인도하심에 대한 민감성을 잃지 말아야 한다. 하나님께서 청중을 이끌기 원하시는 구체적인 계획이 있을 때, 확인과 수정의 과정을 반복하며 구체적인 설교 일정을 점검하고 정한다. 매월 설교해야 하는 일정(주일, 수요일, 새벽, 심방, 교회 부서 행사, 각종 예식 등)에 대한 구체적인 계획을 만들고 확인하는 일이 필요하다. 이러한 계획은 앞으로 설교본문을 연구하고 설교자료를 수집

하는 데 큰 도움이 될 것이다. 이러한 중기 설교계획은 설교사역을 일관성 있게 진행하여 본문 선택의 투명성을 높이는 데도 유익하다.

③ 단기 설교계획으로 실행하라.

매월 설교할 본문은 이미 정해졌을 것이다. 부지런한 설교자라면 매월 설교할 본문의 중심메시지(CMT)와 큰 아웃트라인도 어느 정도는 파악하고 있을 것이다. 설교할 시간이 점점 다가올수록 자신이 전달할 설교본문과 메시지가, 주님이 보시기에 현재 자신의 청중에게 적합한지 다시 점검한다. 이미 계획이 있고 자신이 준비한 부분이 있어도, 주님의 뜻에 열려 있는 민감한 마음이 필요하다. 물론 기간이 얼마 남지 않은 상태에서 본문을 급히 바꾸는 데는 신중해야 한다. 단기 설교계획에 의한 주일설교 준비는 2주 후의 주일설교와 이번 주일설교를 함께 준비하는 것이 바람직하다. 설교의 완성도를 높이는 데 도움이 된다. 특히 목회에서는 어떤 일이 일어날지 모르므로 미리 준비해 두는 것이 안전하다. 목회자에게는 마지막까지 영혼들을 위해 최선의 말씀을 준비하려는 용기와 헌신이 필요하다.

그렇다면 설교계획의 바람직한 예는 무엇일까? 성경 전체를 균형 있게 다루는 설교계획을 수립하는 것이 유익하다. 미국의 크리스웰(W. A. Criswell)이나 제리 바인스(Jerry Vines), 존 맥아더(John MacArthur) 같은 설교자는 자신의 목회기간 동안 책별 연속 강해설교로 성경 전체를 2회 이상 설교했다. 이러한 설교자들은 성경의 책별 강해가 설교의 일정이 된다. 설교자가 성경의 순서를 따르기에, 본문 선택의 동기에 대해 성도들의 오해를 줄일 수 있다.

한국의 상황에서 성경에 충실하면서 투명하게 설교할 수 있는 또 다른 방법은 무엇일까? 교회 전체가 동일한 QT 교재를 이용하는 것도 바람직하다. 교회 전체적으로 QT를 권장하고, QT 교재의 본문순서에 따라 새벽예배를 인도한다. 주말(주중) 소그룹(셀/목장/구역/순/속회) 모임에서 QT 교재의 나눔을 적극적으로 활용한다.

이러한 방법에는 여러 유익이 있다. 먼저 본문 선택에 대한 고민이 줄고, 불필요한 오해를 줄 일 수 있다. 일반적으로 QT 교재는 4-6년 단위로 성경 전체를 읽을 수 있도록 고안되어 있기 때문이다. 장기적으로 성도들은 하나님의 말씀을 전체 메시지(the whole counsel of God)의 안목과 균형을 가지고 접할 수 있다.

좀 더 나아가 한 주간 QT로 나눈 본문 중 설교자가 어느 한 부분을 미리 정해 설교하면, 주일설교는 단조로움보다는 더 큰 유익이 있을 것이다. 전 교인에게 같은 성경을 함께 읽도록 권하면, 성경의 안내에 따른 영적인 흐름을 갖게 된다. 주중에 본문을 읽었기에 이미 본문 배경에 대한 선이해가 있다. 따라서 주일설교에서 좀 더 심도 있는 메시지를 나눌 수 있는 장점이 있다. 또 책별로 강해하는 설교는 무엇을 설교할지에 대한 설교자의 부담을 줄여줄 수 있다.[51] 성경 자체의 안내를 따르는 장기적인 설교계획이 있으므로, 청중에게 메시지 선정에 대한 투명성을 어느 정도 얻을 수 있다.

청중에게 본문 선택에 대한 투명성을 얻기 위해서는, 대략적인 설교 시리즈나 성경 중 강해할 부분에 대해 미리 알려주는 것이 좋다. 모든 성도가 설교의 세부적인 계획을 다 알 필요는 없지만, 미리 어느 정도 설교 일정의 큰 흐름을 안다면, 청중은 본문 선택에 대한 신뢰감과 호기심을 가지고 앞으로 진행될 설교를 기대할 것이다. 예배를 돕는 예배팀이나 교역자들에게 3개월에서 1년 치 설교계획이나 본문을 미리 알려준다면 목회적 상황에서 얻는 효과가 있다. 그리고 예배팀과 유기적으로 협동할 수 있고, 하나님의 말씀을 중심으로 사역할 수 있는 체계를 세울 수 있다. 물론 상황에 따라 본문이 바뀔 수 있다는 유연성에 대한 안내와 함께, 지속적인 설교계획 업데이트에 대한 원활한 소통이 있어야 한다.

특별한 경우가 아니면 계획한 본문대로 설교하는 것이 설교의 신뢰성을 유지하는 데 도움을 준다. 목회 현장에 있다면 알 것이다. 예배인도자와 찬양팀과 성가대와 일반 교인이 얼마나 잘 연결되어 있고, 서로 얼마나 많은 이야기가 오가는지…. 따라서 가까이 협력하는 스태프에게 신뢰성과 투명성을 인정받을 때, 이러한 신뢰는 많은 성도에게도 자연스레 전달될 것이다.

2. 설교할 본문의 단위(sermon unit)를 바르게 정하라.

실제로 설교하기 위해 설교본문을 어떻게 정할 것인가? 성도 중에는 성경을 체계적으로 연구하고 공부하는 이들도 있다. 만약 성도들이 설교본문이 잘못 나누어졌다는 의문을 갖게 된다면, 메시지에 대한 신뢰를 잃어버려 잘 들으려 하지 않을 것이다. 더 중요한 것은 본문이 잘못 나누어져 성경 자체가 전달하고자 하는 메시지가 왜곡될 수 있다. 본문 나눔의 오류는 흔히 벌어진다. 주일설교에 너무 긴 본문을 설정하면, 정해진 시간 안에 본문의 메시지가 효과적으로 전달되지 않을 수 있다. 설교 전에 성경봉독이 지나치게 긴 것도 현대 예배의 환경을 고려할 때 생각해 보아야 한다. 매번 1-2절만을 설교본문으로 선택할 경우, 예배 중 하나님의 말씀이 회중 가운데 읽히는 성경봉독의 의미와 효과가 감소한다. 그러면 실제 설교할 본문의 단위를 어떻게 나누어야 할까?

실제로 설교할 본문 선택의 노하우는 무엇인가? 세 가지 방법을 소개하겠다.

① 연속되고 일치된 하나의 주제가 바람직하다.

상황에 따라 차이가 있겠지만, 일반적으로 한국 교회에서는 주일설교가 30-40분 정도 된다. 이러한 설교적 상황을 고려할 때, 설교 한 번에 하나의 일정한 생각 단위로 전달하는 것이 효과적이다. 해돈 로빈슨은 이것을 빅 아이디(Big Idea)라 한다. 본문이 살아있는 설교에서는 본문의 중심메시지(CMT)라 한다. 하나의 중심메시지는 설교 전체를 일관성 있게 연결하는 역할을 한다. 따라서 설교본문은 하나의 일치된 생각을 중심으로 나누는 것이 좋다. 본문의 단위는 동일한 주제 또는 문법적 특성을 분석해 찾을 수 있다.[52] 앞뒤 본문의 문맥과 사상의 흐름을 고려해 단락을 나누는 것이 바람직하다.

② 성경의 문단 나눔 표시를 참조하라.

대부분의 한국어 성경에는 각 설교에서 의미 단락을 알려주는 동그라미가 있다. 맹목적으로 신뢰할 수는 없지만, 성경학자들의 연구 가운데 나누어진 연구결과로 존중할 필요도 있다. 여러 성경 번역본과 스터디성경이 어떻게 성경을 나누었는지 참조하고, 성경연구가 충실한 주석을 보면서 학자마다 의미 단락을 나누어 놓은 것을 참조하는 것도 도움이 된다. 성도들의 성경에도 이런 표시가 있기에, 이러한 나눔을 따르지 않을 때는 경우에 따라 설교본문을 나눈 이유를 설명하는 것이 본문 나눔의 투명성을 높이는 데 도움이 된다. 일반적으로 이런 표시를 존중해 설교본문을 나누는 것이 성도들의 의문을 줄인다.

③ 성경의 장르를 고려해 본문을 정하라.

성경의 문학적 양식인 장르에 따라 본문을 정하는 방식에 변화가 있다. 서신서와 선지서에서는 의미와 논리적 흐름에 따라 설교본문을 정하는 데 비교적 어려움이 없다. 시편에서는 의미와 함께 감성적인 흐름을 고려해 본문 단위를 나눌 수 있다. 잠언의 경우 비교적 짧은 본문을 선택할 수 있고, 때로는 연관되는 여러 잠언 구절을 주제로 묶어 함께 설교할 수 있다. 내러티브나 복음서의 비유는 문학적 특성상 장면에 따른 긴 서술과 묘사로 설교할 때 여러 장을 설교할 수 있다. 내러티브는 장면(scene) 단위로 진행되기 때문이다. 내러티브 장르의 본문에서는 전체 본문을 설교본문으로 선택하기보다, 핵심이 되는 장면이나 구절을 설교본문으로 선택할 수 있다. 그러나 내러티브가 진행되는 성경구절은 설교 중 해당 본문을 읽거나 설명을 통해 설교할 수 있다. 일반적으로 내러티브 설교에는 핵심이 되는 하나의 장면을 선정하는 것이 효과적일 수 있다. 이처럼 본문의 장르를 고려해 설교본문을 정하고, 본문 나눔에서부터 투명해야 청중에게 신뢰를 얻는다.

예) 히 12:1-3 본문

히브리서 12장 1-3절은 1-13절의 문단에서 서론 같은 역할을 한다.[53] 1-3절은 그리스도인들에게 예수님이 하신 것처럼 흔들리지 말고 견고하라고 권면한다. 고통을 통해 거룩한 교육을 받으라고 권면한다. 그러나 성경학자에 따라 1-2절과 1-3절로 작은 단위를 나누는 데 다른 입장을 취한다.[54] 1-3절은 예수님을 주된 예로 삼아 믿음으로 나아갈 것에 대해 동일한 내용을 알려준다. 4절부터는 연단에 대한 논의가 진행된다. 또 2절과 3절에 ὑπομένω(인내)의 반복이 2절과 3절을 연결한다. 따라서 1절부터 3절까지는 1-13절의 서론적인 역할을 하는 의미 단락으로 나누는 것이 더욱 바람직하다.

본문연구의 두 날개

성경의 순수한 메시지를 만들기 위한 본문연구와 설교 작성의 과정에 세 가지 중요한 용어가 있다. 주해, 강해 그리고 설교다. 주해(exegesis)는 성경이 처음 기록된 역사적 정황을 고려해, 본문을 문자적으로 연구하여 의미를 찾고 결정하는 과정이다. 본문 관찰이 더욱 중요하다. 강해(exposition)는 본문 의미의 연관성을 파악해 현대 청중과 연결하는 과정이다. 이 과정은 본문의 의미를 해석하는 과정이다. 반면 설교학(homiletics)은 성경 본문의 연관성 있는 의미가 설교 현장에서 잘 소통될 수 있도록 돕는 학문과 기술이다. 설교 과정에서는 현대 청중과의 소통과 전달이 더욱 강조된다. 이러한 과정이 모두 균형을 이루어야 한다. 이러한 세 과정은 말씀 탐구에서 시작된다. 성경적 설교를 형성하는 기초다. 그렇다면 충실하게 말씀을 연구하는 방법은 무엇인가? 두 가지 방법을 소개하고자 한다.

성령의 인도함에 민감한 말씀 탐구

성경은 성령의 영감으로 기록되었고, 현시대의 그리스도인들에게까지 전달되었다. 성경을 잘 이해하기 위해서는 원저자이신 하나님의 마음을 잘 이해해야 한다. 성령은 성경 저자에게 영감(inspiration)을 주었을 뿐 아니라, 성경을 읽는 독자들이 성경의 원의미를 정확히 조명(illumination)하는 데도 도움을 준다.[55] 본문 선택 과정에서 설교자가 기도하며 주님의 인도하심을 바라듯, 본문연구 과정에서도 기도하며 성령의 인도하심에 민감해야 한다. 사도 바울은 영적 분별의 중요성을 다음과 같이 말한다.

> 육에 속한 사람은 하나님의 성령의 일들을 받지 아니하나니 이는 그것들이 그에게는 어리석게 보임이요, 또 그는 그것들을 알 수도 없나니 그러한 일은 영적으로 분별되기 때문이라 _ 고전 2:14

성경은 하나님의 영의 감동으로 기록된 거룩한 글이다. 따라서 원저자이신 하나님이 내용을 이해할 수 있는 지혜와 분별력을 주셔야 한다. 시편 기자는 다음과 같이 고백한다.

> 내 눈을 열어서 주의 율법에서 놀라운 것을 보게 하소서
> _ 시 119:18

하나님께서 눈을 열어 볼 수 있도록 도와주셔야만 성경이 이해된다. 따라서 주해적이고 신학적인 탐구에 앞서 성령께서 본문을 통해 말씀하시고자 하는 뜻을 구하는 기도를 해야 한다. 설교자는 설교본문을 연구할 때도 성령의 도우심을 바라며 기도하고 말씀을 연구해야 한다.[56] 이러한 영적인 노력은 본문의 메시지를 설교자의 영혼에 새기는 기회가 된다. 영적으로 내면화 된 진정성 있는 메시지에는 진실한 힘이 있다. 효과적인 설교는 연구와 기도, 성령 충만의 결과다.[57] 사도 바울은 다음과 같이 간구한다.

> 내가 기도하노라 너희 사랑을 지식과 모든 총명으로 점점 더 풍성

하게 하사 너희로 지극히 <u>선한 것을 분별하며</u> 또 진실하여 허물 없이 그리스도의 날까지 이르고 예수 그리스도로 말미암아 의의 열매가 가득하여 하나님의 영광과 찬송이 되기를 원하노라

_ 빌 1:9-11

하나님의 영광이 나타나기 위해서는 지혜의 원천이신 성령께서 선한 것을 분별할 수 있는 지혜를 주셔야 한다.

철저한 말씀 탐구

성경적 설교자는 영적 민감함과 함께 외과의사 같은 철저함과 냉철함이 있어야 한다. 설교자의 설교본문에 대한 이해는 설교 메시지 작성에 기초가 된다. 따라서 철저한 본문연구가 필요하다. 강해한다는 것은 본문이 무엇을 의미하는지 분명하게 알아내는 것이다. 주해라는 영어단어 'exegesis'는 헬라어 *exegeomai*로 '끄집어내다'(draw out)를 의미하고, 본문 자체의 메시지에 집중하는 것을 의미한다. 반면 자기해석이라는 영어단어 'eisegesis'는 헬라어 *eisegeomai*에서 유래한 것으로, 본문에 자기 생각을 넣는 것을 의미한다. 본문에서 의미가 '나오는 것'(out of)이 아니라 본문에 무엇인가를 '넣는 것'(into)이 자기해석이다.[58] 위대한 강해자는 먼저 탐정 같은 눈이 있어야 한다. 그리고 마치 보물을 찾는 것 같은 마음으로 본문을 대하고, 원저자의 의미를 찾으려는 노력이 있어야 한다. 그렇다면 어떻게 탐정 같은 눈으로 원저자의 뜻을 분별할 수 있는가?

본문 주해의 하이라이트

본문을 연구하려면 어떤 부분에 집중해야 하는가? 성경적 설교를 위해 말씀 연구에서 집중해야 할 부분을 안내하고자 한다. 본문 탐구에서는 다음의 영역에 대해 세밀한 관찰이 요구된다.

본문 배경 연구

본문은 따로 떨어져 있는 것이 아니다. 본문은 역사적 상황 가운데 기록되었고, 앞뒤와 유기적으로 연결되어 있다.

① 역사적 상황

역사적 연구는 본문의 역사적 배경을 연구해, 처음 저자가 수신자에게 메시지를 전달할 때의 정황을 연구한다. 본문의 역사적 배경을 파악할 때는 신뢰할 만한 주석, 지도, 배경 사전, 성경 개론서를 참조할 수 있다. 이때 역사적 상황과 배경을 알기 위해서는 저자, 기록 장소, 저작 연대, 처음 수신자, 지리적 배경, 문화적 배경, 역사적 배경, 종교적 배경, 사회적 배경 같은 요소를 확인해야 한다.

> **예) 히 12:1-3 역사적 상황**
>
> 히브리서는 저자와 수신자가 명확하게 드러나 있지 않다. 그러나 히브리서의 내용을 보면, 영적으로 어려움을 겪고 있던 수신자들에게 믿음을 지키게 하려는 목적으로 쓰였다. 특히 유대교에서 기독교로 개종한 신자들은 여러 핍박과 어려움으로 다시 이전 생활로 돌아가고자 하는 시련 가운데 있었다. 이런 상황에서 어떤 이는 흔들리는 믿음(2:1)을 경험하고 있었고, 어떤 이들은 구원을 소홀히 여겼으며(2:3), 어떤 이들은 영적으로 미성숙했다(5:12-14). 또

> 어떤 이들은 의지적으로 죄를 짓기도 하고(10:26), 정기적으로 믿음의 공동체 모임에 참석하지도 않았다(10:25).

② 신학적 상황

설교할 본문이 속한 성경의 각 권은 독특한 신학적 강조점이 있다. 본문은 각 권에서 전달하고자 하는 중심메시지를 부분적으로 돕거나 설명한다. 따라서 설교본문이 담고 있는 신학적 메시지를 확인하기 위해서는 상황/목적, 주제, 주된 신학적 이슈를 점검해야 한다.

> **예) 히 12:1-3 신학적 상황**
> 히브리서는 여러 영적 도전 가운데 있는 처음 수신자들에게 무엇보다 우월하고 참된 제사장이신 예수 그리스도를 강조한다. 또 예전의 유대교로 돌아가는 일을 경계하고 영적 무기력을 극복할 것을 강조한다.

③ 문예적 상황

설교할 본문을 잘 이해하기 위해서는 본문이 속한 책의 전체적인 흐름을 알아야 한다. 전체 본문을 읽고, 특히 본문의 주변 상황을 이해하도록 노력해야 한다. 이러한 흐름 파악을 위해서는 본문이 속한 책을 전체적으로 여러 번 읽고, 전체 아우트라인이 나와 있는 신뢰할 만한 주석을 참조해 문맥의 흐름을 파악하는 것이 좋다. 문학적 상황을 확인하기 위해서는 책의 전체적인 흐름, 본문의 앞뒤 문맥을 점검해야 한다.

> **예) 히 12:1-3 문예적 상황**
>
> 히브리서는 전체적으로 그리스도의 우월성을 드러낸다. 1-4장에서는 그리스도 인성의 우월성을 강조하고, 5-10장에서는 그리스도께서 하신 사역의 위대함을 드러낸다. 11-13장에서는 위대한 그리스도를 따르는 신자의 믿음이 무엇인지 보여준다. 히브리서의 저자는 12장을 접속사 '그러므로'(τοιγαροῦν)로 시작한다. 11장에 나오는 믿음의 영웅들과 12장을 연결하는 것이다. 12장 1-13절에는 그리스도처럼 믿음의 시련을 이겨나가라는 권면의 메시지가 있다. 12장 1-3절은 이러한 권면의 서론 같은 역할을 한다.

본문 자체 연구

본문 자체 연구에서는 선택한 본문을 다양한 각도에서 분석하여 '본문이 무엇을 말하고 있는가?' '본문이 어떻게 움직이고 있는가?' '본문이 어떻게 전달하고 있는가?'를 파악하는 데 집중한다. 본문 자체를 탐구하기 위해 다음의 영역에서 연구할 수 있다.

① 문법 연구

선택한 본문을 문법적으로 분석하는 단계다. 원어(헬라어/히브리어) 성경을 보는 것이 제일 바람직하지만, 만약 여의치 않다면 영어성경에서 문법적으로 분석한다든지, 여러 성경을 대조해 보고, 또 주석의 문법분석 내용을 확인해 문법적 연구를 진행할 수 있다. 문법 연구는 본문의 각 단어에서 시제, 태(능동/수동/중간), 어법, 인칭, 단/복수, 격 같은 요소를 확인해야 한다.

② 구문 연구

성경에는 성경 저자가 의도한 하나의 의미(single meaning)가 있다.[59] 문법 연구가 본문 안에 있는 각 단어의 문법적인 특성을 연구하는 것이라면, 구문 연구는 다른 단어와의 상호관계를 파악하는 것이다. 단어와 문장은 서로 연합되어 일정한 방향으로 의미를 전달한다. 구문 연구를 위해 육하원칙의 질문(누가, 언제, 어디서, 무엇을, 왜, 어떻게), 논리적 관계(목적, 조건, 비교/대조, 원인, 결과, 수단, 선/후, 주장/근거), 구문의 강조점(반복되는 단어, 명령형 동사, 새로운 단어) 같은 요소를 확인해야 한다.

> **예) 히 12:1-3 구문 연구**
>
> 1-2절은 하나의 긴 문장(헬라어 성경)이다. "경주를 하며" 동사(Τρέχωμεν)는 주된 동사이고, 세 개의 분사(고려하라 ἔχοντες, 벗어 버리고 ἀποθέμενοι, 바라보라 ἀφορῶντς)는 주동사(경주하며 τρέχωμεν)를 돕는 역할을 한다. 이러한 세 개의 분사는 어떻게 경주하는지에 대한 방법을 알려준다. 따라서 구문 분석을 통해 파악한 본문의 논리적 움직임은 '어떻게' 믿음의 경주를 할 수 있을 것인가 하는 것이다.

③ 단어 연구

본문에 충실한 설교 준비 과정 중 풍성한 열매가 있는 부분이 바로 단어 연구다. 본문의 의미와 핵심을 파악하는 열쇠 같은 역할이 바로 단어 연구다. 본문 연구 시 모든 단어를 깊이 있게 연구하기는 쉽지 않다. 그러나 핵심이 되는 단어를 파악하여 성경사전과 원어사전과 주석을 이용해 본문의 의미를 파악할 수 있다. 단어 연구를 위해 몇 가지 요소를 확인해야 한다.[60] 즉, 저자가 같은 성경에서 사용한 동일한 단어 비교, 같은 저자가 다른 성경에서 사용한 동일한 단어 비교, 성경에서 다른 저자가 사용한 동일한 단어 비교, 고대 문헌 가운데 사용된 동일한 단어 비교가 그것이다.

> **예) 히 12:1-3 단어 연구**
>
> 아나로기사스테($ἀναλογίσασθε$, 히 12:3)는 '고려하다' 또는 '생각하다'를 의미한다. 신약성경에 한 번만 등장하는 이 단어에는 단순히 '생각하다'가 아니라 '비교하다'라는 의미가 있다. 특히 수학적으로 서로 비교할 때 이 단어를 사용한다. 히브리서 저자는 독자들이 주의 깊게 예수님의 고난과 자신들의 고난을 비교해 예수님의 인내를 마음에 새길 것을 강조한다.

④ 본문의 목적 연구

성경은 주님의 마음이 기록된 책이다. 성경은 주님의 뜻인 잃어버린 영혼이 구원받고 풍성한 영적 삶을 누리는 것을 담고 있다(요 10:10; 딤후 3:14-17). 다르게 표현하면, 하나님의 자녀가 되어 제자로서 사명을 이루는 삶을 목적으로 한다. 그러므로 본문의 목적이 분명히 파악될 때, 이후 설교에서도 명확한 메시지가 나온다. 다음과 같이 본문의 목적을 간략하게 정리할 수 있다.

새로운 삶(복음): 전도, 구원의 확신
풍성한 삶(영적 성숙, 제자훈련): 예배, 교리교육, 윤리적 삶, 격려,
경고/훈계 등

> 예) 히 12:1-3의 목적: 풍성한 삶-격려

⑤ 본문의 어조 연구

성경은 메시지를 이성뿐 아니라 감성적으로도 전달한다. 본문을 연구하고 이해할 때 본문이 담고 있는 감성적인 요소도 존중해야 한다. 특별히 본문이 살아있는 설교는 본문이 담고 있는 감성의 요소를 존중하는 설교방법을 지향한다. 본문에 따라 다양한 감정적인 요소가 있지만, 비평적, 슬픔, 분노, 공포, 중립적, 따스함, 열정, 기쁨, 감사, 경외와 같이 간략하게 본문의 어조/감성을 정리할 수 있다.

> 예) 히 12:1-3의 감정적인 어조: 열정적

⑥ 자신의 말로 번역함

본문연구를 얼마나 오랫동안 해야 하는가? 본문과 더 많이 씨름할수록 말씀을 가까이할 수 있어 좋다. 그러나 목회 현장은 치열하다. 목회자가 해결하고 참여해야 할 많은 일이 있다. 따라서 언제까지 본문연구를 해야 하는가? 답은 간단하다. 본문을 자신의 말로 쉽게 번역할 수 있을 때까지다. 자신의 말로 번역이 된다는 것은 본문을 이해하고 있다는 것이다. 본문을 자신의 말로 분명하게 번역할 수 있는지 점검하라.

> **예) 히 12:1-3 번역**
>
> 1 이러므로 우리에게 구름 같이 둘러싸고 있는 수많은 증인들이 있으니 모든 무거운 것과 얽매이기 쉬운 죄를 벗어 버리고 인내로써 우리 앞에 당한 경주를 하며 2 믿음의 주요 또 온전하게 하시는 이인 예수를 바라보자 그는 그 앞에 있는 기쁨을 위하여 십자가를 참으사 부끄러움을 개의치 아니하시더니 하나님 보좌 우편에 앉으셨느니라 3 너희가 피곤하여 낙심하지 않기 위하여 죄인들이 이같이 자기에게 거역한 일을 참으신 이를 생각하라

⑦ 본문의 중심메시지 요약

본문 자체 연구를 통해 본문이 전체적으로 말하고자 하는 것을 하나의 문장으로 정리할 수 있어야 한다. 해돈 로빈슨은 이것을 설교의 빅 아이디어(Big Idea)라고 명한다. 본문연구가 잘 되었을 때 하나의 문장으로 본문이 정리된다. 본문의 중심생각은 본문이 전하고자 하는 중심메시지다. 본문의 중심메시지를 확정하기 위해서는 주제(저자는 본문에서 무엇을 말하는가?), 술어(저자는 본문에서 주제를 어떻게 말하는가?) 같은 요소를 확인할 필요가 있다.

> **예) 히 12:1-3 본문의 중심메시지**
>
> - 주제: 영적 어려움 가운데 있는 사람들은
> - 서술: 예수님의 본을 따르고, 인내함으로 믿음의 여정을 지속해야 한다.
> - 중심메시지: 히브리서 저자는 영적 어려움 가운데 있는 사람들에게 예수님의 본을 따르고 인내함으로 믿음의 여정을 지속할 것을 격려했다.

본문 구조와 장르 연구

본문 배경 연구에서는 본문을 둘러싸고 있는 역사적 문화적 배경을 연구한다. 본문 자체 연구에서는 본문이 전달하고자 하는 메시지와 감성을 파악한다. 또 본문의 구조와 문학적 형식(장르)을 파악한다.

① 본문의 구조

본문에는 성경 저자가 전하고자 하는 중심생각이 있다. 중심생각을 효과적으로 전달하기 위해 논리적 움직임을 가지고 있다. 본문이 살아 있는 설교는 본문의 움직임에 관심을 갖고 이러한 움직임도 충실하게 전달하려 한다. 본문의 구조를 파악하기 위해 논리적 움직임, 장면의 움직임, 감성의 움직임을 파악해야 한다. 본문의 전체 구조를 파악하기 위해서는 이러한 본문의 움직임을 주해 과정 중 적어보는 것이 도움이 된다. 손으로 노트에 쓰거나 컴퓨터에 기입하다 보면 본문의 문장 흐름도를 파악하게 된다.[61] 그리고 본문에서 제일 중요한 부분과 덜 중요한 부분의 우선순위를 정리한다. 여기서 파악한 본문의 구조가 자연스럽게 설교의 아우트라인이 되어야 성경에 충실한 설교가 될 수 있다.[62] 본문이 살아있는 설교는 주해자가 자신의 논리에 의지해 자의적으로 본문의 구조를 결정하는 것이 아니라, 본문에 담겨 있는 논리와 움직임을 존중한다. 본문에 충실한 아우트라인을 만들기 위해 일치, 단순성, 균형, 움직임, 시간/장소, 절정 같은 잣대를 확인해 보자.

예) 히 12:1-3 문장 흐름도

1-2절
(이러므로)
(우리에게) (경주를 하며) (경기를) (인내로써)
        (우리 앞에 당한)
(고려하라) (구름 같이) (둘러싼)
      (허다한 증인들이 있으니)
     (모든 무거운 것과)
(벗어 버리고) (그리고)
    (얽매이기 쉬운 죄를)
       (주요)
(바라보자) (또) (믿음의)
      (온전하게 하시는 이인)
     (십자가를 참으사)
= (예수를) (기쁨을 위하여)
    (그 앞에 있는)
   (부끄러움을 개의치 아니하시더니)
   (우편에 앉으셨느니라)
   (하나님 보좌)

3절
(생각하라) (참으신 이를) (거역한 일을)
       (죄인들이)
      (이같이 자기에게)
(피곤하여)
  (낙심하지 않기 위하여)

예) 히 12:1-3 본문의 구조

히브리서 저자는 영적 어려움 가운데 있는 사람들에게 인내함으로 믿음의 여정을 지속할 것을 격려했다.

> 논리적 단서: 어떻게 영적 어려움에서 믿음의 여정을 지속할 수 있는가?

> (1) 히브리서 수신자들은 예전의 충성스러운 영웅들을 알아야 했다(1절상).
> (2) 히브리서 수신자들은 사소한 장애와 파괴적인 죄를 없애야 했다(1절하).
> (3) 히브리서 수신자들은 예수님께 집중해야 했다(2-3절).
>   A. 믿음의 시작과 끝이 되시는 예수님께 집중함(2절)
>   B. 예수님의 인내력을 배우도록 노력함(3절)

② 본문의 장르(형식)

성경 저자는 다양한 장르와 수사법을 사용해 의도한 감성적인 효과를 전달한다. 본문의 형식인 장르에는 감성적인 효과가 반영되어 있다.[63] 설교가 좀 더 성경적으로 되기 위해서는 성경 본문의 장르(형식)에도 충실하여, 본문의 형식이 담고 있는 감성적인 움직임과 수사적 표현의 움직임을 정확하게 전달해야 한다.[64]

성경학자이면서 동시에 설교학자인 시드니 그레이다누스는 성경을 간략하게 일곱 장르(이야기, 예언, 지혜, 시, 복음서, 서신서, 묵시)로 나눌 수 있다고 설명한다.[65] 학자마다 다양하게 구분하지만, 이 일곱 개의 장르 구분은 장르의 특성을 비교적 간결하게 잘 보여준다.[66] 그러나 설교 현장성을 고려할 때 일곱 장르 구분도 현장의 목회자들이 모든 설교에 적용하기에는 조금 많아 보인다. 스티븐 스미스 박사는 성경 장르를 크게 세 가지(서신서, 내러티브, 시)로 보고, 장르에 따른 구체적인 설교 방법을 제시한다.[67]

본문이 살아있는 설교는 성경 저자가 자신의 중심메시지를 전달하기 위해 선택한 본문의 장르와 의사소통의 역동성도 잘 반영한다. 성경의 의미와 함께 성경이 가지고 있는 전달 효과도 경험할 수 있을 것이다. 다음 장에서 이러한 부분에 대해 더욱 깊이 있는 논의가 있을 것이다. 여기서는 장르의 종류와 수사적 장치를 점검한다.

예) 히 12:1-3 본문

장르의 종류와 역동성
직설적인 성격의 문학 양식/장르가 권면이다.[68] 주로 서신서와 예언서에서 사용된 장르다. 성경 저자는 이러한 권면의 문학 양식을 통해 좀 더 직접적이고 강력한 메시지를 전달한다. 성경 저자는 권면의 문학 양식에서 중심생각을 효과적으로 전달하기 위해 고유한 수사 장치를 사용한다. 히브리서 12장 1-3절은 서신서이면서도 특이한 부분이 있다. 바로 용기를 불러일으키는 권고의 문학적 형식을 가지고 있다. 이성적인 지식만을 전달하는 것이 아니라 감정적인 호소의 요소가 강하다.

수사적 장치
용기를 불러일으키는 권고는 감정적인 영향을 주기 위해 감성적인 수사적 장치를 사용한다. 달리기와 얽매는 죄 같은 이미지를 사용한다. "인내"라는 단어의 반복을 통해 인내의 중요성을 강조한다. 또 3절에서는 강한 영향력을 위해 2인칭 명령형동사 'consider'를 쓴다. 1-3절에는 수사적 진행이 있다. 한국어 성경에서는 이러한 표현이 잘 나타나지 않지만, 원어나 영어성경(NASB)을 보면 1-2절에서 히브리서 저자는 1인칭 복수대명사 '우리'를 사용한다. "벗어버리고"(Let us lay aside every weight)와 "경주하며"(let us run) 같은 수사적 장치는 저자와 청중을 경주를 위해 연합하게 만든다. 그런데 히브리서 저자는 3절에서 2인칭 명령형동사를 사용해 그의 강력한 의지를 좀 더 직접적인 표현으로 나타낸다. "거역한 일을 참으신 이를 생각하라"(Consider Him who endured such hostility from sinners against Himself) 같은 인칭과 어조의 변화를 통해 예수 그리스도를 더욱 강조한다.

이상과 같이 본문이 살아있는 설교는 본문에 더 정직하려 한다. 성경이 말하는 메시지와 성경이 전달하는 방법에도 관심을 두는 설교운동이다. 이러한 탐구는 더 성경적인 메시지를 만들어 순수성을 추구하는 성도들에게 더 오가닉한 영적 양식을 전달할 수 있을 것이다.

청중에게 오가닉 메시지를 전달하는 과정
– 설교적 전환

앞의 글에서 오가닉한 메시지와 효과를 관찰하기 위한 성경연구 방법을 설명했다. 이제는 본문연구를 통해 발견한 결과로 원리점검 과정과 설교작성 과정을 설명하려 한다. 성경에 충실한 오가닉한 메시지와 본문의 역동성을 현대의 설교에 충실히 반영하는 과정을 보여줄 것이다.

설교적 중심메시지로 전환

예) 히 12:1-3

본문의 원리적 중심메시지
영적 어려움 가운데 있는 모든 그리스도인 에게 예수님의 본을 따르고 인내함으로 믿음의 여정을 지속할 것을 격려한다.

설교적 중심메시지
어려움 가운데 있는 ○○교회 성도들 에게 예수님의 본을 따르고 인내함으로 믿음의 여정을 지속할 것을 격려한다.

설교적 아우트라인으로 전환

예) 히 12:1-3

본문의 원리적 아우트라인

영적 어려움 가운데 있는 모든 그리스도인 에게 인내함으로 믿음의 여정을 지속할 것을 격려한다.

(1) 모든 그리스도인 은 예전의 충성스러운 영웅들을 알아야 합니다(1절상).
(2) 모든 그리스도인 은 사소한 장애와 파괴적인 죄를 없애야 합니다(1절하).
(3) 모든 그리스도인 은 예수님께 집중해야 합니다(2-3절).
  A. 믿음의 시작과 끝이 되시는 예수님께 집중합니다(2절).
  B. 예수님의 인내력을 배우도록 노력합니다(3절).

설교적 아우트라인

구체적인 청중에게 전달될 설교 아우트라인

> → 논리적 단서: 어떻게?
> 영적 어려움 가운데 있는 ○○교회 는 어떻게 믿음의 여정을 지속할 수 있는가?

(1) 과거 신실한 믿음의 영웅들을 생각합니다(1절상).
(2) 사소한 장애와 파괴적인 죄를 제거합니다(1절하).
(3) 예수님께 집중합니다(2-3절).
  A. 믿음의 시작과 끝이 되시는 예수님께 집중합니다(2절).
  B. 예수님의 인내력을 배우도록 노력합니다(3절).

설교적 목적/어조로 전환

예) 히 12:1-3

원리적 목적/어조
 (1) 목적: 풍성한 삶-격려
 (2) 어조: 열정적

설교적 목적/어조
 (1) 목적: 풍성한 삶-격려
 (2) 어조: 열정적

설교적 장르/수사적 장치로 전환

예) 히 12:1-3

원리적 장르의 역동성/수사적 장치
 (1) 장르의 역동성: 서신서의 권면으로 직설적인 전달의 요소가 있다. 또 논리적 움직임이 좀 더 명확히 드러난다.
 (2) 수사적 장치: '달리기' 이미지, '인내'라는 단어의 반복, 인칭의 변화와 명령법을 통해 점진적으로 변하는 어조의 변화는 성경이 가지고 있는 수사적 전달 효과라 할 수 있다.

설교적 장르의 역동성/수사적 장치
 (1) 장르의 역동성: 서신서의 권면으로 현대 설교 중 직설적인 전달과 명확한 아우트라인과 포인트를 통해, 직접적인 의사전달을 활용하는 설교로 변환할 수 있다. 어떻게 신앙의 경주를 완주할지에 대해 설명하는 형식으로 설교문을 만들 수 있다.

> (2) 수사적 장치: '달리기' 이미지, '인내'라는 단어 반복, 인칭의 변화와 명령법을 통해, 점진적으로 변하는 어조의 변화를 반영하는 수사적 전달 효과를 되살릴 수 있다.

오가닉 메시지를 전하라

본 장에서는 영적인 오가닉 음식인 하나님 말씀의 중요성과 하나님 말씀을 순수하게 연구하는 방법을 돌아보았다. 순전한 성경적 메시지를 위해서는 이러한 성경연구 과정이 중요하다. 더불어 본문이 살아있는 설교의 특성을 살펴보았다. 지금 이 시대는 성경 본문의 영적 음식을 순전하게 전달해 주는 새로운 강해자를 찾는다. 더는 성도들에게 불량식품을 먹여서는 안 된다. 성도들이 무엇을 섭취했는지는 교회생활과 사회생활 가운데 열매로 나타날 것이다.

한국 교회의 영적인 건강은 건강한 설교에서 나온다. 이제 설교자들이 결단할 때다. 하나님의 영적인 양식을 순전하게 섭취할 것을 결심하자. 공동체의 대표로서 자신이 섬기는 사람들에게 영적인 음식을 깨끗하게 먹일 것을 결단하자. 오가닉한 메시지뿐 아니라 본문의 순전한 효과가 청중에게 설교를 통해 전달될 때, 현대 청중은 처음 성경을 받았던 청중이 누린 성경적 경험을 하게 될 것이다.

이제부터는 그동안 체계적으로 주목받지 못했던 성경이 가지고 있는 의사소통의 효과를 더욱 경험할 때다. 본문이 살아있는 설교는 이러한 순수한 성경적 경험을 현세대와 다음세대에 전달하도록 힘쓸 것이다. 다음 장에서는 본문이 살아있는 설교가 성경 장르의 순수한 맛을 회복하는 방법에 대해 나눌 것이다. 이제 본문을 싸고 있는 형식인 장르에 대해 더 깊은 대화를 나누자!

부록: 더욱 강력하고 분명한 신학적 메시지 만들기

본문의 신학적 메시지 연구

요즘은 감성을 터치하고 웃음을 자아내는 설교가 인기를 얻는 것처럼 보인다. 그런데 설교가 깊이가 없다는 이야기를 종종 듣는다. 왜일까? 이는 설교자가 신학적 지식이 없어서라기보다, 그동안 배운 신학적 영역을 통합하고 연결하는 훈련이 잘 되어 있지 않아서다. 깊다는 것은 그만큼 메시지를 다각도에서 고민하고 고찰했다는 것이다.

본문에서 파악된 메시지는 단순히 선택된 본문의 범주에만 머물러서는 안 된다. 다른 성경과 어떻게 연결되는지 확인해야 한다. 또 역사 속에서 고민했던 신학적 주제들과 대화할 때 메시지는 더욱 깊고 풍성해질 수 있다. 그러나 이러한 연구에서 본문의 의미를 바꾸어서는 안 된다. 본문 자체가 설교의 중심이 되어야 한다. 그렇다면 신학적으로 더 깊은 설교가 되기 위해서는 어떤 과정을 거쳐야 하는가?

성경신학적 고찰

정경(canon)은 하나님이 오늘날 교회에 허락하신 완전한 선물이다. 성경 66권은 서로 설명하고 상호보완할 수 있다. 성경신학은 성경 자체에 의해 형성되었으므로 성경을 묘사하고 설명하는 신학이다.[246] 성경신학도 크게는 두 영역으로 정리할 수 있다. 신약신학과 구약신학이다. 일반적으로 신약신학은 신약의 27권을 중심으로 서로 비교 및 대조하며 메시지를 확인하고 일치성과 다양성을 확인한다. 마찬가지로 구약신학도 39권의 구약성경에서 다른 본문과의 연관성을 확인한다. 또 성경신학은 신구약 전체에서 특별한 주제에 대해 어떤 설명이 있는지 확인한다. 특히 구약의 수많은 약속과 메시야에 대한 기대가 신약에서 어떻게 이루어지는지 점진적 계시의 관점에서 해석하므로, 성경 전체적으로 분명한 메시지를 이해할 수 있다.

▶ 점검 사항: 신약신학, 구약신학, 성경신학

조직신학적 고찰

조직신학은 신구약 성경뿐 아니라 교회 역사의 신학적 이슈를 연구하고 합리적인 일치를 정리하고 연구하는 학문이다. 로마 가톨릭과 개신교는 성경을 보는 관점과 해석에 차이가 있다. 또 각 교단에 따라 강조점이 다르게 나타날 수 있다. 특히 강해자는 자신이 선택한 본문이 과거 교회 역사에서 어떻게 해석되었는지 연구하고 좋은 면과 바람직하지 않은 영역을 참조하여, 성경해석과 적용의 바른 표본을 찾는 데 조직신학적으로 고찰할 수 있다.

▶ 점검 사항: 조직신학, 교회사, 종교철학, 윤리학

더 깊은 이해와 연구를 위한 추천 자료

• 국내 자료 •

권호, 『본문이 살아있는 설교』 (서울: 아가페북스, 2018).

김대혁, 『텍스트 프리칭: 본문이 일하는 설교』 (서울: 솔로몬, 2020).

임도균, "본문이 이끄는 설교와 성경해석학", 「복음과 실천」 58집 (2016 가을):

379-408.

_____, "본문이 이끄는 설교와 본문 설명", 「복음과 실천」 62집 (2018 가을): 337-366.

한진환, 『설교, 그 영광의 사역』 (서울: 프리셉트, 2013).

• 번역 자료 •

그렌트 오즈번, 『성경해석학 총론』, 임요한 역(서울: 부흥과개혁사, 2017).

다니엘 에이컨 외, 『매력적인 강해설교』, 권호, 김대혁, 임도균 역(서울: CLC, 2019).

데이비드 알렌, 『프리칭툴스』, 임도균, 권호, 김성진, 권영주 편역(서울: 디사이플, 2019).

스코트 두발, 다니엘 헤이즈, 『성경해석』, 류호영 역(서울: 성서유니온, 2009).

토니 메리다, 『설교다운 설교』, 김대혁 역(서울: CLC, 2016).

Chapter 3
본문이 살아나는 설교와 장르

_ 김대혁

붕어빵 설교와 행진곡 설교

　설교자는 말씀요리사다. 성도가 먹을 영적 양식을 끼니마다 준비하는 사람이다. 기도와 연구의 주방에서 영적 식구가 먹을 집밥 차리는 수고를 기쁨으로 여긴다. 말씀요리사는 음식의 원재료를 어디서 구할지 고민할 필요가 없다. 다양하고 풍성하며 무엇보다 영감받은 신선한 재료가 하늘 아버지에게서 이미 주어졌기 때문이다. 물론 최상의 재료가 훌륭한 요리를 보장해 주지는 않는다. 좋은 재료와 그것을 다루는 능력은 전혀 다른 문제이기 때문이다.

　그런데 요리사가 주어진 재료의 특성과 상관없이 자신에게 익숙한 특정 레시피만을 고집한다면 어떻게 될까? 아마 천상의 재료가 지닌 특유의 맛과 영양을 놓칠 가능성이 클 것이다. 더 큰 문제는 영적 가족조차 원재료가 제공하는 다양하고 건강한 음식을 맛보지도 못한 채, 점차 영적 미각을 잃어버릴지도 모른다.

이쯤에서 물어보자. 오늘날 많은 성도가 어떤 음식을 먹고 있을까? 천상의 다양한 재료로도 매번 같은 틀에 찍어낸 붕어빵만을 먹고 있다고 느끼지는 않을까? 무엇보다 이 붕어빵 요리사가 다름 아닌 바로 자신이라면, 언제까지 이런 요리를 지속해야 할까?

다른 은유도 생각해 보자. 설교자는 음악연주자. 성도의 굴곡진 삶의 굽이마다 그들의 발걸음을 인도할 천상의 음악을 들려주는 말씀연주자다. 이 연주자가 따라야 할 것이 있다. 영감받은 다양한 리듬과 곡조가 담긴 천상의 악보를 따라 충실히 연주하는 것이다. 그래서 말씀연주자에게는 독창적 시도보다 충실한 독보가 먼저다. 충실한 독보와 감상에 이어진 연주로 장조의 리듬을 따라 성도가 기쁨으로 믿음의 여정을 씩씩하게 걸을 수 있게 해야 한다. 또 때로는 단조의 선율을 자아내어 절뚝이는 성도의 발걸음으로도 믿음의 여정을 묵묵히 걷게 만들어야 한다.

안타깝게도 오늘날 영적 음악회에서는 천상의 하모니가 자아내는 다양하고 멋있는 음악보다, 계속된 진군 트럼펫 독주 소리만 요란할 때가 많다. 여기서 다시 물어보자. 천상의 악보가 무색하고 성도의 영적 상태와도 무관하게, 그저 자신이 좋아하는 개선행진곡만 연주하는 설교자가 바로 자신이라면, 언제까지 그런 연주를 할 것인가?

설교에 대한 이런 은유에 공감하는가? 그리고 반복되는 '나는 언제까지 이런 음식을 만들고 이런 연주를 해야 할까?'라는 마지막 질문이 묵직하게 다가오는 설교자가 있는가? 그렇다면 이 글을 통해, 주저 없이 성경 장르가 지닌 고유의 맛과 멋을 살리는 설교, 그래서 본문이 살아있는 설교를 지금부터라도 시작해 보라고 권하고 싶다.

사실 설교에 대해 '주저 없이'라는 말을 쓰기가 불편하다. 그래서 이런 대담한 제안이 이미 누군가의 미간을 찌푸리게 했을지도 모른다. 만일 누군가 "'반드시' 장르의 맛과 멋을 살리는 설교를 해야 하는가?" 하고 묻는다면 "아니다. 항상 그럴 필요는 없다"고 짧고 굵게 답할 것이다. 설교자와 청중이 다양한 만큼이나 설교 방법도 다양할 수 있다고 믿기 때문이다. 그러나 누군가 "나는 이제 본문에 충실한 설교를 '제대로' 하고 싶은데 어떻게 해야 할까?" 하고 묻는다면, 위에 제시한 담대한 제안이 내 답이다. 본문이 살아있는 설교를 '제대로' 하기 원한다면, 지금부터 '반드시' 성경 장르의 맛과 멋을 살리는 설교를 시작하라.

이 장의 목적은 바로 위의 주장과 제언에 설득력을 실어 권유하기 위함이다. 이를 위해 이 장에서는 본문이 살아있는 설교를 실천하기 원하는 설교자가 반드시 가져야 할 장르에 대한 바른 이해와, 이에 따른 장르의 맛과 멋을 살리는 본문이 살아있는 설교의 이론적 바탕을 소개할 것이다. 더불어 실례를 통해 본문이 지닌 장르적 특징이 살아있는 설교 방법론을 개괄적이나마 예증하고자 한다.

이 글은 유행하는 설교의 한 방법이나, 설교에서 당장 써먹을 수 있는 예를 보여주는 것을 목표로 하지 않는다. 성경 본문을 충실히 설교하고자 노력하는 설교자에게, 하나님의 의사소통 행위로서 본문에 대한 확실성, 충분성, 효과성이 단순히 신학적 이론과 자기 고백에만 머물지 않기를 바라는 마음에서 이 글을 쓴 것이다. 그래서 하나님의 의사소통 전략이 설교자의 설교 철학, 설교 방법론 그리고 실제 설교 작성으로 일관되게 이어지게 하는 설교 사역의 첫걸음을 쉽게 내딛게 하는 데 조금이나마 도움을 주기 위함이다.

물론 이 설득과 권유가 설교자 자신의 설교 철학과 구현 방법이 되고 자기 안에서 체득되기 위해서는, 더 세분된 논의와 실례가 많이 제시되어야 할 것이다(이를 위해 이 책의 저자들은 앞으로 각 성경 장르에 따른 이론과 설교 실제를 계속해서 제공할 것이다). 그러나 이런 각론을 자세히 다루기 전에, 본문이 살아있는 설교를 자신의 설교 세계에 녹여내는 긴 여정을 떠나고자 하는 사람에게 이 글이 지도와 나침반이 되기를 바란다.

장르의 맛과 멋을 살리는 설교, 정의와 핵심[69]

장르의 맛과 멋을 살리는 설교를 소개하고 설명하기 위해, 먼저 이 용어의 정의와 핵심을 제대로 파악하는 것이 바른 순서일 것이다. 장르의 맛과 멋을 살리는 설교에 대한 가장 간략한 설명은, 성경의 다양한 장르의 특성을 고려해 그 특성을 살려서 설교하는 것이다. 이런 설명은 설교학에 관심 있는 사람이라면 이미 30년 전부터 간간이 들었을 법한 '성경의 문학적 유형에 따른 설교'[70] 혹은 10여 년 전에 사용된 '장르에 민감한 설교'[71]와 그 맥을 같이한다.

이미 이런 용어가 있는데 굳이 장르의 '맛과 멋을 살리는'이라는 다소 감각적이고 정서적 어감을 지닌 단어를 붙인 이유는, 장르를 고려해 설교한다는 것을 더욱 쉽게 감 잡게 하기 위함이다. 실제 장르를 고려한 설교 혹은 장르에 민감한 설교라는 말은, 정확하게 본문의 무엇을 고려하고 무엇에 어떻게 민감하게 설교하라는 것인지 모호하게 느낄 수 있다. 대표적으로 '성경의 문학적 유형에 따른 설교'라는 용어도 성경 본문의 형식을 설교의 형식으로 활용하는 데 집중하는, 즉 설교 형식에만 관여하는 하나의 설교 방법론으로만 오해될 소지가 다분하기 때문이다.

전반적인 용어에 대한 설명이 되었다면, 이제 그 정의와 핵심으로 들어가 보자. 왜 장르의 '맛과 멋'인가? 장르와 설교를 잇는 설교학 용어가 공유하고 있는 설교의 핵심은 의외로 간단하고 명확하다. 토머스 롱은 자신의 책 『성서의 문학유형과 설교』(*Preaching and the Literary Forms of the Bible*, 대한기독교서회 역간)에서 "설교자의 임무는 성서의 본문을 그대로 모방하는 것이 아니고, 그 본문에 있는 특정 효과를 새롭게 재생하는 것"[72]이라고 설명한다. 또 마이크 그레이브스(Mike Graves)는 '형식에 민감한 설교'라는 다소 제한된 용어를 사용하지만, 이 설교가 추구하는 바 역시 형식 자체가 아니라, 본문의 형식을 통한 본문의 정서와 움직임이 함께 이루어내는 본문의 수사적 효과를 설교에 반영하는 것이다.[73] 장르와 설교를 연결해 비교적 최근에 책을 낸 제프리 아더스 역시 장르에 민감한 설교를 정의하면서 "비록 본문에 사용된 수사적 장치와 기술을 파악하고 이해하는 것에서 출발하는 것이 가장 최선이지만, 그런 장치와 기술을 똑같이 사용하는 것이 아니라 본문의 효과를 재현하는 것이 장르에 민감한 설교의 핵심 열쇠"라고 강조한다.[74] 이는 그가 자신의 책의 부제를 "성경 장르의 역동성을 재창조하는 방법"(How to Re-create the Dynamics of Biblical Genres)"이라고 정한 것에서도 잘 드러난다.

이처럼 다양한 용어지만, 설교와 장르의 관계성 혹은 설교에서 성경 장르의 역할을 강조하는 설교의 핵심과 목표는 같은 꼭지점을 바라보고 있다. 즉, 설교자는 특정한 문학 유형으로서 본문의 구조, 본문이 지닌 수사적 장치, 본문의 수사적 효과를 고려하여, 그 본문의 내용뿐 아니라 본문이 지닌 효과와 역동성까지도 오늘날의 설교에 재현하거나 재활성화해, 그것을 오늘날의 청중에게 전달하는 것을 목적으로 한다.[75] 이런 면에서, 장르의 맛과 멋을 살리며 본문이 살아있는 설교를 지향하는 설교자는, 각 성경 장르에 대한 구분과 그 특징을 단순히 이해하는 인지적 차원에 멈춰서는 안 된다. 또 본문을 해석하는 과정에서 특정 문학 양식으로서 본문의 형식, 수사적 장치와 효과를 파악하는 차원에 멈춰서도 안 된다. 설교자는 본문의 기능과 관련된 효과와 역동성을 실제 설교에 담아내 전달하는 데까지 나아가도록, 본문과 설교를 모두 커뮤니케이션 차원에서 입체적으로 접근해야 한다.

이런 의미에서 장르의 '맛과 멋을 살리는' 설교란, 본문에서 저자가 전달하고자 의도한 메시지에 충실한 강해설교의 철학을 이어가면서, 여기서 멈추지 않고 본문의 미디움(medium)과 무드(mood)가 자아내는 본문의 효과라는 장르의 '맛'과 본문의 역동성이라는 본문의 '멋'을 실제 설교에 되살려내는 설교다. 그래서 설교를 듣는 오늘날 청중도 성경 본문의 내용에 대한 이해와 더불어, 본문 커뮤니케이션이 갖는 역동성과 효과를 더욱 생생히 경험하여 본문을 살아내도록 하는 설교다.[76]

장르의 맛과 멋을 살리는 설교, 오해와 이해

앞서 장르의 맛과 멋을 살리는 설교에 대한 정의와 핵심을 설명하면서, 장르에 따른 설교 전반에 대해 오해의 소지가 있음을 잠시 언급했다. 장르의 맛과 멋을 살리는 설교가 지닌 성경관, 설교 철학 그리고 설교 방법론을 본격적으로 설명하기에 앞서, 여기서는 우선 장르에 따른 설교에 대한 일반적 오해를 다소나마 해소하고 넘어가고자 한다. 잘못

된 선입견으로 본문이 살아있는 설교를 시도할 기회를 앗아가지 못하게 하는 것이 급선무이기 때문이다. 일반적으로 장르에 따른 설교에 대한 오해의 내용이 서로 분리된 것은 아니지만, 이해를 도모하는 차원에서 크게 신학적/해석학적, 설교학적 그리고 목회적 선입견으로 나누어 설명하고자 한다.

신학적/해석학적 색안경

우선 장르에 따른 설교를 신학적 색안경을 끼고 보는 경우가 있다. 즉, 신학적 편향성을 가지고 장르에 대한 설교를 바라보는 것이다. 이는 주로 설교에 붙은 '장르'라는 용어를 언짢게 보는 사람들이 지닌 오해다. 주로 해석학에서 역사비평적 방법을 따른 성경 고등비평학자들이나, 이를 지나 포스트모던 해석의 문을 연 문학비평학자들이 '장르'라는 용어를 빈번하게 사용한 까닭에 생겨난 오해다. 다시 말해, 성경의 역사성과 영감성을 훼손하는 고등비평적 성경 해석이 하나님의 말씀을 순수하게 전해야 할 설교에까지 붙은 것이라고 여기는 사람들에게는, 이 장르라는 말이 이만저만 불편한 게 아닐 것이다. 이런 역사적 배경과 흐름 속에서 본다면, 성경의 역사성과 영감성 그리고 무오성을 존중하지 않는 태도를 경계하여 장르라는 말을 조심하는 것은 충분히 이해할 만하며, 실제 강해설교는 이 점에 매우 조심해야 한다.

그러나 장르 연구에 대한 위험성이 있다고 장르에 대한 설교 자체를 문제시하는 것은 지나친 거부 반응이다. 허쉬(E. D. Hirsch)가 지적한 대로, 모든 언어와 해석 그리고 커뮤니케이션의 이해는 반드시 장르의 이해와 함께 간다.[77] 더불어 케빈 밴후저(Kevin Vanhoozer)가 적절하게 지적했듯이, "저술은 저자, 정황, 본문, 독자를 흩어놓지만, 장르가 이 모든 것을 함께 모아"[78] 커뮤니케이션 전체에 관여한다. 따라서 본문 이해와 설교 전달에서 장르라는 말은 결코 따로 둘 수가 없다. 오히려 장르 연구는, 하나님께서 인간의 언어를 사용해 성경 저자로 하여금 쓰게 하신 성경 본문의 커뮤니케이션을 제대로 이해하고, 그 본문 커뮤니케이션이 설교 커뮤니케이션으로 바르게 이어지도록 하는 데, 설교자가 계속해서 함께 고려해야 할 필연적 요소다.[79] 그러므로 장르에 대한 연구가 성경의 무오성, 영감성과 상호 배타적이라 생각할 필요가 없다. 오히려 성경 저자가 의도한 의미를 찾고자 하는 전통적인 문법적-역사적 해석의 접근에 기초하면서도, 저자가 의도한 내용의 의미를 전달하는 것과 더불어, 저자의 전체 의도와 그 저자가 쓴 본문에 담겨있는 커뮤니케이션 효과를 더욱 충실히 이해하고 경험하고 되살리기 위한 필수적인 보완책이라 볼 수 있다.[80]

정리하자면 이 책에서 말하는 장르의 맛과 멋을 살리는 설교는, 성경에 대한 문학 비평적 접근에 그 출발점을 둔 설교 이론이 아니다. 성경 연구와 설교 작성에 있어서 설교자의 문학적 접근에만 관심을 두는 설교 방법도 아니다. 장르의 맛과 멋을 살리는 설교는 하나님의 커뮤니케이션 행위로서 성경을 신뢰한다. 그리고 성경 저자가 본문을 통해 저술 당시뿐 아니라 오늘날 우리에게 전달하고자 한 성경 본문의 커뮤니케이션 전반에 걸쳐 관여하는 장르의 역할을 성경 해석과 설교 작성/전달의 전 과정에서 통합적으로 접목하기 위한 노력이다. 오히려 설교가 본문 커뮤니케이션의 권위와 적실성 그리고 효과성을 더욱 존중하는 설교가 되게 하려는 의도에서 나온, 높은 성경관과 건실한 설교 신학에 근거한 설교 방법론이자 설교 실천이라 할 수 있다.

설교학적 일반화의 오류

앞서 설명한 신학적 선입견, 편향성과 다소 연결되지만, 장르에 따른 설교에 대한 더 큰 오해는 설교 방법론과 설교 작성에 관한 것이다. 이런 오해는 장르라는 용어를 문학적 형식에만 치우쳐 이해한 나머지, 장르에 따른 설교를 단지 본문 형식과 설교 형식에 관한 것으로만 이해하거나, 설교 형식을 강조했던 신설교학의 영향권 안에 있는 것으로 보는 관점에서 나온 것이다. 물론 신설교학이 가져다준 내러티브 장르에 대한 관심과, 내러티브 설교 방법론이 가져다준 신선한 도전과 그 교훈을 무시하는 것은 아니다.[81] 그러나 여기서 말하는 장르의 맛과 멋을 살리는 설교는 신설교학에서 시작된 것이 결코 아니다. 장르를 고려하는 '본문이 살아있는 설교'는 전통적 강해설교의 철학에 깊이 뿌리 두고 있다. 다만 기존 강해설교가 놓쳐버린 성경 본문 커뮤니케이션의 풍성함과 효과성을 더욱 되살리고자 하는 노력에서 나온 것이다.[82]

앞서 말한 이러한 오해는 결국 장르를 구성하는 한 요소인 형식을 장르 전체에 대한 것으로 이해한 성급한 일반화의 오류에 속한다고 볼 수 있다. 이렇게 오해하는 사람들은 장르에 따른 설교를, 결국 성경 장르의 범주 안에서 그 장르대로만 설교해야 한다거나, 본문의 문학적 형식과 장치를 오늘날의 설교에 그대로 옮겨와야 한다는 식으로 이해한다. 단언컨대 이것은 장르에 따른 설교가 주장하는 바가 아니다. 이미 이에 대해 롱은 실제 내러티브를 꼭 내러티브로, 시를 시로, 편지글을 편지 형식으로 설교해야 한다는 것은 실제로 어렵고도 비실용적이라고 일갈했다.[83] 아더스도 본문의 장르를 맹목적으로 모방하며 본문의 형식을 자세하게 모방해야 한다고 주장하는 자를 '형식 근본주의자'[84]라 지칭하며, 이는 실제로 불가능하다고 지적한다. 롱과 아더스가 입을 모아 본문의 장르를 모방하는 식의 설교가 비실용적이며 불가능하다고 한 근본적인 이유는, 성경과 현대라는 두 세계 사이의 역사적 언어적 문화적 시간적 간격 때문이다.[85] 무엇보다 실제 설교는 근본적으로 장르의 변환을 전제로 한다. 이미 과거 오래전에 기술된 성경 커뮤니케이션에서 오늘날의 구술 설교 커뮤니케이션으로 옮겨와야 하는데, 각 성경 장르의 형식과 장치를 그대로 복사해 오늘날의 설교로 옮겨오는 것만으로는 동일한/유사한 효과를 재생해 오늘날의 설교에 담아낼 수 없을 때가 많다.

본문이 살아있는 설교를 하기 위해 특정 장르의 본문 형식과 효과를 주해 과정에서 중요시하며 그것을 존중하는 것은 맞다. 그러나 그 형식을 설교에 그대로 모방하거나 복제하는 것은 이 글에서 주장하는 바가 결코 아니다. 본문의 형식과 효과를 살펴볼 것을 강조하는 이유는, 본문 커뮤니케이션의 복원이나 단순한 재구성을 목표로 하는 것이 아니다. 본문 커뮤니케이션에 충실해 그 본문의 내용과 더불어 그 효과를 재활성화해[86] 오늘날의 청중이 본문의 내용과 함께 그 본문의 효과를 경험하게 하려는 바른 설교이자 효과적인 설교 커뮤니케이션이 되게 하기 위함이다.[87] 달리 말하면, 설교자는 반드시 당시 정황에 주어진 성경 본문의 커뮤니케이션을 중요시하는 만큼이나, 오늘날의 상황과 청중을 향한 설교의 커뮤니케이션도 중요시해야 한다.

한편 본문이 지니는 힘과 효과가 오늘날의 정황에서 우리에게 되살아나는 것도 사실이다. 이런 면에서 본문의 형식이 오늘날의 설교 형식으로 전혀 반영될 수 없는 것도 아니다. 본문에 나타난 단어의 반복적 사용과 특징적 패턴을 오늘날의 설교에도 잘 활용할 수 있다. 또 본문의 효과를 설교의 효과로 반영하기 위해, 본문의 문학적 형식과 수사적 장치를 차용 혹은 변용해 설교의 효과를 위해 활용할 수도 있다. 그러나 그 형식과 수사적 장치 자체를 시대와 문화적 간격을 뛰어넘어 그대로 사용하는 것은, 장르에 따른 설교가 추구하는 설교의 핵심을 반만 이해한 것이다. 다시 말하지만, 장르의 맛과 멋을 살리는 설교의 핵심은 본문에 사용된 역동성과 효과 자체를 파악하는 데 목적을 두는 것이 아니라, 그 역동성과 효과가 오늘날을 살아가는 청중을 향한 설교에 재생, 재창조되도록 하는 것을 목적으로 하고 있다. 따라서 설교 작성의 전 과정 중 해석화 과정에서 본문 장르의 특징적 요소에 주의를 기울여 이해하는 만큼, 설교자는 설교화 과정에서도 장르의 특징적 요소가 지니는 상호관련성과 그 작용이 설교에 미치는 영향에도 주의를 기울여야 한다.

이처럼 본문이 살아있는 설교를 하기 위해 성경 장르의 중요성을 아는 설교자가 설교 작성의 전 과정에서 본문의 형식과 효과를 중요시하는 것은, 이런 본문의 요소들과 상호작용해 전달되는 본문의 내용과 효과를 제대로 발견하기 위함이다. 이는 더 나아가 오늘날의 청중에게 본문의 내용만 전달하는 것이 아니라 본문의 효과를 생생하게 전달해 그것을 경험토록 하기 위함이다. 이런 점을 바르게 이해할 때, 장르에 따른 설교가 다양한 형식에 관한 것일 뿐이라는 성급한 일반화의 오류에서 벗어날 수 있다.

목회 현실에 눌린 편견

신학적 편향성과 설교학적 편협성에서 나오는 선입견과 오해가 아니더라도, 장르의 맛과 멋을 살리는 설교에 대한 의구심을 가진 목회자를 만난다. 그 의구심은 결국 한 가지 질문으로 요약된다. '과연 이 설교 방식이 내 목회에 실용적이며 실제로 효과가 있을까?' 이 질문은 현장 목회자의 고민이 고스란히 담겨있는 목회 현실적 질문이다.

우선 이 질문에 답하기 전에 설교자 자신이 어떤 설교를 하고 있는지, 성경과 성도 그리고 설교자를 포함하는 설교의 두 모델을 통해 생각해 보자.[88]

먼저 첫 번째 모델은, 하나님이 자신을 설교자로 부르셨고, 성도는 설교자를 성경을 연구해 그 본문을 담대히 선포하도록 파송한 것으로 이해한다. 따라서 설교자는 성경을 충실히 연구하고 올바른 설교를 작성해, 자신을 통해 성도들에게 흘러가는 내려받는(download) 식으로 이해한다.

두 번째 모델은 첫 번째와 다르다. 하나님께서 자신을 부르셨고, 성도들이 자신을 성경을 연구하도록 파송한 것으로 이해하는 점에서는 첫 번째 모델과 같다. 그러나 두 번째 모델에서 설교자는 자신이 연구한 성경말씀을 일방적으로 내려받는 것이 아니라, 자신의 설교를 통해 자신이 이해하고 경험한 성경 안으로 성도를 초대하고 참여하게 하는 것으로 이해한다.[89] 본문이 말하고 보여주는 하나님나라의 실재를 설교자 자신과 성도가 함께 이해하고 경험함으로써, 설교자 자신과 교회 그리고 더 나아가 세상을 변화시켜 하나님께 영광 돌리는 것을 설교의 목표로 삼는다. 물론 두 모델이 완전히 동떨어진 것은 아니고 공유하는 부분이 있다. 당신은 어느 모델이 더 성숙한 모델이라 생각하는가? 또 어떤 모델에 속한다고 생각하는가?

자신을 첫 번째 모델로 인식하는 설교자는 자신을 성경전문가로 보며, 자신의 위치를 성경과 청중 사이에 둘 가능성이 크다. 이 모델에서 목회적 설교의 효과성에는 무엇보다 설교자가 가장 결정적인 역할을 할 수밖에 없다. 따라서 이 모델을 선호하는 설교자에게 이 책에서 주장하는 본문이 살아나는 설교, 혹은 장르의 맛과 멋을 살리는 설교는 자신의 결정에 따라 필수적인 문제라기보다 선택적인 문제로 여겨지기 쉽다. 문제는, 이 모델을 따르는 설교자의 설교가 성경에 충실할 때는 문제가 없지만, 본문을 오용하거나 남용할 유혹을 받을 때, 그 설교는 성경말씀을 가리거나 오히려 말씀을 무용지물로 만들 위험성이 커진다. 최악은 성경이 목회자의 전유물이 되어버리는 것이다. 이 모델을 추구하는 설교자가 장르의 맛과 멋을 살리는 설교의 목회적 효과성을 의심하는 것은, 결국 성경 커뮤니케이션의 방식을 잘 활용하는 것보다는 자신이 섬기는 성도에게 더 적합하고 효과적인 현대적 커뮤니케이션 방식을 스스로 고안해 낼 수 있다는 생각과 맞닿아서인지도 모른다.

이쯤에서 자신에게 물어보라. '나는 정말 성경적 목회를 꿈꾸며, 말씀의 수종자로 하나님의 커뮤니케이션을 여전히 존중하는가? 설교에서 하나님의 커뮤니케이션 방식보다 더 나은 커뮤니케이션 방식을 고안해 낼 수 있다고 생각하는가? 그렇다면 그 생각은 어디에 근거하는가?' 양팔저울의 한쪽에는 성경 커뮤니케이션을, 그리고 다른 쪽에는 자신의 창조성을 올려보라. 어디로 추가 기우는가?

반면 자신을 두 번째 모델로 인식하며 이 모델을 추구하는 설교자는, 자신을 성경전문가일 뿐 아니라 자신이나 성도에게 성경을 올바르게 이해시키고 경험하게 만드는 성경해석자이며, 성경의 풍성한 세계로 인도하는 자로 여긴다. 그래서 성경과 성도 사이에 자신의 위치를 두기보다, 성경의 동일한 권위 아래 자신과 성도를 함께 둔다. 따라서 성도를 위한 설교의 효과성은 설교자가 얼마나 본문을 지배했는지에 있는 것이 아니라, 설교자와 성도가 얼마나 성경말씀에 충실하여 그 말씀에 지배당하는지에 달려 있다고 이해한다. 이런 모델을 추구하는 설교자에게는 본문 커뮤니케이션을 충실히 연구해 본문의 내용뿐 아니라 본문의 역동성과 효과를 담아내는 설교, 즉 장르의 맛과 멋을 살리는 설교를 하는 것이 본연적으로 목회적 효과성이 있다는 이 책의 주장이 전혀 이상하게 들리지 않을 것이다.

이 말을 오해하지 않기 바란다. 장르에 따른 설교를 한다는 것은 설교자의 창조성, 설교자의 상상력, 설교의 효율성에 대한 설교자의 역할과 책임을 무시해도 좋다는 주장이 아니다. 이 말은 설교를 위한 모든 판단 기준과 잣대가 자신의 설교 철학이 아니라, 하나님이 계시하신 성경/본문 커뮤니케이션이 되도록 하라는 데 있다. 달리 표현하면, 정말 우리가 본문에 충실하기 위해서는 본문을 대할 때, 설교자가 자신의 익숙한 방법으로 본문의 내용과 주제에만 충실한 설교 내용과 함께, 자신이 숙지하고 있는 설교 방법론까지도 본문 커뮤니케이션 앞에 겸손히 내려놓고 굴복해야 한다는 것이다. 설교의 내용과 형식 그리고 목적과 전달 모두에 하나님의 커뮤니케이션 행위인 본문이 그 기준이 되어야 한다. 설교의 창조성과 효율성, 설교자의 상상력마저도 설교자 자신에게 익숙한 설교 철학이나 방법론, 그리고 항상 변하는 목회 현실을 기준으로 측정하기보다는, 지금도 변치 않고 자신의 말씀으로 역사하시는 성경 본문을 그 잣대로 삼자는 것이다. 본문이 자신의 설교 철학, 방법론, 설교 실제를 가늠하는 템플릿이 되도록 하는 것이다.

여기서 한 가지 첨언을 하고자 한다. 본문의 말씀과 본문 커뮤니케이션에 충실하다고 설교자의 창조성이 떨어지는 것이 결코 아니다. 오히려 본문 커뮤니케이션에 대한 충실성이 온전히 확보될 때, 설교자가 자신의 창조성을 마음껏 발휘할 수 있다. 설교자의 상상력과 창조성 역시 본문이 기초가 되고 발판이 될 때 가장 안전하고 효과적이다. 그리고 고정된 한 가지 설교 형식에만 얽매이지 않을 자유가 생기고, 본문 커뮤니케이션의 다양성을 충분히 활용할 수 있다.[90] 이런 설교적 확신에 근거한 설교 방법론이 바로 본문에 충실한 장르의 맛과 멋을 살리는 설교다.

설교자의 기준에서 나온 목회/설교의 효율성이라는 무거운 얼개로 성경을 더 알고 더 경험하고 싶어하는 성도들의 마음과 손발을 계속 묶어 두지 말기를 바란다. 설교 내용은 기억나는데 설교한 본문이 기억나지 않는 아이러니를 조장하는 설교를 계속해야 할지 결단할 때가 되었다. 궁극적으로 설교자가 성도를 변화시키는 근본적인 힘은 설교자 자신에게 있는 것이 아니다. 그것은 자신의 부족한 입술을 통해 전해지는 (성령의 영감과 조명인) 말씀 자체에 있다. 이것이 인식의 고백에 그치지 않고 순종하는 실천으로 나와야 한다.

장르의 맛과 멋을 살리는 설교의 일관성
성경관 – 설교 철학 – 설교 방법론

장르의 맛과 멋을 살리는 설교에 대한 오해가 다소나마 풀렸다면, 이 설교가 어떤 성경적 신학적/철학적 뿌리에 근거하고 있는지 살펴보자. 실제 장르에 따른 설교가 주목받게 된 것에는, 최근 성경신학과 앞선 권호 박사의 글에서 확인했듯이 최신 설교학의 영향이 있다. 이로 인해 장르에 따른 설교가 최신 설교학의 한 흐름이자 일시적 유행으로 치부될 우려가 있다. 그러나 최근에 주목받는 것이라고 해서 모두 일시적 유행이라 생각할 필요는 없다. 곧 쓰러질 나무인지 아닌지는 그 뿌리가 얼마나 깊고(성경관), 그 뿌리에서 나온 둥치가 얼마나 튼튼하며(설교 철학), 둥치에서 이어져 나오는 줄기와 가지가 얼마나 견고한지(설교 방법론)에 달려 있다.

높은 성경관과 뿌리 깊은 설교

모든 설교는 신학적 행위이기에 설교 방법론의 기초에는 신학적 전제가 있다. 그 전제가 다르면 같은 말을 하더라도 전혀 다른 뜻이 되어 버린다. 설교에서 가장 중요한 신학적 전제란 근본적으로 설교자가 성경을 어떻게 보는지에 달려 있다. 마찬가지로 장르의 맛과 멋을 살리는 설교의 뿌리는 설교자의 신학적 전제, 즉 설교자의 성경관에 달려 있다고 해도 과언이 아니다. 이런 면에서 볼 때, 이 글에서 주장하는 장르의 맛과 멋을 살리는 설교는 성경의 권위를 매우 존중하는 성경관에 뿌리를 깊이 두고 있다. 즉, 성경을 하나님의 영감으로 쓰인 무오한 진리의 말씀으로 여기며, 지금도 적실하고 효과적인 하나님의 커뮤니케이션(딤후 3:16)으로 확신한다. 이 확신을 가진 설교자는 말씀하시는 하나님께서 오늘도 성경 말씀으로 역사하심을 믿으며, 성령으로 영감받은 성경 말씀을 전하는 설교자의 설교가 곧 하나님이 하시는 설교라 믿는다. 그러기에 성경을 사랑할 수밖에 없다.

이런 성경관을 지닌 설교자는 우선 하나님의 커뮤니케이션인 성경 말씀을 그대로 받아들여 그 말씀 앞에 자신이 먼저 굴복한다.[91] 이는 단순히 개인 신앙적 차원의 자기 부인과 순종이 아니다. 자신에게 맡겨진 성도를 위한 실제 설교 작성 방법론과 설교 전달에도 자기 부인과 순종이 수반된다. 따라서 그런 설교자는, 성경 커뮤니케이션이 오늘날 설교 커뮤니케이션의 기본 틀과 방향타가 되는 최선의 길이라는 신학적 확신이 있다. 한마디로 성경관이 곧 자신의 설교 철학으로 이어지는 것이다.

오늘날 설교단에는 21세기 포스트모던 시대가 불러온 변화무쌍하고 다양한 실험적 시도들이 거센 바람이 되어 이곳저곳에서 불어온다. 소위 '은혜받았다'고 말하는 청중의 감동이 우선되는 설교, 설교자의 언변과 창조성이 강조되는 설교, 성도의 삶에 건강기능식품처럼 제언해 주는 설교가 우리의 설교단을 호시탐탐 노리고 있다.[92] 이 글이 주장하는 장르의 맛과 멋을 살리는 설교는 이들과 같은 줄에 서서 서로 경쟁하는 것이 아니다. 오히려 자신이 서고 가야 할 분명한 길을 아는 것에서 시작한다.

본문이 살아있는 설교는 설교의 뿌리를 성경에 두고, 성경 커뮤니케이션을 깊이 존중하는 길을 고수하며, 신앙의 근본이 되는 '오직 성경으로'의 정신을 따라 변하지 않는 가치를 지키고자 하는 빈티지(vintage) 설교임을 자부한다. 성경에 깊이 뿌리 내리지 않은 설교는 일시적으로 푸른 빛을 띠며 유행하더라도 곧 쓰러져 마르게 될 것이다.

설교 철학에 꼭 맞는 설교 방법

위에 설명한 성경관에 바탕을 둔 설교 철학은 성경적 설교 혹은 강해설교가 근간으로 삼고 있는 성경관이나 설교 철학과 그리 다르지 않다. 그렇다면 장르의 맛과 멋을 살리는 본문이 살아있는 설교와 기존의 성경적/강해설교는 무슨 차이가 있을까?

같은 성경관에 근거한 같은 설교 철학이라도 구체적인 방법론으로 이어지는 과정에서 많은 차이가 있을 수 있다. 본질에서 같은 성경관, 설교 철학을 지니고 있음에도 장르에 따른 설교가 요즘 주목받고 강조되는 이유는, 설교 철학과 설교 방법론을 잇는 둥치와 통로가 다르기 때문이다. 같은 성경적 혹은 강해설교의 철학이 실제 설교 작성과 전달로 이어지는 것에 차이가 날 수 있는데, 기존 강해설교자들의 설교 방법론은 성경 본문이 지닌 커뮤니케이션 가치를 설교에 통합적으로 반영하는 데 부족한 부분이 있다.

실제 많은 목회자가 자신의 설교를 대부분 성경적/강해설교라 부른다. 여전히 강해설교를 본문 처음부터 끝까지 연속적으로 설교하는 하나의 설교 스타일로 생각하는 경우도 있지만, 그래도 이제는 강해설교를 성경에 충실하고 바른 설교를 하기 위한 필수적 설교 철학으로 인식하기 시작했다. 그러나 자신의 설교를 성경적/강해설교라고 부르지만, 설교자가 생각하는 충실하고 바른 설교는 설교의 내용이 본문에 부합해야 한다는 것이 설교의 필요충분조건이라 여길 때가 많다. 그래서 설교자가 성경 본문에 나타난 하나님/저자가 의도한 의미를 주제적 진술로 추출해 찾아내, 그것을 대지로 나누고 설명하고 적용하려고 노력한다.

사실 과거 전통적 강해설교에서는 이 정도만 해도 성경적/강해설교에 대한 나름 건실한 노력을 한다고 보았다. 이는 성경의 진리와 본문의 내용을 오늘날의 청중에게 바르게 전달하는 것이 설교자에게 최우선 과제이기 때문이다. 그러나 문제는 성경적/강해설교의 철학은 단순히 바른 내용만으로 다 채울 수 없는 큰 그릇이라는 데 있다. 다시 말해, 성경적 설교는 바른 내용을 전달하는 설교여야 하는 동시에, 효과적으로 전달하는 설교를 추구한다. 이렇게 말할 수 있는 근거는 과거 수사학의 전통이나 오늘날 수많은 커뮤니케이션 이론 책에서 얻는 실용적인 면에 있는 것이 아니라, 우리가 믿는 성경에 대한 신학적인 면에 근거하고 있다. 성경은 하나님의 커뮤니케이션이다. 성경은 하나님이 계시하신 말씀으로, 그 자체가 바로 우리를 향한 하나님의 진리이자 하나님이 인간 저자를 통해 효과적으로 전하신 하나님의 커뮤니케이션이다. 그리고 이 말씀을 통해 하나님은 지금도 일하고 계신다. 그러기에 우리는 본문에 대한 바른 내용과 그것을 효과적으로 전하는 것 중 어느 한쪽도 포기할 수 없다.[93]

생각해 보라. 성경은 신학적 내용을 천편일률적으로 담아 놓은 책이 아니다. 하나님은 진리를 율법 조항의 모음이나 요즘 SNS에서 자주 볼 수 있는 단편 글로 적어놓지 않으셨다. 하나님은 우리를 위해 기꺼이 낮아지는 선한 분이기에, 인간 커뮤니케이션의 방식을 사용해 하나님의 진리를 당시나 오늘날의 자신의 백성에게 효과적으로 전달하기 원하셨다.[94] 따라서 성경은 수많은 다양한 방식(장르)으로 모든 상황에 대해 말하는 하나님의 풍성하고 세밀한 음성이다. 그분의 음성은 모두 이야기로 된 것도 아니고, 모두 시로만 된 것도 아니며, 그렇다고 모두 편지글도 아니다. 하나님은 우리가 사용하는 다양한 문학적 형식과 수사적 장치를 사용해 우리의 머리뿐 아니라 가슴에 말씀하셨고, 머리를 끄덕이게만 하신 것이 아니라 가슴을 치고 더 나아가 손과 발이 움직이도록 말씀하셨다.

이처럼 가장 위대한 의사소통자이신 하나님은 전하고자 하는 진리의 내용을 다양한 장르와 잘 짜인 형식과 수사적 장치를 통해 효과적으로 전달하셨다. 그래서 우리는 지금도 성경 내용을 깊이 상고할 뿐 아니라 감정적으로도 생생하게 경험하며, 성경이 보여주는 하나님나라에 동화되어 우리의 지정의 전인격을 교정해 나갈 수 있다. 결국 우리는 성경 말씀이 보여주는 하나님나라에 부합하는 백성으로 그분의 나라를 확장하며 살아가는 것이다.

이런 면에서 어쩌면 전통적 강해설교가 성경의 권위를 인정하고 바른 내용을 전달할 것은 강조했지만, 성경의 진리를 청중에게 효과적으로 전달하는 데는 소홀히 한 것처럼 보인다. 이는 과거 전통적 강해설교가 지겨운 설교라는 오명이 붙은 배경과도 관련된다. 바른 내용이 곧 좋은 설교라는 성경적 설교가 갖는 중요한 한쪽 등식만을 풀었기 때문이다. 즉, '본문이 무엇을 전하고자 하는가?'에 설교자의 에너지를 다 쓴 나머지, '본문이 그것을 어떻게 전하고, 무엇을 행하며, 어떻게 이루고 있는가?'를 고민하며, 이를 설교에 접목하고 반영하는 것에는 소홀히 한 것이다. 그 결과 본문에서 하나님이 사용하신 방식과 도구를 연구하는 것이 본문의 내용을 발견하는 것에 멈춰버려, 그것이 통합적 커뮤니케이션의 방식으로 이해되고 이를 설교에 반영해 전달하는 것에 대해서는 등한시한 경향이 있다.

이런 면에서 장르의 맛과 멋을 살리는 설교는 바로 성경 커뮤니케이션을 더욱 생생하게 되살리고자 노력한다. 이 점은 본문의 신학적 내용에만 집중하는 기존의 본문에 집중하는 설교와, 본문이 살아있는 설교가 주장하는 장르의 맛과 멋을 살리는 설교의 접근과 방법론 사이에 큰 차이가 있음을 시사한다.[95]

이를 비유적으로 설명하면, 과거의 바른 내용을 전달하는 데만 충실했던 설교는 마치 영화 논평식 설교라 할 수 있다. 이런 설교는 본문 세계가 펼쳐내는 하나님나라의 이야기를 마치 한눈을 감고 3D 영화를 보는 것과 같다. 영화가 말하는 주제와 내용은 잘 파악할 수 있지만, 그 영상이 가져다주는 입체감과 원근감은 제대로 느끼기가 힘들다. 그래서 설교자는 본문의 세계가 보여주는 하나님나라에 대한 입체적인 영화를 보고도, 자신이 사랑하는 청중에게는 그 영화의 풍성함과 아름다움을 재현하기보다 그저 영화의 줄거리와 논리적 흐름만 논평하는 격이 되는 것이다.

놀라지 말라. 심지어 영상보다 자막에만 치중하는 설교도 있다. 이런 설교에서는 영화 제작자가 원래 의도한 내용과 효과가 서로 상관없게 되어, 청중의 몰입도가 낮아지고 영화가 의도한 감동에 충분히 젖어 들지 못하게 된다. 이처럼 본문에서 전달할 내용에만 집중해 그것만 추출해서 전하려고 한다면, 설교자는 본문이 지닌 통합적 커뮤니케이션의 내용과 더불어 풍성한 효과를 파악하고 재생하기 힘들다.

장르의 맛과 멋을 살리는 설교는, 하나님이 진리를 전하는 최상의 의사소통 행위자라는 확신에서 시작한다. 인격적인 하나님의 성경 본문 커뮤니케이션은 내용이나 정보만 전달하는 것이 아니다. 성령의 영감으로 된 성경이 다양한 장르를 통해 그 진리를 전인격적으로 전달한 커뮤니케이션이라는 확신이 있기에, 그 특징을 존중해 그것을 설교에 구체화하는 것이다. 분명 본문은 장르적 특징과 다양한 요소로 구현된 커뮤니케이션의 역동성과 효과성을 지니고 있다. 우리는 이를 실제 설교 방법으로 통합해, 오늘날 설교 커뮤니케이션에 반영하는 강해설교의 철학에 더욱 부합하는 설교 방법론을 지향한다. 따라서 장르의 맛과 멋을 살리는 설교는 하나님의 변치 않는 진리와 우리를 향한 그분의 효과적인 커뮤니케이션이라는 균형 잡힌 성경관에 깊이 뿌리박고 있다. 바른 설교이자 효과적인 설교여야 하는 설교의 양쪽 등식을, 본문을 가장 존중하는 방식으로 풀어가는 설교학적 시도다. 그러기에 장르에 따른 설교는 성경적/강해설교가 지향하는 본문에 충실하고도 효과적인 설교가 되도록 하는 설교 철학을 계승하면서, 그 확신과 고백을

설교 방법론으로 더 꼭 맞게 이어주는 설교 방법론을 추구한다.[96]

텍스트를 '벤치마킹'한 설교

설교 철학이 일관되게 설교 방법론으로 이어지는 장르의 맛과 멋을 살리는 설교가 실제로 한 편의 설교로 태어나기 위한 핵심은, 바로 '벤치마킹'이라는 한 단어에 함축적으로 담겨있다. 본문의 장르가 살아나는 설교의 핵심은, 본문에 드러난 하나님의 커뮤니케이션 방식과 전략을 오늘날 자신의 설교에 벤치마킹하는 것이다.

우선 벤치마킹이라는 말이 함의하고 있듯, 설교자는 본문 커뮤니케이션의 우선성을 확고히 지켜야 한다. 본문에 더욱 귀를 기울이고, 그 커뮤니케이션을 단순히 진리 진술을 뽑아내는 백과사전이나 저장고로 여길 것이 아니라,[97] 먼저 자기 자신을 향한 그리고 청중의 전인격에 반응을 촉구하는 하나님의 살아있는 커뮤니케이션 행위로 통합적으로 인식하고 그 본문에 굴복해야 한다. 그런 다음 단순히 성경 본문을 설교의 재료로 활용하는 것이 아니라, 그 본문이 설교 커뮤니케이션의 근원이자 실제적 모판이 되도록 자신의 설교 작성 과정과 설교의 요소에 영향을 미치게 해야 한다.[98]

벤치마킹이라는 말에는 또 다른 함의가 있다. 앞서 강조한 대로, 설교자는 단순히 본문 커뮤니케이션의 요소를 천편일률적으로 설교에 모방하거나 복사해서 사용하지 않는다. 본문 커뮤니케이션을 기준으로 설교자는, 현재 자신의 청중과 그들의 상황을 고려해 청중의 귀와 마음에 본문 말씀이 생생히 들리고 경험되도록 설교에 창의적 노력을 다해야 한다. 물론 그 기준과 잣대는 변함없이 성경 본문의 커뮤니케이션이다. 이런 면에서 설교자는 본문에 대한 '충실성'(fidelity)을 지키면서도,

본문이 잘 살아나도록 설교자의 '창의성'을 펼쳐나갈 수 있다.99 바로 이런 벤치마킹 방식으로 성경 본문의 내용뿐 아니라, 본문의 형식과 더 나아가 본문의 기능과 효과까지도 오늘날의 설교 커뮤니케이션에 생생히 살아나게 하는 것이다.

이처럼 성경 커뮤니케이션과 설교 커뮤니케이션을 통합적으로 바라보는 것은 본문을 더 정밀하고 정직하게 다루는 데 도움을 줄 뿐 아니라, 설교 작성 과정에 실제적인 도움을 주고 지대한 영향을 미친다. 실제 모든 설교자는 자신의 설교를 작성할 때, 설교의 목적/기능 그리고 내용, 형식, 효과를 따로 다루지 않는다. 물론 설교학 책에서는 이론상 설교의 내용 작성과 형식, 효과에 대해 구별해 설명한다. 그러나 현장 설교자는 청중의 귀가 설교의 내용, 형식, 효과를 따로 분리하지 않는다는 사실을 매우 잘 알고 있다. 따라서 설교자는 이를 모두 고려해 전체적으로 잘 짜인 설교를 만들고자 노력한다. 바로 여기서 본문이 지닌 장르의 맛과 멋을 살리는 설교는 그 통합적 관계를 자신의 제한된 사고에서 시작해 구현하는 것이 아니라, 하나님이 고안하신 성경 본문의 커뮤니케이션에서 시작하고 그것이 모판이 되어 설교 내용과 형식, 효과를 지배하거나 영향을 줌으로써, 실제로 성경 커뮤니케이션을 존중하게 된다.

왜 성경 장르의 맛과 멋을 살리는 설교가 강조되는지 그 흐름을 다시 생각해 보라. 하나님의 커뮤니케이션 행위로서의 성경, 그 성경 본문 커뮤니케이션 앞에서 먼저 충실하게 반응하는 설교자, 그런 설교자가 만든 본문 커뮤니케이션을 벤치마킹하여 닮아있는 설교, 그 설교를 듣고 본문의 내용과 효과를 더욱 깊이 이해하고 경험하는 청중. 이 모든 과정에서 설교 내용, 형식, 효과는 서로 분리된 것이 아니라 본문 커뮤니케이션 안에서 연결된다. 바로 이 점을 충실하고 정직하게 인식하여 본문이 살아있는 설교로 구현하는 것이 장르의 맛과 멋을 살리는 설교자다.

이미 강해설교에는 '성경적 설교' '본문이 이끄는 설교' '장르에 따른 설교' 같은 다양한 이름이 붙기 시작했다. 이들은 모두 같은 성경관과 설교 철학을 공유한다. 그러나 한 가지 방법으로 설교 철학을 온전히 담을 수 없다. 오히려 한 철학 안에도 다양한 방법론이 있을 수 있고, 그 자체로 옳고 그름을 가릴 수 없을 때가 많다. 그런데 반드시 놓치지 말아야 할 설교학적 진리가 있다. 설교자가 가장 확신하는 방법이 실제 설교 작성에 분명한 방향성을 제시한다. 장르의 맛과 멋을 살리는 설교는 성경관, 설교 철학, 설교 방법론이 일관성 있기에 가장 확신을 주는 방식이 될 수 있다. 본문이 살아있는 설교는 바로 이 본문 벤치마킹에서 까다롭게 군다. 이는 마치 요리의 맛이나 음악의 멋을 양보할 수 없는 말씀요리사, 말씀연주자의 옹고집에서 나온 장인정신이라 말하고 싶다.

다시 말하지만, 장인정신이 있다고 결코 창조성이 떨어지지 않는다. 오히려 반드시 지키고자 하는 확고한 가치를 추구해야 진정한 문화적 시도를 할 수 있다. 본문이 살아있는 설교를 지향하는 설교자는, 성경에 관한 인식이 설교 신학을 지배하고, 더 나아가 그 설교 신학이 설교의 내용뿐 아니라 설교의 형식과 효과를 담는 설교 방법론에 지대한 영향을 줄 것이라 확신한다. 그래서 그는 설교 작성의 전 과정에서 본문 앞에 정직하고, 자신의 설교 철학에 진지하며, 그 철학에 따라 작성된 설교를 들고 강단에서 확신 있게 선포하게 된다.

장르의 본질과 특성을 담아내는 설교 이론[100]

여기서는 장르의 본질과 기능 그리고 구성요소가 구체적으로 장르의 맛과 멋을 살리는 설교 방법과 설교의 구성요소에 어떻게 영향을 미치는지 살펴보고자 한다. 이 부분은 본문이 살아있는 설교가 필연적으로 장르의 특징을 존중하는 설교가 되어야 하는 이론적 토대를 제공한다. 따라서 실제 설교 작성의 과정과 예를 빨리 확인하고 싶은 설교자는 다음 부분으로 넘어가도 무방하다. 그러나 왜 본문의 내용(substance), 구조(structure), 역동성(spirit)이 본문 연구와 설교 작성에서 계속 함께 연동할 수밖에 없는지 알고 싶다면 이 부분을 반드시 읽고 넘어가기 바란다.[101]

장르의 문학적 본질 인식과 설교 작성

일반적으로 사람들은 장르에 대한 깊은 연구 없이도 직관적으로 무슨 장르인지 구분해낸다. 그러나 그 정의를 내리기는 쉽지 않다.[102] 학자마다 무엇을 특정한 장르의 공통적 요소로 보는지에 따라 그 정의가 유동적이며 서로 다르다.[103] 장르에 대한 이해와 구분은 그 장르가 지닌 문학적 특징에서 출발한다. 따라서 전통적으로 장르란 문학적으로 어떤 규칙에 따라 이루어진 정형화된 형식적/주제적 특징을 공유한 본문의 그룹으로 이해되었다.

이처럼 어떤 규칙에 따라 통제되는 문학적 장치나 장르에 대한 공시적인 이해(synchronic understanding)를 기준으로 할 때, 장르를 인식하고 구분하는 주요 요소로는 본문의 내용, 형식, 언어 스타일 그리고 분위기와 어조가 있다. 특히 이들 중 본문의 형식과 구조, 언어 스타일이 장르를 구분하는 데 가장 두드러진 범주로 이해된다. 그래서 장르에 따른 설교라고 할 때 단순히 설교의 형식과 관련된다는 오해가 여기서 나온다.

그러나 이 부분에 대해서도 잠시 생각하고 넘어가 보자. 어떤 본문이든 형식과 스타일은 그 본문의 내용 없이는 존재할 수 없다. 즉, 실제 본문의 내용과 형식은 결코 떨어질 수 없다. 더 엄밀히 본다면, 본문의 내용이 형식을 좌우하기 때문에 형식보다 내용이 더욱 근본적인 장르적 요소라 할 수 있다. 따라서 장르를 연구하고 분석할 때는 단순히 본문의 형식과 구조만이 아니라, 반드시 내용/주제 분석과 함께 구조/형식도 분석해야 한다. 더불어 장르를 구분하는 요소 중 하나인 본문의 분위기와 어조는 본문이 지니는 예술적 혹은 감정적 내용과 효과를 형성하는 것으로, 이것 또한 본문의 내용과 형식과는 불가분의 관계다. 따라서 장르를 구분하고 그 장르적 특징을 이해한다는 것은 그 본문에 드러나는 장르적 요소, 즉 본문의 내용, 형식, 분위기를 상호 유기적이고 통합적으로 이해함을 전제로 한다.

사실 장르의 문학적 본질과 기능을 제대로 이해하는 것만으로도, 장르를 형식에 대한 공통된 특징으로만 이해하거나, 장르와 형식이라는 단어를 구분 없이 사용하는 오류를 피하게 된다. 실제 보통 형식이라고 할 때, 그 형식이 주로 본문이 보이는 형태와 구조에 대한 것이라면, 장르란 그것을 포함한 내용과 분위기를 함께 관장하는 본문을 형성하는 전체적인 틀 혹은 모판이라 할 수 있다.[104] 이런 장르에 대한 개념적 이해와 구분은, 오늘날 설교자가 설교의 내용과 형식이 서로 무관하게 다루어질 수 있다고 생각하거나, 설교에 있어서 본문의 내용을 잘 전달하는 것은 강조하면서 설교의 형식은 본문 형식과 아무 상관없다고 무시하는 태도를 불식시킨다. 이런 장르의 특징을 이해할 때, 설교자는 본문을 주해하는 과정과 설교를 만드는 과정에서, 본문의 형식적(언어적, 구문론적, 구조적) 분석과 설교의 형식에 대한 구성이 반드시 본문과 설교의 지적인 내용과 형식, 구조, 그리고 감정적 분위기에 대한 이해를 동반하는 통합적 분석과 구성으로 이루어져야 한다는 점을 깊이 인식할 필요가 있다.

장르의 정황적 본질 인식과 설교 작성

장르에 대한 통합적 이해는 그 문학적 본질과 더불어 장르가 지닌 역사적/정황적 본질에 대한 이해도 수반한다.[105] 장르란 반복적으로 일어나는 사회적-수사적 정황에 대한 전형적인 반응으로 생겨난 것이다.[106] 이런 장르가 지닌 역사적/정황적 본질에 대한 이해는 설교자의 장르 분석이 단순히 문학적 분석에만 함몰될 것이 아니라, 본문의 역사적 정황에 대한 통시적 연구(diachronic understanding)가 필요하다는 점을 알려준다.

이런 역사적/정황적 본질에 대한 장르적 이해가, 반드시 장르가 지니는 시간적 문화적 언어적 지리적 차이를 넘어서는 문학적 공통성이나 보편성을 무시하도록 하는 것은 아니다. 이미 앞서 문학적 본질에서도 살펴보았듯이, 오늘날의 설교자도 본문의 내용, 형식, 분위기를 충분히 이해하며 경험하고 구분할 수 있다는 점(synchronic understanding)에서, 문학성이 지니는 초시간적 초문화적 공유성이 존재한다고 볼 수 있다.[107] 한 마디로 장르는 고대 본문의 정황을 위해서만 사용된 것이 아니라, 오늘날의 반복적인 정황이나 유사한 정황을 위해서도 사용되고 활용될 수 있다.

특별히 장르가 지니는 역사적/정황적 본질에 대한 이해는 장르를 구분하며 그 기능을 이해하는 데 또 다른 중요한 범주가 되는 본문의 기능/목적과도 결부된다. 본문의 정황에 대한 이해는 그 본문이 의사전달에 있어 어떤 기능과 목적을 수행하는지를 파악하는 데 필수이기 때문이다.[108] 이는 설교자가 본문의 내용, 형식, 분위기를 단순히 문학적인 특징으로만 보는 것이 아니라, 본문 앞에 있는 청중에게 어떤 기능과 목적을 달성하는 의사전달의 수단과 관련된 것으로 이해하게 만든다. 따라서 장르가 지닌 역사적/정황적 본질을 이해한다는 것은 설교자가 본문의 정형적인 문학적 특징과 밀접하게 관련되는 본문의 필수 구성 요소(본문의 내용, 형식, 분위기) 외에도, 본문의 정황에서 나오는 본문의 목적과 기능이라는 또 다른 장르의 필수적인 범주와 더불어 통합적으로 이해할 것을 요구한다. 장르 연구는 설교의 목적이 본문의 목적과 부합되는 성경적 설교를 추구하는 설교자에게 필수적인 과정이다.

앞선 설명은 전통적인 성경 해석의 문법적-역사적 방법과 장르 분석의 문학적-역사적 측면이 떨어질 수 없음을 드러낸다. 결국 설교자는 기존의 역사적-문법/문학적 접근과 더불어 본문의 장르적 성격을 더 세심하게 고려함으로, 본문 구성의 요소(내용, 형식, 분위기)와 본문의 정황적 요소가 결부된 본문의 기능과 목적도 함께 분석해 통합하는 해석이 요구된다. 이런 통합적 본문 커뮤니케이션 이해는 설교를 작성할 때, 설교자가 설교의 목적 아래서 설교의 내용, 형식, 분위기에 대한 상호관련성을 놓치지 않고 설교문을 작성해 나가게 한다.

장르의 소통적 본질 인식과 설교 작성

최근 수사비평(rhetorical criticism)이나 언어 철학을 바탕으로 발전한 커뮤니케이션 이론과 본문 커뮤니케이션에 관심 갖는 학자들은, 장르의 본질과 범주에 대해 문학적/역사적 이해와 더불어 기능/화용론적 관점에서 장르가 지닌 커뮤니케이션 본질에 더 많은 관심을 기울인다. 의사소통의 기능적 장르 이해의 핵심은, 장르란 저자가 어떤 특정한 목적과 효과를 위해 저자와 독자 사이에 서로 이해되는 '언어 게임'[109]을 구성하여, 정형화된 형식적/주제적 특징을 가지고 독자에게 의사 전달하는 '통합적 커뮤니케이션의 실행'이다.[110] 이런 장르의 기능적 본질에 대한 인식은 설교자의 장르 이해가 본문의 기능, 내용, 형식, 분위기의 분석과 관련될 뿐 아니라, 장르가 저자와 오늘날 독자 사이의 의사 전달 전반에 걸쳐 관여하며, 그 의사소통 행위에 따라 반응하게 하는 기능을 갖는 것에 더욱 주목하게 만든다.[111]

이런 면에서 설교자는 먼저 장르가 저자와 본문 사이에 귀중한 의사 전달의 채널 역할을 한다는 사실을 기억해야 한다. 이 말은 특정한 정황 속에 있는 저자가 장르를 선택하기 때문에, 성경 해석에서 장르의 기능을 살펴볼 때 반드시 저자의 측면, 저자 중심의 해석학적 차원에서 본문을 살펴보아야 한다.[112] 물론 의사전달의 관례적/반복적인 방식으로서 장르가 주는 제한과 본문을 개별적으로 다루고자 하는 저자의 의도 사이에 긴장이 있는 것은 사실이다.[113] 그러나 독자에게 구체적인 효과를 전달하고 거기에 특정한 반응을 일으키기 위해 특정한 장르를 선택해, 그 장르적 특성으로 본문 안에서 구체화하는 작업은 기본적으로 저자가 통괄한다.[114] 따라서 커뮤니케이션의 기능으로서 장르를 이해하는 출발점은 저자이며, 장르는 본문의 목적과 기능, 내용, 형식, 분위기에 관여하는 저자가 의도한 커뮤니케이션 행동으로 보아야 한다. 이 말은 설교자는 먼저 성경 저자가 구체화한 본문 커뮤니케이션을 충실히 따라가며, 그 의도대로 본문에 순응하고 참여해야 할 것을 말한다.

　더불어 설교자는 장르가 본문과 독자를 이어주는 커뮤니케이션 다리 역할을 하는 것도 인식해야 한다.[115] 여기서 장르의 독특한 특징은 '저자와 독자 사이의 언약'을 세우는 장치라 할 수 있다.[116] 저자와 독자의 언약적 관계에 기초한 커뮤니케이션에서 장르가 지닌 특징은, 독자에게 특정한 기대와 반응을 하게 만드는 것이다. 더욱 중요한 것은 그 기대감이 본문의 구체적인 내용 전달뿐 아니라 본문을 이해하는 구체적인 방법과 본문에 대한 반응도 형성한다는 점이다. 따라서 장르란 저자가 의도한 대로 독자가 본문을 이해하고, 저자가 의도한 대로 독자가 반응하도록 인도하는 '인지적이고 커뮤니케이션적인 전략'이자 신앙과 삶을 형성하는 기능을 동시에 수행하는 것이다.[117] 바로 이 점에서 성경적 설교자는 본문에 드러난 하나님의 커뮤니케이션(성경 저자) 전략을 충실히 벤치마킹하여, 오늘날 청중에게 바른 내용과 더불어 효과적인 반응을 촉구하는 말씀섬김이 혹은 청지기의 역할을 다해야 한다.

　앞에 설명한 내용을 정리해 보자. 설교자는 본문이 저자와 독자 사이의 관계적 커뮤니케이션 행위임을 염두에 둔다. 여기에 장르의 문학적 역사적 의사소통 본질에 대해 통합적으로 이해한 설교자는, 성경 저자가 어떤 특정하지만 반복되는 정황에서 특정한 문학적 특징(내용, 형식, 분위기)이, 독자들에게 특정한 반응과 효과를 달성하기 위한 의사소통의 핵심 수단임을 인식한다.[118] 더 나아가 이런 장르 인식은 설교 커뮤니케이션 전반에 영향을 준다. 즉, 설교자는 자신의 설교가 어떤 정황 가운데 특정한 목적을 위해(설교의 효과), 무슨 내용을 어떤 형식(설교의 내용과 형식)에 담아 전해야 할지를 본문 커뮤니케이션과 부합하도록 점검한다. 이렇게 함으로써 설교자는 본문 커뮤니케이션을 존중하면서 본문의 해석과 설교 작성의 전 과정에서 커뮤니케이션 전략으로서의 장르적 특징을 리모델링하여, 오늘날 청중이 성경 저자가 의도한 본문의 내용과 더불어 본문의 효과와 역동성까지도 이해하고 경험할 수 있도록 돕는다.

다양한 장르, 그러나 NEP의 활용(Narrative, Epistle, Psalms)

설교에서 장르 인식은 본문이 살아나게 하는 데 매우 중요하다. 장르의 특징 자체가 중요한 것이 아니라, 하나님의 커뮤니케이션 행위인 성경 본문이 중요하기에 성경 장르의 특성을 존중한다. 장르를 고려하지 않고는 본문의 의미와 형식 그리고 효과를 제대로 파악할 수 없고, 이를 설교에 반영할 수 없기 때문이다. 실제 다양한 장르에 속한 성경 본문에서 비슷한 신학적 주제를 발견하지만, 우리는 그 본문의 장르적 특징 때문에 그 주제가 상당히 다른 기능과 작용을 한다는 사실을 알고 있다. 예를 들면, 요한복음 3장 16절의 하나님의 사랑과 로마서 8장 37절의 하나님의 사랑은 어감이 서로 다르며, 시편 3편의 시련과 야고보서 1장의 시련을 말하는 본문의 기능과 효과는 크게 다르다.

문제는 장르를 중요하게 생각하지만, 성경에는 다양한 장르가 있다는 사실이 설교자를 겁먹게 한다. 실제 학자마다 다양하게 성경 장르를 구별한다. 토머스 롱은 다섯 개, 제프리 아더스는 여섯 개, 시드니 그레이다누스는 일곱 개, 스티븐 스미스는 아홉 개의 주요 장르와 기타 하부 장르로 구분한다.[119] 실제로 성경에는 다양한 장르가 있고, 각 장르의 성격을 철저히 다 파악해야 한다면, 어쩌면 우리의 실천 의지는 꺾

여버릴지 모른다.

감사하게도 성경은 크게 세 개의 거시 장르, 즉 내러티브(Narrative), 서신(Epistles), 시(Psalms) 장르가 있고, 그 아래 구별되는 세부 장르가 있다.[120] 하나님은 이 세 장르를 주도적으로 사용하셨고, 따로 혹은 함께 활용하여 우리에게 말을 걸어오시고 행동하신다. 따라서 본문이 살아있는 장르별 설교를 하기 위해 설교자는 이 세 가지 거시 장르의 특성을 인식하고, 이를 설교에 활용하는 것에서 시작해 세부적인 장르까지 충분히 융통성 있게 확장해 나갈 수 있다(따라서 세 가지 거시 장르별 설교부터 세부 장르별 설교 이론과 실제에 관해서는 이 책의 저자들이 계속 NEP House를 통해 출간할 책에서 다룰 것이다).

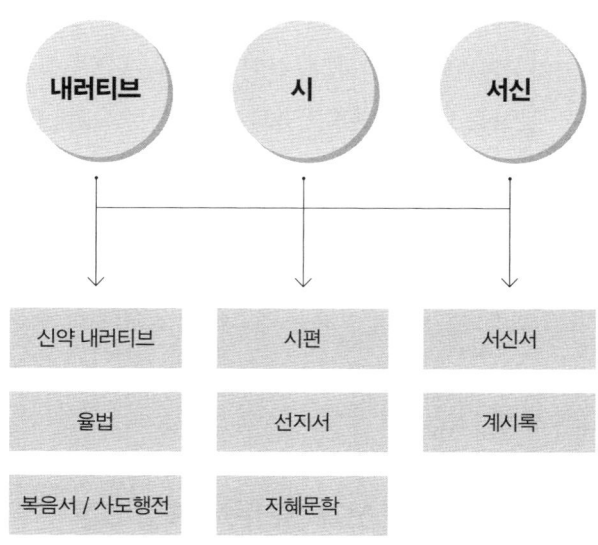

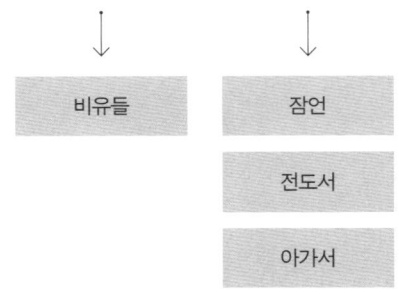

그림4 : 성경 전체의 주요 세 장르와 세부 장르[121]

장르의 맛과 멋을 살리는 설교 작성의 실제

실제 본문이 살아있는 설교를 작성하는 데 있어, 장르의 구별과 장르에 대한 개괄적인 특징을 파악하는 것보다 더 중요한 것이 있다. 그것은 설교자가 선택한 하나의 설교 단위 안에서 그 장르적 요소와 특징이 어떤 역동성을 가지고 본문의 커뮤니케이션을 구체화하고 있는지를 파악하는 것이다. 따라서 여기서는 앞서 설명한 장르의 맛과 멋을 살리면서, 성경 커뮤니케이션이 설교 커뮤니케이션으로 옮겨오는 설교 작성의 전 과정에 대한 실제 맛보기를 보여주고자 한다. 실례로 성경 장르 중 가장 많은 분량을 차지하는 내러티브 장르에 속한 본문의 예를 가지고, 어떻게 장르적 특징이 설교 전 과정에서 중요한 역할을 하는지 간략히 살펴보겠다.[122]

장르의 맛과 멋을 살리는 주해화 과정

일반적으로 강해설교 교과서에서 주해화 과정이란, 성경 본문의 저자가 의도한 의미를 발견하고 그것을 결정하는 과정으로 이해된다. 물론 장르에 대한 연구가 본문 주해의 전체 과정은 아니다. 그러나 본문에서 저자가 의도한 의미를 인지적 차원에서 찾는 것에 머물지 않고, 본문 커뮤니케이션을 존중하여 저자의 의사소통 의도를 더 충실히 파악하기 위해 장르 연구는 필수 불가결한 과정이다. 따라서 주해적 과정에서 장르의 맛과 멋을 깊이 음미하기 원하는 설교자는, 저자가 의도한 의미뿐 아니라 저자가 의도한 효과와 그것을 어떻게 달성했는지를 파악해야 한다. 이를 위해 장르적 구성요소(내용, 형식, 역동성)를 통합적으로 살펴볼 필요가 있다. 더 구체적으로 설교자는 먼저 본문의 장르가 무엇인지에 대한 기본적인 구분에서 시작해, 본문의 주제와 내용(focus), 본문의 구조와 흐름(form) 그리고 효과와 힘(feeling)을 확인하면서, 성경 저자가 이 본문을 통해 본문 앞에 있는 청중에게 어떤 목적/기능(function)을 달성하려고 한 것인지 구체화해 결정해야 한다.[123]

사무엘하 11-12장 주해화 과정의 예[124]

사무엘하 11-12장은 성경의 내러티브 가운데 가장 도발적인 본문에 속한다. 이 본문에서 어떤 설교 주제와 핵심 내용을 찾을 수 있을까? 어쩌면 이 본문에서 사무엘하 11장을 중심으로 "음행을 피하는 방법" 혹은 사무엘하 12장을 통해 "죄에 대한 회개와 하나님의 용서"라는 제목의 설교를 들어본 적이 있을지도 모른다. 생각해 보라. 이런 제목과 주제 선정은 이 내러티브 본문을 통해 성경 저자가 커뮤니케이션하는 방법인 이야기의 흐름이나 감정적 효과 등은 고려하지 않았을 가능성을 여실히 보여준다. 전자의 설교 주제는 11장 본문에서 다윗이 음행과 살인죄를 범하는 내용으로 우리 삶에 적용하려는 의도가 이미 드러나며, 후자의 경우 12장 내용으로 회개와 은혜라는 신학적 내용을 설명하고자 하는 설교자의 의향이 이미 간파되기 때문이다.

그렇다면 사무엘하 11-12장은 어떻게 다루어야 할까? 답은 내러티브 장르가 지닌 커뮤니케이션의 특징을 충분히 고려하여 본문을 파악해야 한다. 그래야 단순히 명제적 내용만으로 설교하고자 하는 환원주의적 오류를 피할 수 있다.

내러티브 장르는 기본적으로 배경, 등장인물, 플롯, 저자의 의견 등이 이야기 전반에 걸쳐 상호작용하며 이야기를 이끌어가는데,125 특정 부분에서 어떤 요소가 다른 요소보다 두드러진 역할을 한다. 그러나 설교자가 기본적으로 중요하게 생각해야 할 점은, 이런 요소들이 요지(point)를 나열하는 식으로 이야기를 진행하는 것이 아니라, 장면의 단위와 이야기의 흐름을 따라 진행한다는 것이다. 즉, 내러티브 본문은 설교해야 할 진리 진술을 직접 보여주는 것이 아니라, 장면의 진행과 흐름을 통해 간접적으로 전달한다. 따라서 설교자는 우선 본문의 장면에 유의하여 이야기의 전체 단위와 그 흐름을 장면 단위로 살펴봄으로, 자신이 설교해야 할 본문 단위와 그 본문 단위를 포괄하는 전반적인 설교 주제를 파악한다.

이런 면에서 왜 사무엘하 11-12장을 하나의 설교 단위로 선정해야 할까? 본문의 앞뒤 흐름과 형식, 그리고 성경 저자가 사용한 언어를 자세히 살펴보면 그 이유를 알 수 있다. 사무엘하 10-12장은 암몬과 전쟁하는 이야기 틀 속에서 이야기가 진행된다. 10장 1-19절에는 다윗이 암몬과의 전쟁에서 부분적인 승리를 거두는 장면이 나온다. 그리고 12장 26-31절에는 암몬과의 전쟁에서 완전한 승리를 거두고, 모든 백성이 예루살렘으로 돌아오는 장면이 나온다. 즉, 사무엘하 11-12장 내용은 암몬과의 전쟁 이야기로서, 이는 사무엘하 11장 1절에서 다윗이 그 전쟁에 참전하지 않고 예루살렘에 남아 있는 모습과 연결된다. 이것이 사무엘하 11-12장을 하나의 이야기 단위로서 하나의 설교 단위로 결정하게 한다.

이 단락 구분에는 또 다른 결정적인 요인이 있다. 성경 저자는 '보낸다'(שׁלח)라는 용어를 반복해서 사용한다. 실제 이 단어는 사무엘하 10-12장에 23회나 사용되었는데, 특히 사무엘하 11장과 12장의 주요 내용이 이 단어로 연결되고 있다. 또 성경 저자는 '눈'(עין)이라는 용어를 11장과 12장의 주요 핵심내용 부분에서 반복해 사용한다. 이런 단어의 반복사용을 유의해서 보면, 성경 저자가 11-12장에 걸쳐 전달하고자 하는 내용과 그 효과를 가늠해 볼 수 있다.

이를 자세히 살펴보자. 사무엘하 11장에서 다윗은 요압을 보내고(11:1), 목욕하는 여인이 누구인지 알아보기 위해 사람을 보내며(11:3), 여인을 데려오려 전령을 보내고(11:4), 요압을 보내 우리아를 자기에게 보내라고 전하며, 요압이 우리아를 다윗에게 보내고(11:6), 다윗은 다시 요압에게 편지를 써서 우리아의 손에 그것을 보내며(11:14), 우리아가 죽자 다윗은 사람을 보내 밧세바를 아내로 삼는다(11:27). 이런 다윗의 연속적인 '보냄의 사건'은 더욱 악화되는 다윗의 죄악된 모습을 설명한다. 더불어 하나님께 받은 왕권으로 전횡을 일삼는 모습을 '보내다'라는 단어의 반복적 사용으로 드러내고 있다. 성경 저자는 "다윗이 행한 그 일이 여호와 보시기에('눈에') 악하였더라"(11:27)며 11장 마지막 절에서 요약하고 있다.

그러면 이런 악한 다윗을 하나님은 어떻게 다루시는가? 진정한 왕이신 하나님은 선지자 나단을 다윗에게 '보내신다'(12:1). 같은 단어에 주어만 바뀐다. 그리고 이 하나님이 나단을 보내시는 장면으로 이야기의 반전이 시작된다. 악한 다윗에 대한 하나님의 심판이 시작된 것이다. 우선 나단의 이야기로 다윗의 살인을 지적하신다. 그리고 말씀을 통해 말씀과 자신을 업신여긴 죄(12:9, 10)를 지적하시며, 그 결과로 하나님이 보시기에('눈에') 악한 다윗의 집을 심판하신다. 그 심판은 다윗의 "눈앞에서" 은밀한 방법이 아니라 백주에 일어날 것이라 말씀하신다(12:11). 결국 하나님의 눈앞에서 악한 행동을 저지른 다윗은 자신의 눈앞에서 사망의 결과를 보게 된다. 이 죄의 결과와 하나님의 심판은 사무엘하에서 계속되지만(나단 선지자가 지적한 대로 네 배로 갚아야 할 죄는 다윗의 네 자녀의 죽음으로 이어진다), 12장 본문 안에서도 죄로 잉태한 밧세바의 아들은 하나님의 말씀대로 죽게 된다(12:16-23). 죄의 잉태가 사망으로 이어진 것이다. 이처럼 성경 저자는 '보내다'와 '눈'이라는 단어의 반복으로 연속된 내용의 일관성과 반전의 효과를 자아낸다.

여기서 주목해야 할 사실은 12장의 이야기가 하나님의 심판으로 끝나지 않는다는 데 있다. 심판 후에 하나님의 회복시키심과 사랑이 전해진다. 언약의 대상자인 다윗에게 하나님은 다시 선지자 나단을 보내시며(12:25), 다윗의 후손인 솔로몬에 대한 사랑을 성경 저자가 설명하는 것으로 이야기를 끝맺는다. 그런 다음 12장 26-31절의 내용은 10장 1-19절에서 부분적인 승리를 거둔 암몬과의 전쟁이 완전한 승리를 거두는 장면으로 끝난다.

<본문의 구조와 흐름>

위 내용을 본문의 내러티브 장면에 따라 구조와 흐름을 일목요연하게 정리해 보자.[126]

암몬과의 전쟁에서 다윗의 부분적인 승리(10:1-19)
　　　장면 1 다윗의 죄로 인한 밧세바의 임신(11:1-5)
　　　　장면 2 다윗의 죄 은닉 시도(11:6-13)
　　　　　장면 3 무죄한 우리아의 죽음(11:14-27a)
　　　　　　저자의 결론 하나님 보시기에 악함(11:27b)
　　　　　장면 4 무죄한 양의 죽음(12:1-6)
　　　　장면 5 다윗의 죄의 폭로(12:7-15a)
　　　장면 6 밧세바가 임신하여 낳은 아들의 죽음(12:15b-23)
　　　장면 7 태어난 솔로몬에 대한 하나님의 사랑(12:24-25)
　　　저자의 결론 하나님의 사랑
　　암몬과의 전쟁에서 다윗의 완전한 승리(12:26-31)[127]

<본문의 역동성과 효과>

　이런 구조와 흐름을 따른 내용의 전개는 비극과 희극의 상이한 감정의 양축을 오가는 감정적 곡선을 보여주며 본문의 효과를 전달한다.

　본문 11장 내용의 흐름과 구조 속에서, 다윗의 죄가 더욱 심각해짐을 파악하게 된다. 다윗의 죄의 결과에 대해 성경 저자는 분명하게 평가한다(11:27). 그런 평가에 이어 12장 1-23절의 내용이 진행되면서, 다윗이 지은 죄의 심판과, 죄로 잉태한 자녀의 실제적인 죽음이라는 심판이 집행된다. 이런 모습을 통해 엄청난 죄의 대가에 대한 무게감을 느낄 수 있다. 그러나 12장 24-25절에 이르러 본문은 심판에도 불구하고 하나님의 사랑을 나타내고, 다윗에 대한 언약의 말씀(삼하 7장)대로 다윗 왕국은 승리한다.

　이처럼 본문이 지닌 감정적 변화와 효과는 앞의 다이어그램(diagram)

모양도 괜찮지만, 감정적 강도와 높이와 깊이를 드러내는 선(topology)이나 아크(arch)를 그리면 더 쉽게 이해할 수 있다.[128] 즉, 다윗의 깊어지는 죄악된 모습, 하나님의 심판과 그 결과로 죄 가운데 잉태된 다윗의 아들이 죽게 되는 내용은, 비극으로 치닫는 감정적 선과 아크가 그려지는 것을 경험할 수 있다. 그러나 12장 마지막 부분에 이르러서는 그런 죄에 대한 하나님의 확실하고 분명한 심판에도 불구하고, 하나님은 언약의 대상자인 다윗에게 솔로몬을 허락하시고 그에 대한 사랑을 드러내시며, 더 나아가 암몬과의 전쟁에서 완전히 승리하는 모습을 보여줌으로써, 은혜에 대한 찬양과 감사의 감정적 선과 아크로 본문의 주도적인 감정적 변화가 일어나고 있음을 본문의 주해자/설교자는 경험할 수 있다. 이런 면에서 사무엘하 11-12장은 죄에 대한 하나님의 분명한 심판과, 그럼에도 신실하신 하나님의 사랑이라는 전반적인 내용을 분명한 감정적 변화와 효과로 전달하고 있다.

<본문의 내용과 핵심 아이디어>

앞에서 본문이 보여주는 구조와 흐름, 그리고 본문이 가져다주는 효과와 역동성을 종합적으로 살펴보면, 본문의 내용과 핵심을 다음과 같이 표현할 수 있을 것이다.

장면 1 다윗은 자신의 욕심/욕정을 위해 하나님이 부여하신 힘을 함부로 사용했다(11:1-5).

장면 2 다윗은 자신의 죄를 숨기기 위해 하나님이 부여하신 힘을 함부로 사용했다(11:6-13).

장면 3 다윗은 하나님 앞에서 자신이 부여받은 힘을 사용해 무죄한 생명을 빼앗는 죄를 범했다(11:14-27).

장면 4 하나님은 무죄한 생명을 빼앗은 다윗의 죄를 선지자의 말씀을 통해 분명하게 지적하셨다(12:1-6).

장면 5 하나님은 자신과 말씀을 업신여긴 다윗의 죄를 폭로하시고 확실한 심판을 선언하셨다(12:7-14).

장면 6 하나님은 다윗의 죄에 대한 심판을 집행하셨다(12:15-23).

장면 7 하나님은 다윗과 밧세바의 아들인 솔로몬에게 사랑을 보여주셨다(12:24-25).

주해의 핵심 아이디어(focus) 다윗은 자신의 욕망을 제어하지 못하고, 하나님이 주신 왕권을 함부로 사용해 죄의 은닉과 살인을 범함으로, 하나님과 그분의 말씀을 업신여기는 죄를 지었다. 진정한 왕이신 하나님은 다윗의 죄를 지적하시고 그 죄에 대해 징벌하시지만, 다윗의 아들에게 사랑을 표현하시며 다윗의 왕권을 지키시고 승리를 베푸셨다.

여기서 주해적 핵심 아이디어(main idea)는 각 장면의 주해적 요지를 담고 있다. 이 주해적 아이디어는 신학화 과정에서 오늘날 청중을 향해 연관성을 띤 내용으로 정교하게 다루어야 하지만, 여기서는 본문의 주해적 핵심 아이디어와 내용을 자신의 말로 표현하는 것에 주안점을 두었다. 맛보기로 주어진 본문 내용에 대한 결과물이지만, 여기서 표현한 주해적 내용과 핵심 내용은 단순히 본문의 내용을 명제적으로 나열하기 위함이 아니다. 본문의 내용은 본문의 구조와 흐름 그리고 분위기와 효과를 통합적으로 고려한 다음 작성함으로써, 사무엘하 11-12장을 포괄적으로 담고 있는 주해적 결과물이라 할 수 있다.

<본문의 목적과 기능>

본문의 구조와 흐름, 본문의 효과와 역동성 그리고 본문의 내용을 발견했다면, 이런 내용과 형식과 효과를 가지고 성경 저자가 본문 앞에 있는 청중에게 달성하고자 한 본문의 커뮤니케이션 행위의 목적(function)은 무엇인지 생각해 보자.[129]

언약의 당사자인 다윗의 죄에 대한 내용과 하나님의 심판과 사랑의 내용을 이야기의 흐름과 감정적 변화를 종합해 생각해 보면, 성경 저자는 11-12장 전체를 통해 하나님과 그분의 말씀을 존중하는 자로 살아가지 않는 것에 대한 징계를 보여줌으로써 훈계적 경고를 하고 있다. 그러나 12장 마지막 부분에는 죄인임에도 불구하고 하나님의 언약의 약속(삼하 7장)이 그분의 사랑으로 인해 계속 이어지는 모습을 보여주며, 약속과 격려의 기능을 본문에서 동시에 구현하고 있음을 볼 수 있다.

이처럼 사무엘하 11-12장의 내러티브 본문에 담긴 하나님 말씀의 맛과 멋을 발견했다면, 우리는 이 본문의 목적과 내용이 반드시 설교의 목적과 내용에 반영되도록 본문의 방향성을 존중할 수밖에 없다. 또 본문이 지닌 구조와 흐름, 그리고 감정적 효과가 설교의 형식과 효과에 반영되어야 한다. 이런 본문이 보여주는 장르의 커뮤니케이션 전략을 발견해 설교 작성 과정에서 벤치마킹함으로 본문 커뮤니케이션을 더욱 존중하는 설교 커뮤니케이션으로 재생할 수 있을 것이다.

신학화 혹은 고대 본문과 현대 청중의 연관성을 갖는 과정으로 넘어가기 전에 여기서 주의할 것이 있다. 이 본문 맛보기에서 우리가 발견한 본문의 기능, 내용, 구조와 흐름, 효과에 대한 결과물은 단번에 발견되는 것은 아닙니다. 마치 자신이 카메라기자가 된 것처럼 본문을 당겨 단어를 세밀하게 살펴보기도 하고, 파노라마식으로 멀리서 앞뒤 본문과 어떤 경우에는 책 전체를 조망해 보기도 해야 한다.[130] 설교자의 반복적인 수고가 뒤따를 때, 본문에서 단순히 설교할 내용만 추출하는 형식이 아니라, 성경 저자가 전달하고자 했던 통합적 커뮤니케이션 행위를 완벽하지는 못해도 충분히 발견하며 인식하게 될 것이다.

장르의 맛과 멋을 살리는 신학화 과정

설교학에서 신학화 과정은 과거 본문의 진리를 오늘날 청중에게 옮겨오는 과정에서 초시간적 혹은 초역사적인 진리와 그 함의를 도출하는 단계로 인식한다.[131] 물론 이 '신학화' 과정이라는 용어는 매우 이론적이고 추상적이라 탐탁지 않게 여기는 이도 있을 것이다. 또 신학화가 추구하는 초시간적 초역사적인 진리로 기술하고 표현하는 것도 본문 밖에서 설교자가 추출하는 것처럼 보일 때도 있다.

그러나 성경이 오늘날에도 살아계신 하나님의 말씀임을 믿는 사람은, 분명히 성경의 시대와 오늘날의 시대를 이어주는 보편적 원리(원리화)와 연관성이 있다는 사실 자체는 부정할 수 없다. 보편적 진리와 연관성을 찾는 과정에 대한 은유가 지닌 한계는 있지만, 분명 그 시대와 오늘날을 이어주는 다리 놓는 작업은 반드시 있어야 한다.[132]

그렇다면 전통적 강해설교에서 기존의 다리 놓기 작업과 장르의 맛과 멋을 살리는 설교의 다리 놓기 차이는 무엇일까? 기존 신학화 과정의 다리는 변치 않는 하나님의 속성과 인간의 본성(죄성)이라는 두 큰 교량 위에, 본문에서 성경 저자가 전달하고자 한 의미를 추출하여, 그것을 (성경신학적으로) 확인하고 (조직신학적으로) 검증해 성경 시대나 오늘날에 같이 전달될 수 있는 분명한 신학적 진리 명제로 만들어내는 과정이라 할 수 있다.[133] 다시 말해, 설교자가 당시 청중이나 현대 청중이 모두 고개를 끄덕일 수 있는 보편적 진리 명제 혹은 진리 문장을 본문에 근거하여, 신학적 확인을 통해 도출해내는 과정이라 할 수 있다.

그러나 앞서 장르의 설명에서도 확인했듯, 장르의 본질이 자아내는 각 특징을 반영하기에 이런 신학화 과정은 너무 비좁은 다리가 될 우려가 크다. 다시 말해, 본문이 지닌 풍성한 커뮤니케이션을 의미론적으로만 통용되는 보편적 진리 명제와 진술로만 축소하게 된다. 여기서 우리가 강조하는 본문의 커뮤니케이션이 지닌 내용만이 아니라, 성경 저자가 의도한 효과를 오늘날 재생하기 위해서는, 단순히 신학적 진리 진술만을 추출하는 데 그치지 않고, 그 진리 진술의 내용을 어떤 흐름과 구조와 효과를 가지고 오늘날 청중에게 전달하는지도 이 과정에서 함께 고려해야 한다. 이 말은 본문의 신학적 내용에 대한 의미론 차원의 보편적 신학적 진술만이 아니라, 설교를 위한 커뮤니케이션 기능/화용론적인 차원에서 본문에 근거한 입체적인 신학적 다리 건설을 요구한다.

이를 더 구체적으로 설명하면, 설교자는 본문의 내용뿐 아니라 그 내용을 담은 형식과 효과가 설교에 넘어오도록, 본문의 세계와 오늘날의 세계를 오가는 더 폭 넓은 다리와 길을 만들어야 한다. 기존의 보편적 진리의 내용과 관련된 의미론적 교량만이 아니라, 형식과 효과를 담을 수 있는 기능론적 교량도 함께 고려해야 한다. 즉, 성경 저자가 전달하고자 한 내용과 그 내용을 담고 있는 본문의 흐름, 형식, 언어 스타일, 효과의 교량 케이블도 내용의 다리와 함께 건설해야, 그 시대와 오늘날을 이어주는 더 안전하고 충실한 입체적 다리를 놓게 될 것이다. 본문 커뮤니케이션을 더욱 존중하는 다리 건설을 통해, 설교자는 본문에서 발견한 진리와 더불어 저자가 의도한 커뮤니케이션 역동성과 효과를 설교에 재생함으로써, 오늘날의 청중이 본문 세계를 이해하고 경험하도록 이어줄 수 있다.

사무엘하 11-12장의 원리화/신학화 과정의 예

어떤 장르는 다른 장르보다 이 신학화 과정에서 잘못될 가능성이 크다. 신약 서신서의 경우 본문에서 발견된 주해의 결과물에서 보편적 진리 진술 형성은 비교적 수월하다. 이는 그 내용이 교훈적이고 적용이 직접적이기 때문이다. 그러나 우리가 살펴보는 사무엘하 11-12장 같은 내러티브의 경우, 보편적인 영적 진리를 형성하는 것이 더욱 신축적이며 탄력적이다. 이 말은 본문의 모든 상세한 내용에서 영구적인 진리 진술을 강제로 뽑아내면 엉뚱한 진리를 만들어낼 위험이 있다는 말과 일맥상통한다. 특히 본문의 내용이 사건에 대한 묘사적 설명일 경우 더 그렇다. 물론 내러티브 장르가 영구적인 진리를 직접적으로 전할 때도 있다. 따라서 우리는 적절한 귀납적 추리와 더불어 합당한 연역적 결론을 영구적 진리 진술로 표현해야 한다. 그러나 내러티브는 대체로 보편적 진리를 간접적인 이야기를 통해 전달하는 것이 전형적이기에, 신학적 원리를 도출할 때 유의해야 한다. 이때도 설교자는 주해적 과정에서 발견한 저자의 의도에 통제받는 것이 가장 바람직한 원리화/신학과 과정의 가늠자가 된다.

앞서 발견한 사무엘하 11-12장의 주해적 결과물에 기초한 신학화의 결과물은 다음과 같이 표현할 수 있다.

<신학적 목적>

본문의 목적이 설교의 목적에 부합하는 것이 바람직한 성경적 설교의 방향이라면, 사무엘하 11-12장 이야기 대부분의 장면에 나오는 보편적 진리는, 하나님의 약속을 받은 언약 백성이지만 인간이 지닌 죄의 편향성에 대한 경고의 기반을 제공한다. 또 본문의 마지막 장면에서는 이런 인간의 죄에 대한 경고와 심판에도 불구하고, 약속에 신실하고 변함 없으신 하나님의 성품에 기반을 두어, 하나님을 경외하는 자들에게 그분의 약속을 신뢰할 수 있게 하는 격려의 기능을 동시에 하고 있다. 따라서 설교자는 이 본문을 설교하면서, 당시 본문 앞의 청중뿐 아니라 오늘날 본문 앞에 있는 청중에게 하나님을 업신여기는 삶에 대한 경고와 더불어, 하나님의 신실하심을 기반으로 하나님을 더욱 신뢰하도록 격려하는 목적에 부합하는 설교로 이끌어가야 한다.

<신학적 진리>

위의 신학적 목적에 부합하도록 과거 본문 주해의 내용을 오늘날의 청중도 수긍할 수 있도록 보편적 신학적 진리 진술로 다음과 같이 진술할 수 있다.

신학적 핵심 원리 하나님을 경외하지 않고 그분의 말씀을 업신여기는 자는 하나님 앞에서 자기의 욕심을 제어하지 못하며, 죄를 깊이 인식하지 못하고, 자기에게 주어진 힘을 함부로 사용해 더 큰 죄를 저지른다. 진정한 왕이신 하나님과 그분의 말씀에 대한 무시는 혹독한 심판으로 이어진다. 그러나 하나님은 언약의 자손에게 변함 없는 사랑과 복을 베푸신다.

장면 1 하나님과 그분의 말씀을 업신여기는 자는 자신의 욕심을 따라 행한다(11:1-5).

장면 2 하나님과 그분의 말씀을 업신여기는 자는 자신을 속이는 죄를 직시하지 못한다(11:6-13).

장면 3 하나님과 그분의 말씀을 업신여기는 자는 자신의 힘을 믿고 더 큰 죄를 저지른다(11:14-27).

장면 4 하나님은 자신과 자신의 말을 업신여긴 자의 죄를 드러내신다(12:1-6).

장면 5 하나님은 자신과 자신의 말을 업신여긴 자를 징계하신다(12:7-15).

장면 6 하나님과 그분의 말을 업신여긴 자에게는 분명한 심판이 뒤따른다(12:16-23).

장면 7 그런데도 하나님은 자신의 백성에게 변함없는 은혜와 사랑을 베푸신다(12:24-25).

이런 원리는 본문 주해의 결과물에 근거한 것이므로 하나님의 말씀에 권위가 있다. 더불어 이 내용은 오늘날 청중에게 본문의 의미를 충실하게 전달하기 위해 만든 것이므로, 현대적 정황에 적합하게 적용할 수 있을 것이다.

<신학적 구조와 흐름>

위에서 작성한 신학화 과정의 결과물은 사실 본문의 이야기를 장면별로 그 흐름과 구조를 그대로 반영해 구조화한 것이다. 이 신학화의 아우트라인은 실제 설교의 구조와 형식을 결정하는 데 기본 자료가 될 것이다. 장르의 맛과 멋을 살리는 설교에서 이것을 고민하는 이유는, 이런 구조와 흐름이 단순히 내용 전달에만 관여하는 것이 아니기 때문이다. 실제 역사적 내러티브는 시간의 흐름을 따라 이야기가 진행되기에, 그런 시간적 흐름과 구조를 따라 신학적 명제를 나열하는 것이 내용을 가장 자연스럽게 담을 수 있는 보편적 방법이라 할 수 있다. 그러나 이런 본문의 구조를 그대로 반영한 이유에는 내용 전달만이 아니라 그런 흐름과 구조가 지니는 감정적 효과도 있다.[134]

<보편적 역동성과 효과>

본문의 목적과 내용, 그리고 주도적인 구조와 흐름이 신학화 결과물에 반영되는 것은, 본문이 지닌 효과를 오늘날의 청중이 경험하게 하는 노력과 함께 간다. 사실 위에서 예로 보여준 신학적 진리 구문들은 본문의 긍정문으로 표현할 수도 있었다. 예를 들면, "하나님에 대한 경외와 그분의 말씀을 존중하는 자는 자기의 욕심을 제어하고, 자기를 속이는 죄의 본질을 깊이 인식하여, 자기에게 주어진 힘을 바르게 사용한다. 진정한 왕이신 하나님과 그분의 말씀을 업신여겨 심판에 이르지 말고, 그분의 약속을 바라며 신뢰함으로 사랑과 복을 얻는다"처럼 쓸 수도 있다. 다시 말해, 장면별로 보편적 진리 구문은 긍정적 문장으로 작성할 수도 있을 것이다. 그러나 주해 과정에서 살펴보았듯, 본문의 감정적인 분위기와 효과를 고려해 설교 작성으로 이어지게 한다면, 장면 1부터 6의 내용이 지닌 부정적인 면을 부각해 본문 앞의 청중에게 경고의 기능을 하게 할 필요가 있다.

반면, 장면 7에서는 언약에 신실하신 하나님을 소개함으로써, 청중이 하나님의 약속을 굳게 붙잡아 하나님께 복과 사랑을 받도록 격려하는 기능을 하게 할 필요가 있다. 이렇게 본문의 구조와 감정적 효과를 반영하는 보편적 진리 문장으로 작성해 나열하는 것이 본문 커뮤니케이션에 더욱 충실한 보편적 결과물이 될 것이다.

장르의 맛과 멋을 살리는 설교화 과정

설교화 과정이란 앞서 주해화 과정과 신학화 과정에서 발견한 결과물을 기초로, 설교 작성의 구성적 요소(설교의 목적, 설명/논증, 예화, 적용, 서론, 결론, 구조, 전환 구문 등)에 반영해 실제 설교문을 작성하는 과정이다. 이 과정은 강해설교학 교과서에서 설명하는 각 부분에 관한 내용과 비슷하게 들릴 수 있다.

그러나 여기서 강조하는 장르의 맛과 멋을 살리는 설교와의 가장 큰 차이점은, 본문에서 저자가 전달하고자 하는 내용과 그 기능과 효과가 새로운 정황에서 유사한 내용과 그 기능과 효과를 달성할 수 있을지 설교자가 더욱 세심하게 고민하는 것이다.

이런 면에서 우선 기존 강해설교학이 강조하는 설교의 목적과 내용은 반드시 본문의 목적과 내용에 부합해야 한다. 여기에 본문의 효과와 역동성을 설교에 재생하기 위해, 설교자는 본문의 구조와 흐름이 설교의 구조에 영향을 미치게 하는 노력을 아끼지 않는다. 이를 통해 설교가 정보 전달의 설교(informative preaching) 같은 평면적인 설교가 아니라, 감성과 경험적인 터치를 설교의 구조와 흐름에 담아내는 변혁적 설교(transformative preaching)가 되게 하는 실제적 유익을 가져다준다. 따라서 설교자는 본문 커뮤니케이션이 설교 작성에 모판이 되게 하여, 항상 설교 작성의 실제적 지침과 도움이 되도록 해야 한다.

사무엘하 11-12장의 설교화 과정의 예

다시 앞에서 살펴본 사무엘하 11-12장의 예로 돌아가 보자. 오늘날 청중에게 설교가 성경 본문의 권위와 적실성을 가지고 다가가게 하려면, 설교자는 본문 저자의 의미와 목적과 설교가 지닌 의미와 목적이 유사하도록 설교문을 작성해 나가야 한다. 따라서 설교자는 먼저 설교의 목적과 내용이 본문에 충실하게 한 후, 그 나머지 설교의 구조와 효과를 담아내도록 진행하는 것이 바람직하다.

<설교의 목적과 기능>

하나님과 그분의 말씀을 업신여기는 데 뒤따르는 혹독한 심판의 결과를 설명하며 경고한다. 죄로 인한 비참한 현실 속에서도 약속에 신실하신 은혜의 하나님을 신뢰하도록 격려한다. 이렇게 설교의 목적을 구체화함으로써, 우리가 본문 주해 과정에서 파악한 본문의 기능과 목적, 그리고 신학화 과정에서 확인하고 검증한 목적인 경고와 격려의 기능을, 설교의 목적으로 고스란히 반영할 수 있다.

<설교의 내용과 핵심 아이디어>

설교의 핵심 아이디어 하나님에 대한 우리의 신실함은 하나님과 그분의 말씀에 대한 우리의 마음가짐과 삶에서 그대로 드러난다.

설교의 보조 아이디어

1. 우리는 하나님과 그분의 말씀을 존중하기에 자기의 욕심을 제어하고, 연속되는 죄의 위험성을 깊이 깨닫고, 자기의 힘을 함부로 사용하지 말아야 한다(장면 1-3).

2. 우리가 하나님과 그분의 말씀을 존중하지 않는 죄를 지으면, 그 결과 심판하시는 하나님의 심판을 받게 된다(장면 4-6).

3. 심판에도 불구하고 하나님은 약속에 신실하시고 은혜가 많으시기에, 우리는 그분을 신뢰함으로 변함없는 사랑과 은혜를 얻게 된다(장면 7).

여기서 설교의 핵심 아이디어는 앞선 주해의 핵심 아이디어에서 도출한 신학적 진리를, 오늘날의 청중이 듣고 기억하여 집으로 가져갈 수 있도록 하나의 문장으로 만들어 본 것이다.[135] 더불어 여기의 보조 아이디어는 앞선 주해화, 신학화 과정의 결과물에 기반을 두고, 각 장면에 담긴 신학적 진리 진술을 살펴보면서, 다소의 강조점과 중복되는 아이디어를 조정해 본문의 강조점과 흐름 그리고 효과를 반영한 설교 아우트라인으로 작성해 보았다.

<설교의 구조와 흐름>

일반적으로 사무엘하 11-12장으로 설교할 때, 설교자가 기본적으로 선택할 수 있는 설교의 구조와 흐름은 크게 연역적 형식과 귀납적 형식 두 가지다.[136] 그러나 장르의 맛과 멋을 살리는 설교를 하고자 할 때 위에서 살펴본 간추린 설교의 개요와 같이, 이 본문이 지닌 플롯을 따라서 구성하는 귀납적인 설교 형식이 가장 자연스러운 방법이라 할 수 있다. 이 경우 위에서 표현한 설교의 핵심 아이디어는 설교의 맨 마지막에 두어 그것을 설명 및 강조하고, 그것에 부합하는 핵심 적용을 하는 것이 본문의 내용과 효과를 재활성화하기에 유리할 것이다.

그러나 전체적으로 본문의 흐름과 구조를 그대로 따라가면서, 각 설교의 요지를 이야기의 진행에 맞게 설명한 뒤, 장면별로 설교의 요지와 적용을 덧붙이는 방식으로도 할 수 있다. 이럴 경우 각 장면에 대한 너무 긴 설명과 적용은 설교의 흐름과 효과를 앗아갈 위험이 있다. 따라서 설교자는 가중되는 다윗의 범죄를 이야기하면서, 본문의 핵심 아이디어인 하나님과 그분의 말씀을 존중하는 삶을 살 것에 대한 설명과 적용을 간략하게 하는 것이 효과적이다. 그런 다음 다시 이야기를 진행해, 다윗의 범죄에 대한 하나님의 심판과 그 결과를 다루는 부분에서, 오늘날의 청중에게 하나님과 그분의 말씀을 업신여기는 삶에 대한 경고의 말씀으로 구체적인 적용이 가능할 것이다. 그리고 마지막으로, 설교자는 언약의 말씀에 신실하신 하나님의 성품을 본문의 내용과 흐름을 따라서 드러내면서, 오늘날 청중에게 하나님을 마음으로 더욱 경외하며 그분의 말씀을 따라 존중하는 삶을 살도록 격려하고 촉구할 수 있을 것이다.

<설교의 역동성과 효과>

위에서 정리한 설교의 목적, 내용, 형식을 기초로, 설교자는 자신의 설교에 본문의 주도적인 효과와 역동성을 반영할 수 있다. 본문에 드러난 죄의 심각성과 하나님의 심판을 통한 경고의 힘과, 심판에도 불구하고 지속적인 하나님의 은혜와 사랑의 격려를 교차해 설교의 주도적인 효과가 되도록 해야 할 것이다. 물론 여기에는 설교자의 언어 선택과 설교의 내용과 효과에 부합하는 예화와 적용이 함께 고려되어야 한다.

중요한 것은 장르의 본질과 그 특징에서 이미 확인한 대로, 설교의 효과와 역동성은 결코 설교의 내용, 구조, 목적과 따로 움직이지 않는다. 설교 작성의 기본 구성요소는 반드시 함께 상호작용하기 마련이기에, 청중의 감정적 고취를 위해 조작되어서는 안 된다. 반드시 본문 커뮤니케이션을 존중하는 방향으로 설교의 내용과 구조 그리고 효과를 통합적으로 고려해야 한다. 이런 통합의 과정에서 설교자의 창의성이 발휘된다. 그러나 그 창의성이 본문에 충실한지 확인해 볼 필요가 있다. 그것이 본문의 맛과 멋을 살리는 설교의 근본 취지이기 때문이다. 이런 식으로 본문 장르의 맛과 멋을 살리고자 하는 설교자는 본문 커뮤니케이션의 장르적 요소를 설교 커뮤니케이션의 요소로 재현해, 오늘날 청중이 본문을 더 깊이 이해하고 경험하게끔 설교를 작성하는 수고를 아끼지 않아야 한다.

어떤가? 설교 작성 과정이 설교자를 너무 얽어맨다고 생각하는가? 그러나 실상은 전혀 그렇지 않다. 달리 생각해 보라. 본문에 매이는 것보다 설교자에게 더 큰 확신을 주는 설교 철학과 설교 방법론이 어디 있겠는가? 본문 커뮤니케이션의 권위와 효과를 확신하기에 설교자는 성경 본문을 더욱 연구하게 될 것이며, 그 커뮤니케이션의 내용과 효과를 제대로 발견하기 위해 자신이 먼저 철저히 본문에 굴복하는 본문에 충실한 종이 되어야 할 것이다. 동시에 다른 곳이 아닌 본문의 분명한 잣대와 근거를 가지고 자신의 상상력과 창의성을 바르고 효과적으로 발휘할 수 있는 진정한 자유자가 될 것이다. 이처럼 장르의 맛과 멋을 살리는 설교자는 하나님의 종 된 자유자로서, 성경 본문에 담긴 지금도 권위 있고 적실한 하나님의 생생한 음성을 되살려, 오늘날의 청중이 듣고 경험하고 반응하여 변화되게 하는 말씀사역자다.

이제 설교문 작성을 마쳤으면 본문 앞에 설교문을 겸손히 내려놓으라. 그리고 질문해 보라. '내 설교가 본문을 위해 있는가, 아니면 본문이 내 설교를 위해 있는가?' 기억하라. 설교의 자리는, 우리에게 맡기신 하나님의 백성이 그분의 말씀인 성경 본문을 더 잘 이해하고 경험하도록 섬기는 자리일 뿐이다. 설교자는 말씀의 봉사자다. 그 이상도 이하도 아니다. 설교자와 설교문 모두 항상 본문 아래 있어야 할 것이다.

집밥, 크로스오버, 큐레이터

성경은 진리의 말씀이다. 그러나 단순한 진리 진술서는 아니다. 우리를 전인적으로 터치하시는 하나님의 커뮤니케이션 행위다. 다양한 삶을 살아가는 우리는 성경 장르를 통해 말씀하시는 풍성하고 위대한 소통자 하나님을 만나 그분과 깊은 교제를 나눈다.

이 글을 시작하면서 설교를 음식과 음악에 비유한 것을 기억하는가? 성경은 때에 따라 다양한 레시피로 영적 양식을 우리에게 맛보여 준다. 또 신앙의 여정 가운데 우리가 만나는 기쁨, 슬픔과 함께 보조를 맞출 다양한 리듬과 곡조의 영적 음악을 들려준다. 따라서 장르의 맛과 멋을 살리는 설교자는 그냥 지나가는 손님을 대하는 밥집 사람이 아니다. 하나님이 영감으로 맛보여 주신 다양한 하늘 양식을 먼저 맛보고, 영적 가족의 체질에 따라 먹이는 집밥 주부여야 한다. 또 본문이 살아나는 설교를 원하는 설교자는 천상의 악보를 따라, 때로는 성도의 영적 발걸음을 재촉하는 개선행진곡을, 때로는 그들의 눈물을 닦아주는 애가를, 때로는 비탄과 승리의 변주곡을 동시에 연주하는 크로스오버 연주자가 되어야 한다.

글을 마치기 전에, 설교에 대한 은유를 하나만 더 생각해 보자. 설교자는 궁극적으로 창조자(creator)가 아니라 안내자(curator)다.[137] 성도가 겪어왔거나 앞으로 경험할 신앙과 삶의 모습을, 본문이 보여주는 다양한 그림 안에서 풀어주는 영적 큐레이터다. 설교자는 스스로 그림을 창조할 필요가 없다. 그에게는 창조의 하늘과 땅의 웅장함이 들어 있는 풍경화, 인생의 탄식과 복음으로 기뻐하는 인생의 인물화, 복음의 세부적 내용을 섬세하게 그려내는 정밀화, 신앙적 분별을 위해 묵직한 교리를 다루는 추상화 등 다양한 소재와 질감이 가득한 천상의 갤러리가 있다. 그곳은 대우주의 장엄함과 소우주인 인간 내면의 세밀함을 아우르는 다양한 영적 그림으로 가득하다. 큐레이터인 설교자의 일은 천지창조와 새 하늘과 새 땅의 풍경화를, 때로는 우리의 실패와 회복을 담은 인물화와 그 회복을 위해 끔찍하게 죽임당한 분의 인물화를, 때로는 진리와 교리에 대한 정밀화와 추상화를 생명력 있게 소개하여, 성도가 그 그림 앞에서 감동하며 그 그림을 따라 살게 하는 것이다. 오해하지 말라. 성경이 보여주는 그림에 충실하다고 창의성 없는 큐레이터가 되는 것은 아니다. 오히려 그 그림에 더 충실할수록 성도의 가슴에 하나님나라가 선명하고 생생하게 그려지는 창의적인 큐레이터가 되어갈 것이다.

  마지막으로 당부하고 싶은 말이 있다. 본문이 지닌 장르의 맛과 멋을 살리는 설교자는 하나님의 말씀인 본문을 존중하는 만큼이나 하나님이 설교자에게 맡기신 성도를 존중해야 한다. 무엇보다 급변하는 세상에서 성도를 진심으로 존중하는 길은, 그들이 담대히 딛고 살아갈 변하지 않는 디딤돌을 말씀 속에서 발견하게 하는 것이다. 또 말씀 안에서 자신을 위해 다양한 재료로 정성스레 지어진 집밥, 풍성한 곡조와 리듬의 다양한 음악, 그리고 언제나 감상할 수 있는 천상의 다양한 명화를 맛보며 듣고 보게 하는 것이다. 이 길이 설교자나 회중 모두에게 가장 확실하고 안전하다. 설교자가 본문과 성도를 사랑하는 가장 좋은 방법은, 하나님이 사랑하시는 자들을 향한 말씀과 행위를 생생하게 되살리는 것밖에 없다.

더 깊은 이해와 연구를 위한 추천 자료

• 국내 자료 •

권호, 『본문이 살아있는 설교』(서울: 아가페북스, 2018).

_____, "현대 강해설교의 장르 이해와 적용", 「신학정론」 36/2 (2018. 12): 327-51.

김대혁, 『텍스트 프리칭: 본문이 일하는 설교』(서울: 솔로몬, 2020).

• 번역자료 •

다니엘 에이컨 외, 『매력적인 강해설교』, 권호, 김대혁, 임도균 역(서울: CLC, 2019).

데이비드 알렌 외, 『간추린 본문이 이끄는 설교』, 김대혁, 임도균 역(서울: 아가페북스, 2016).

데이비드 알렌 외, 『본문이 이끄는 설교』, 김대혁, 임도균 역(서울: 아가페, 2020).

스티븐 스미스, 『본문이 이끄는 장르별 설교』, 김대혁·임도균 역(서울: 아가페북스, 2018).

스티븐 스미스 외, 『한눈에 읽는 본문이 이끄는 설교』, 권호, 김대혁, 임도균, 유형재 역(서울: 아가페북스, 2019).

스티븐 매튜슨, 『청중을 사로잡는 구약의 내러티브 설교』, 이승진 역(서울: CLC, 2004).

유진 로우리, 『생명력 있는 설교』, 김양일 역(서울: CLC, 2016).

제프리 아더스, 『목사님 설교가 다양해졌어요』, 박현신 역(서울: 베다니, 2010).

토마스 롱, 『성서의 문학유형과 설교』, 박영미 역(서울: 대한기독교서회, 1995).

Chapter 4
본문이 살아있는 설교의 연관성과 적용

_ 권호

본문이 살아있는 설교의 세 요소

설교를 종종 영적인 음식에 비유한다. 목자가 양에게 꿀을 먹이듯 목회자가 성도에게 말씀을 먹인다. 좋은 말씀은 성도의 영혼을 건강하게 한다.

설교의 핵심요소를 해물스파게티 비유로 설명해 보자. 맛있는 해물스파게티는 크게 세 가지 재료, 면과 소스와 해물로 만든다. 성도의 영혼을 건강하게 만드는 본문이 살아있는 설교는 본문(text), 연관성(relevance), 적용(application)으로 구성된다. 이것이 본문이 살아있는 설교의 세 요소다.[138]

본문이 살아있는 설교의 첫 요소는 성경 본문이다. 좀 더 구체적으로 말하면, 본문의 의미(meaning of a text)다. 성경 본문은 본문이 살아있는 설교의 첫 출발점이요 씨앗이다. 본문이 살아있는 설교는 무엇보다 성경 본문의 의미를 분명하게 드러내고 전달하는 데 최우선을 둔다. 설교에서 영원한 첫 요소요 불변의 토대는 바로 본문이다.

본문이 살아있는 설교의 두 번째 요소는 연관성이다. 이 연관성이라는 요소야말로 현대 설교학에서 중요한 주제로 집중적으로 토의되고 있다. 연관성은 성경이라는 오랜 시간을 거쳐 온 텍스트를 오늘날의 상황과 연결하는 단계(relating step)를 말한다. 좋은 설교는 현대를 사는 우리가 몇천 년 전에 쓰인 본문을 들어야 하는 이유와, 그것이 우리 삶과 어떻게 연관되는지를 보여준다. 이 연관의 작업을 존 스토트는, 성경 시대와 현대 시대의 두 세계를 다리로 연결하는 작업(bridge-building of between two worlds)이라고 탁월한 비유를 들어 설명했다.[139] 설교자는 성경의 세계와 오늘날의 세계 중간에서 연관성이라는 다리를 놓아 의미와 진리가 소통되게 해야 한다.

본문이 살아있는 설교의 세 번째 요소는 적용이다. 설교자는 본문의 의미가 어떻게 현시대와 연결되는지 보여줄 뿐 아니라, 본문에 나타난 진리를 어떻게 구체적으로 실천할 수 있는지 청중에게 분명히 제시해 주어야 한다. 적용이라는 관문을 통과하지 않으면 변화라는 땅에 이를 수 없다. 그러므로 설교자는 청중에게 어떻게 메시지를 삶에서 실천할 수 있는지 적절한 적용을 반드시 제시해야 한다.

앞장에서 본문의 의미를 어떻게 발견해야 하는지 이미 살펴보았다. 이번 장에서 연관성과 적용에 대해 살펴보기 전에, 그림으로 본문이 살아있는 설교의 세 요소를 정리해 보자.

그림5: 본문이 살아있는 설교의 세 요소

연관성: 청중을 붙잡는 힘

연관성이란 무엇인가

설교학에서 연관성은 본문과 청중 사이에 의미를 연결하는 통로다.[140] 연관성은 영어 relevance 혹은 relevancy를 번역한 것인데, '관련성' '타당성' '적실성' 등으로 번역된다.[141]

앞에서 살펴본 것처럼, 스토트는 연관성을 성경 시대와 현대 시대의 두 세계를 연결하는 다리로 정의했다. 데이비드 비어맨(David Veerman)은, 연관성을 '그때'와 '지금'에 대한 사건의 연속성으로 설명한다. 즉, 연관성은 과거 성경의 사건이 어떻게 지금 동일하게 일어나는지에 대한 설명이다. 비어맨의 말을 들어보자. "연관성은 성경 시대에 발생한 것들이 어떻게 동일하게 오늘날에도 발생할 수 있는지 설명한다. 예를 들면, 우리는 고린도를 오늘날의 많은 도시와 유사한 것으로 묘사할 수 있다. 우상, 폭력, 성적 타락이 만연한 면에서 말이다."[142] 한편 키이스 윌하이트(Keith Willhite)는, 설교자가 선택한 본문의 내용과 청중의 삶 사이를 이어주는 소통 연결고리(communicative link)로 연관성을 정의했다.[143] 윌하이트에 따르면, 연관성은 성경의 진리가 현시대에 어떻게 시의적절함(pertinence)과 적용가능성(applicability)을 갖는지 설교를 듣는 사람에게 보여주기 위해 꼭 필요하다.[144]

앞의 세 설교학자에 따르면, 연관성은 성경 시대와 현시대를 이어주는 것으로서(스토트), 본문의 사건이 오늘날 어떻게 동일하게 일어나는지 설명해 주고(비어맨), 과거의 의미를 현재의 의미로 연결하는 기능을 한다(윌하이트).

연관성과 관련된 해석학적 이론

지금까지 연관성의 정의와 중요성에 대해 살펴보았다. 사실 설교학에서 연관성에 관심 갖기 전에 성경 해석학이 이미 여러 논의와 방법론을 제시했다. 이렇게 볼 때 설교학의 연관성은 성경 해석학의 토양에 뿌리내리고 있다 해도 과언이 아니다. 이제 설교학의 연관성에 중요한 영향을 미친 성경 해석학의 대표적인 학자들의 이론을 간략하게 살펴보자.

두 지평의 융합

앤서니 티슬턴(Anthony Thiselton)은 성경 해석학의 목표를 "해석자 자신의 지평을 재형성하고 확장하는 방식으로, 해석자와 본문 사이에 적극적이고 의미 있는 연결이 일어나게 하는 것"으로 본다.[145] 이런 입장은 성경이 현시대와 연관성 없이 그저 기록될 당시의 문화와 의미에만 머문다는 비관적 성경 해석학에 대한 반기였다. 티슬턴은 모든 시대를 초월해 "성경은 해석자 자신의 지평을 바로잡고 재형성하며 확장하는 방식으로 오늘날에도 여전히 말할 수 있으며, 실제로 그렇게 말하고 있다"고 주장했다.[146]

우리가 성경을 바르게 해석하기 위해서는 두 개의 지평이 있음을 알아야 한다.[147] 바로 본문의 저자가 서 있는 과거의 문화적 상황과, 독자가 서 있는 현재의 문화적 상황이다. 그러나 본문이 지닌 특수성과 해석자가 가진 개인적 관점 때문에 본문과 현시대의 연속성을 찾기가 쉽지 않다. 이런 어려움에도 불구하고 고대 본문의 지평과 현대 독자의 지평을 연결할 수 있다. 이런 해석학적 행동을 티슬턴은 '지평 융합'(fusion of horizons)이라고 불렀다.

의미와 의의

설교학에서 말하는 연관성의 이론적 토대는 성경 해석학에서 논의된 '의미와 의의'에도 기초를 두고 있다. 케빈 밴후저는 성경 본문이 '단 하나의 규정적 의미'(a single, simplistic, determinate meaning)를 갖지만, 시대를 초월하며 여전히 유효한 '여러 의의'(plurality significances)를 갖는다고 말했다.[148] 그렇기 때문에 해석자는 단순히 본문의 의미를 찾는 것에 그치지 말고, 현대 사회를 향한 의의가 무엇인지를 찾아야 한다. 밴후저의 말을 들어보자.

> 성경의 의미는 계시적이고 정경적인 컨텍스트에 고정되어 있다. 반면, 성경의 의의는 상대적이며 현대적 컨텍스트에 열려 있다. 성경의 내용은 계시적이다. 그것은 우리가 바꿀 수 없고 진리로 알고 받아들여야 한다. … 반면, 의의는 특정 컨텍스트와 독자에게 상대적이다. 똑같은 의미가 여러 상황에서 여러 방식으로 전해질 수 있다. … 성경 해석에서 텍스트의 의의를 찾아내는 것은 필수다.[149]

위의 주장에 따르면, 본문의 계시적 의미(revelatory meaning)가 다양한 상대적 의의(relative significance)로 나타나기 때문에, 성경이 영원한 연관성을 가질 수 있다. 즉, 본문의 원래 의미가 오늘날의 새롭고 다양한 컨텍스트에 연결되어 풍성한 의의를 만들어냄으로써 연관성을 유지한다. 성경이 이런 연관성을 가지고 있기 때문에, 설교자는 본문의 '과거에 의미했던 바'를 '현재의 의미하는 바'로 바꾸어 메시지를 전달할 수 있다.

한 가지 주목할 점은 본문의 의의가 청중이나 독자에게 어떤 행동을 요구한다는 것이다.150 어느 날 한 사람이 요한복음을 읽고 그 핵심 내용이 '그리스도를 믿으라는 복음으로의 초대'임을 알았다. 본문의 의미를 파악한 것이다. 그러나 요한복음은 이 독자에게 의미를 넘어 의의로 다가와 그 초청에 반응하도록 영향을 미친다. 본문의 의의가 자연스럽게 청중의 반응, 즉 적용으로 이어진다. 이러한 현상을 다음 단락에서 좀 더 자세히 살펴보자.

상황화 모델

성경을 해석할 때 본문의 의미뿐 아니라 다양한 시대를 향한 의의를 찾아야 한다는 사실은, 이제 성경 해석학에서 보편적으로 받아들여지고 있다. 그랜트 오즈번(Grant R. Osborne)은, 의미와 의의는 결코 분리될 수 없는 해석학적 요소임을 강조했다.151 이것을 전제로 오즈번은, 설교가 본문의 의미를 발견해 현대 청중에게 의의로 전달되는 것이라고 말했다.152

오즈번의 이론에서 눈에 띄는 점은 본문의 의의를 설교의 적용으로 연결하는 것이다. 오즈번은 의의를 본문에서 발견한 "신학적 원리를 바탕으로 다양한 컨텍스트에 제안하고 적용할 수 있는 다양한 방식"으로 본다.153 또 본문의 의의를 적용으로 바꾸기 위해 선교학자들의 '상황화'(contextualization)를 이론적 틀로 삼았다.154

상황화의 목표는 성경 저자가 원래의 청중에게 요구한 것을 어떻게 현대 청중에게 동일하게 요구할 수 있는지 결정하고 적용하는 것이다. 이 목표를 이루기 위해 상황화에서 시행해야 할 핵심 과정은, 본문에 나타난 표면적 행동의 근거가 되는 신학적 원리를 발견하는 것이다. 예를 들면, 신약성경에는 당시 1세기 문화와 연결된 '거룩한 입맞춤'(살전

5:26; 벧전 5:14)의 문화적 관습이 나타난다. 현대 교회 대부분은 이것을 그대로 시행할 수 없다. 그렇기 때문에 이 행동의 근거인 신학적 원리를 생각해야 하는데, 바로 '상호 사랑의 원리'다.[155] 설교자는 청중에게 문자적 입맞춤이 아니라 상호 사랑의 원리가 담긴 여러 방법으로 성도들 간에 인사 나눌 것을 적용할 수 있다.

오즈번은 설교 작성 과정에서 설교자들이 혼란스럽지 않도록 본문의 의의를 '연관성'과 '적용'으로 나누었다. 그가 제시한 네 가지 과정(네 가지 레벨)은 다음과 같다.[156]

레벨 1 해석/의미 발견(Interpretation/Meaning)
레벨 2 해석/연관성 발견(Interpretation/Relevance)
레벨 3 상황화/적용(Contextualization/Application)
레벨 4 설교 준비(Preparing the Sermon)

이처럼 오즈번은 본문의 의의를 연관성과 적용으로 분리해 설교 준비 과정으로 제시했다. 첫째 과정이 본문에 대한 것으로 의미를 발견하는 것이라면, 둘째 과정은 현대 상황에 대한 것으로 신학적 원리가 바탕이 된 연관성을 발견하는 것이다. 본문과 현시대를 잇는 연관 작업을 마치면 셋째 과정에서 상황화를 통해 적용점을 찾는다.

지금까지 설교학에서 연관성의 기초가 되는 성경 해석학의 이론을 살펴보았다. 이 이론들을 연관성과 관련해 요약해 보면 다음과 같다. 티슬턴의 말처럼, 설교자는 본문의 지평과 청중의 지평을 융합함으로써 성경의 연관성이 분명히 드러나게 해야 한다. 밴후저의 설명처럼, 성경에는 불변하는 본문의 의미와 다양하고 가변하는 의의가 있다. 이

의의가 설교의 연관성에 해당한다. 오즈번이 제안한 것처럼 설교자는 본문의 의미를 찾고, 연관성을 놓은 후, 적용을 제시하는 과정을 통해 설교를 작성해야 한다.

연관성 확보를 위한 설교학적 노력

앞에서 살펴본 성경 해석학의 다양한 논의는 설교학자들에게 연관성에 대한 관심을 불러일으켰다. 1980년대 초부터 설교학자들은 연관성 확보를 위한 틀과 구체적인 방법론을 본격적으로 제안하기 시작했다. 이와 관련된 대표적인 두 설교학자의 이론을 살펴보자.

연관성을 위한 신학적 과정

티머시 워렌(Timothy Warren)에 따르면, 설교의 중요한 임무는 성경이 어떻게 이 시대의 청중과 연관되는지 보여주는 것이다.[157] 그는 설교에서 본문의 의미를 희석하지 않으면서 현시대와 연관 짓기 위한 네 과정의 틀을 제시했다.[158]

① 주석적 과정(Exegetical Process): 본문의 의미를 발견하는 과정
② 신학적 과정(Theological Process): 시간을 초월한 보편적 원칙을 발견하는 과정
③ 설교적 과정(Homiletical Process): 앞의 두 과정을 기초로 현재 청중에 적합한 설교를 만드는 과정
④ 변혁적 과정(Transformational Process): 설교자와 청중이 선포된 말씀을 듣고 변화된 삶을 보이는 과정

첫 출발점이 되는 주석적 과정은 주해를 통해 본문의 의미를 발견하는 과정이다. 다음은 신학적 과정으로 연관성의 토대가 되는 중요한 과정이다. 이 과정에서는 본문의 원래 상황뿐 아니라 현시대에도 적용 가능한 '신학적 명제' 혹은 시대를 초월한 '신학적 진리'를 찾는다. 신학적 명제는 특정 시간에 한정되는 역사적 문장이 아니라, 시간을 초월한 신학적인 문장이어야 한다. 이렇게 발견된 신학적 명제는 하나님에 대해, 창조물에 대해 그리고 그 둘의 관계에 대해 무엇을 말하는지 답을 주는 '불변의 진리'여야 한다. 세 번째 설교적 과정은, 이렇게 발견한 신학적 명제를 바탕으로 현대 청중에게 적합한 설교를 만드는 과정이다. 변혁적 과정은 설교의 결과를 확인하고 측정하는 단계로서, 설교 작성 이후의 과정이다.

워렌의 신학적 과정에는 아직 명확하게 정리되지는 않았지만 연관성의 개념이 분명히 나타난다. 이 과정이 본문에서 연관성의 핵심이 되는 불변의 신학적 명제 혹은 진리를 찾기 때문이다. 그러나 이 신학적 과정에는 신학적 명제를 어떻게 현재 상황과 청중에게 구체적으로 연관성을 놓아야 하는지 실제적 방법이 나타나 있지 않다.[159] 그런데 다음에 소개할 설교학자가 이러한 모호성을 인식하고 신학적 단계를 세분화해 연관성을 확보하려는 노력을 시도했다.

연관성을 위한 구체적 연결 작업

스누키안은 워렌의 방법론을 기본적으로 수용하되 그 틀을 단순화해 방법론을 구체화했다. 그는 본문의 의미를 현시대로 연결하기 위해서는 '성경 본문'(biblical passage), '불변의 진리'(timeless truth), '최종 설교'(final sermon)라는 세 과정을 거쳐야 한다고 보았다.[160] 스누키안은 각각의 과정은 개요(outline) 형태로 표현하고, 그 후 더 구체적으로 발전되어야 한다고 말했다.[161] 스누키안이 말하는 각 단계의 개요와 작성 방법을 그가 제시한 실례를 통해 알아보자.

본문 출애굽기 13장 17절
바로가 백성을 보낸 후에 블레셋 사람의 땅의 길은 가까울지라도 하나님이 그들을 그 길로 인도하지 아니하셨으니 이는 하나님이 말씀하시기를 이 백성이 전쟁을 하게 되면 마음을 돌이켜 애굽으로 돌아갈까 하셨음이라

1. **본문 개요(Passage Outline)**
   - 본문에서 '일어난 것'에 대한 개요
   - 하나님이 이스라엘 백성을 이집트에서 가나안으로 이어지는 빠른 길로 인도하시지 않은 이유는, 그들이 그 길로 가는 중에 전쟁에 직면해 두려워 돌아갈 것을 아셨기 때문이다.

2. **진리 개요(Truth Outline)**
   - 불변의 진리에 대한 개요. 지금 '일어나는 것'에 대한 개요로 하나님이 누구시며, 우리를 어떻게 인도하시는지에 대한 개요
   - 하나님이 종종 우리를 위한 선한 계획을 빠른 길로 인도하시지 않는 것은, 그 길에 우리가 목표에 이르는 것을 막는 장애물이 있기 때문이다.

3. 설교 개요(Sermon Outline)

- 본문에서 일어난 것과 동일한 것이 오늘 우리 삶에 '일어나고 있는 것'에 대한 개요. 설교 개요는 앞의 두 단계(본문 개요와 진리 개요)에서 발견한 내용을 현재 청중의 구체적인 삶의 상황과 연결해야 한다.
- 본문 개요와 진리 개요를 바탕으로 한 설교 개요의 예는 아래와 같다.

하나님께서 종종 우리를 위한 선한 계획을 빠른 길로 인도하시지 않는 것은, 그 길에 우리가 목표에 이르는 것을 막는 장애물이 있기 때문이다. [진리 개요에서 발견한 것]

1. 하나님께서 이스라엘 백성을 돌아가는 길로 인도하신 이유는, 그들이 직선 길로 가면 전쟁을 만나 목표에 이르지 못할 것이기 때문이다. [본문 개요에서 발견한 것]

2. 하나님께서 종종 우리를 지그재그 길로 인도하시는 이유는, 때로는 빠른 길에 우리가 목표에 이르는 것을 막는 장애물이 있기 때문이다. [진리 개요를 다시 제시한 후, 이것을 현재 청중의 구체적인 삶에 아래와 같이 연결]

   1) 우리를 힘들게 하는 사람이 사라지거나 우리가 필요한 기술을 배울 때까지 우리의 경력이 쌓이는 것이 지연될 수 있다.

2) 우리가 일 중독이나 물질 우선에 빠지는 위험을 통과할 때까지 우리의 회사는 성장하지 않을 수 있다.
3) 안정적이고 지속적인 관계를 위협하는 문제가 사라질 때까지 결혼이 미루어질 수 있다.
4) 우쭐대는 위험이 줄어들 때까지 사역의 기회가 미루어질 수 있다.

위 설교 개요의 구성을 살펴보면, 첫째 진리로 개요에서 작성한 불변의 진리를 먼저 말한다. 둘째, 본문 개요를 말한다. 셋째, 진리 개요에서 발견한 불변의 진리를 다시 언급하고 다양한 청중의 삶에 연결한다. 스누키안이 제시한 틀을 보면 진리 개요 작성의 작업이 워렌의 신학적 과정과 같다. 그러나 워렌의 방법론과 다른 점은, 진리 개요에서 발견한 불변의 원리를 다양한 청중의 삶과 '연결하는 단계'를 추가해 연관성을 더욱 구체화한 것이다. 스누키안의 방법론은 워렌의 방법론을 단순화하면서도, 연관의 기법은 더욱 구체화한 발전적인 시도로 평가된다.

효과적인 연관 작업을 위한 두 과정

지금까지 살펴본 연관성 이론의 핵심을 정리하고 실제적 기법을 연습해 보자. 지금까지의 연관 작업과 방법이 다양한 용어와 방식으로 제시되어 복잡해 보일 수 있다. 핵심은 결국 '원리화 과정'과 '대상화 과정'으로 요약된다. 성경 시대와 오늘날의 시대가 연관성의 다리를 통해 연결되는데, 이 다리가 원리화와 대상화 과정을 통해 만들어졌다고도 비유할 수 있다. 이것이 무엇인지, 어떻게 실제 기법으로 발전시켜 활용할 수 있는지 살펴보기 전에 미리 그림으로 간단히 정리해 보자.

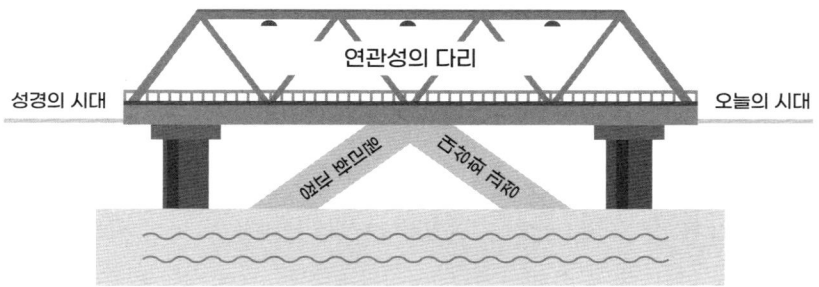

그림6 : 연관성의 다리를 만들기 위한 두 과정

원리화 과정

원리화 과정(Principlizing Process)이란 본문의 주해 단계에서 발견한 중심메시지를 오늘날의 청중이 동일하게 받아들일 수 있는 '영적 원리로 바꾸는 것'을 말한다. 밴후저의 표현을 빌리자면, '과거에 의미했던 바'를 '현재 의미하는 바'로 바꾸는 작업이다. 오즈번에 따르면, 과거와 현재에 동일하게 적용할 수 있는 '신학적 원리'를 찾아 본문과 현재를 연결하는 과정이다.[162]

워렌은 오즈번의 이론을 수용해 설교를 준비하면서 보편적이고 초시대적인 신학적 원리를 찾는 이 과정을 '신학적 과정'이라 명명했다. 그러나 '신학적 원리' 혹은 '신학적 과정'은 너무 광범위한 용어다. 용어가 광범위하니 의미하는 바도 모호하다.[163]

성경 신학적 입장에서 엄밀히 생각해 보면 더글러스 스튜어트(Douglas Stuart)의 말처럼, 주해 과정에서 본문에 나타난 신학적 메시지 혹은 신학적 원리를 찾는 것이 일반적이다. 그렇다면 신학적 원리나 신학적 과정은 주해 단계에 속한다.[164] 반대로 넓게 생각해 보면, 본문을 해석하고 적용을 제시하는 전체 과정이 신학적 원리를 추구하는 신학적 과정이라 볼 수 있다. 나는 본문에서 발견한 메시지를 오늘날에도 변함없는 영적 원리로 바꾼다는 의미를 쉽고 명료하게 담기 위해, 이 과정을 '원리화 과정'이라 부르고자 한다.

원리화 과정에서 가장 중요한 것은, 본문과 오늘날을 연결해 줄 '영적 원리'를 발견하는 것이다. 원리화 과정의 결과물은 '영적 원리를 담은 문장'이다. 즉, 본문에서 영적 원리를 발견하고 그것을 한 문장으로 만들면 영적 원리화 과정을 마친 것이다. 영적 원리화 과정이 무엇인지, 그 결과가 어떻게 한 문장으로 만들어지는지 한 예를 통해 살펴보자.

• **본문** 여호수아 1장 1-9절
여호와의 종 모세가 죽은 후에 여호와께서 모세의 수종자 눈의 아들 여호수아에게 말씀하여 이르시되 … 이 율법책을 네 입에서 떠나지 말게 하며 주야로 그것을 묵상하여 그 안에 기록된 대로 다 지켜 행하라 그리하면 네 길이 평탄하게 될 것이며 네가 형통하리라 내가 네게 명령한 것이 아니냐 강하고 담대하라 두려워하지 말며 놀라지 말라 네가 어디로 가든지 네 하나님 여호와가 너와 함께 하느니라 하시니라

• **본문의 중심메시지**
"하나님은 새로운 지도자 여호수아에게 하나님의 약속과 말씀을 붙잡고 강하고 담대하게 이스라엘을 가나안으로 인도하라고 말씀하신다."

• **영적 원리의 문장**

"하나님은 우리를 새로운 지도자로 세우시고 하나님의 약속과 말씀을 붙잡고 맡겨진 사람들을 하나님이 원하시는 방향으로 이끌라고 하신다."

본문의 중심 내용은 하나님이 여호수아에게 말씀하시는 것이다. 즉, 과거의 사건이며 여호수아에게 중요한 의미가 있는 말씀이다. 그러나 영적 원리를 담은 문장을 보면, 본문의 내용이 오늘 우리에게 주어진 내용으로 바뀐 것을 볼 수 있다. 여호수아뿐 아니라 우리에게 중요한 영적 원칙으로 연결한 것이다. 이렇게 영적 원리화 과정을 수행하면 본문의 의미가 과거 시간을 넘어 오늘날의 의미로 청중에게 다가온다.

원리화 단계가 가능한 것은 본문의 시대와 지금의 시대를 관통하는 불변의 공통점이 있기 때문이다.[165] 원리화를 가능하게 하는 본문과 현시대의 공통부분은 구체적으로 무엇인가? 설교학자들은 크게 두 가지를 제시한다. 첫째, 인간의 죄다. 성경 시대를 살았던 사람들이나 오늘날을 살아가는 사람들이나 동일하게 죄의 문제에 직면해 있다. 둘째, 죄에 빠진 인간을 구원하고 은혜를 베푸시는 하나님이다. 아담의 타락 이후 하나님은 인간이 죄의 결과로 죽어가도록 그냥 두지 않으셨다. 구원을 계획하시고, 예수 그리스도의 십자가를 통해 구원하셨으며, 성령님의 사역을 통해 구원과 은혜의 길을 전 세대에 걸쳐 이어가신다. 이 두 가지 공통점이 있기에 원리화 작업을 통해 시대를 관통하는 불변의 진리를 찾을 수 있다.

원리화 과정을 통해 발견한 불변의 영적 원리로 본문과 현시대를 연결하면, 넓은 범위의 '일반적 연관'(general relevance)이 이루어진다. 즉,

특정 대상이 아니라 모든 사람이 받아들일 수 있는 의미 연결이 이루어지는 것이다. 영적 원리를 담은 문장이 '우리'라는 일반 대명사로 표현된 것을 주목하라. 원리화 과정이 이렇게 넓은 범위의 연관성을 확보해 주기 때문에, 설교를 듣는 모든 사람을 본문으로 연결할 수 있다. 반면, 연관의 범위가 너무 넓어 자신이 아닌 남의 이야기처럼 들릴 수 있다. 그래서 아래에서 살펴볼 좁은 범위의 연관인 '구체적 연관'(specific relevance)이 필요하다.

대상화 과정

원리화 과정을 통해 모든 사람에게 적용할 수 있는 영적인 원칙을 발견했다면, 이제 그것이 현시대의 어떤 사람에게 구체적으로 해당하는지 보여주어야 한다. 이렇게 구체적으로 연관할 때 필요한 것이 '대상화 과정'(Targeting Process)이다.[166] 이 과정은 원리화 과정을 통해 발견한 영적 원리가 어떤 대상에게 지금도 일어나고 있는지를 보여주는 과정이다.[167] 구체적인 방법은 본문에 나타난 사람과 상황이 오늘날의 어떤 사람, 어떤 상황과 공통점이 있는지 살핀 후 양쪽을 연결하는 것이다.

앞의 본문 여호수아 1장 1-9절을 통해 구체적인 대상화 과정의 실례를 살펴보자.[168] 앞에서 살펴본 것처럼 본문과 오늘을 이어주는 영적인 원칙은 다음과 같다.

"하나님은 우리를 새로운 지도자로 세우시고 하나님의 약속과 말씀을 붙잡고 맡겨진 사람들을 하나님이 원하시는 방향으로 이끌라고 하신다."

본문은 하나님이 여호수아에게 말씀하신 내용인데, 영적 원리화 과정으로 대상을 '우리'로 바꾸었다. 그렇다면 '우리'는 구체적으로 어떤 대상이겠는가? 영적 원리를 담은 문장의 '우리'에 해당하는 대상을 구체적으로 생각해 보자는 것이다. 가능한 몇 가지 대상을 제시하면 다음과 같다.

- **본문** 여호수아에게
- **원리화 과정** 우리에게
- **대상화 과정** 아래의 각 사람에게
  1. 신임 당회장에게:
     전임 지도자가 없다는 공통점을 지닌다. 담임목사 위임예배 메시지로 가능하다.
  2. 새로 임명받은 지도자들에게:
     여호수아처럼 새로운 지도자로 세워졌다는 공통점이 있다. 연관대상이 특정 그룹으로 정해진다. 특정 그룹 임명예배나 헌신예배 메시지에 적합한 설정이다.
  3. 중대한 책임을 맡은 자에게:
     여호수아처럼 하나님께 어떤 사명을 받았다는 공통점이 있다. 연관대상이 앞보다 넓어졌다. 자신이 무엇인가 중요한 일을 맡아 이끌어가야 할 책임이 있다고 생각하는 사람 모두 들을 수 있는 메시지가 된다.

본문의 사람을 오늘날의 사람으로 연결할 때, 기본적으로 각 개인을 대상으로 하는 것이 첫 출발점이다. 그러나 개인뿐 아니라 가정, 교회,

사회 같은 큰 대상까지 염두에 두어야 한다. 이때 본문 자체가 허락하는 범위에서 오늘날의 대상으로 연결하는 것이 중요하다. 너무 엄격한 기준으로 연관대상을 잡을 때, 메시지를 받는 대상이 좁아질 수 있다. 반대로, 본문과 상관없이 연관대상을 확대하면 메지지가 부자연스럽게 될 수 있다.

본문에 등장하는 인물을 오늘날의 연관대상으로 바꿨다면, 이제 본문의 상황을 오늘날로 연결할 차례다. 본문에 나타난 상황은 무엇인가? 하나님께서 여호수아에게 나타나 강하고 담대하게 약속의 땅을 차지하라고 하신다. 더 구체적으로 말하면 이스라엘 백성을 가나안으로 인도하라는 것이다. 앞에서 살펴본 것처럼 영적인 원리화 과정을 통해 본문의 상황을 아래와 같이 바꿔볼 수 있다.

> "하나님은 우리를 새로운 지도자로 세우시고 하나님의 약속과 말씀을 붙잡고 <u>맡겨진 사람들을 하나님이 원하시는 방향으로 이끌라</u>고 하신다."

이제 원리화 과정의 상황이 오늘날 앞에서 설정한 대상에 의해 어떤 상황으로 연결될 수 있는지 생각해 보자. 앞에서 설정한 사람과 연결해 가능한 몇 가지 상황을 제시해 보면 다음과 같다.

- **본문** 이스라엘을 가나안으로 인도하라.
- **원리화 과정** 맡겨진 사람들을 하나님이 원하시는 방향으로 이끌라.
- **대상화 과정** 아래의 각 상황

1. (신임 당회장) 자신의 교회를 하나님의 축복이 있는 곳으로 만들라.
2. (새로 임명받은 지도자) 자신이 맡은 교회의 소그룹을 하나님이 약속하신 모습으로 성장시키라.
3. (중대한 책임을 맡은 자) 가정, 교회, 직장을 하나님이 계획하고 원하시는 수준에 이르게 하라.

대상화 과정에서 본문의 사람을 오늘날의 대상으로 연결할 때, 범위를 잘 조절해야 한다. 지금 영화를 상영하기 위해 영상 프로젝터를 다루고 있다고 생각하라. 프로젝터의 초점을 너무 좁게 맞추면 화면은 선명한데 너무 작은 영상이 나온다. 반대로, 초점을 너무 넓게 맞추면 화면은 큰데 선명도가 떨어진다. 대상화 작업은 영상 프로젝터의 초점을 맞추는 것과 유사하다. 너무 엄격한 기준으로 대상을 잡을 때 메시지를 받는 대상이 좁아질 수 있다. 반대로, 본문과 상관없이 대상을 확대하면 메시지가 모호해지거나 부자연스럽게 될 수 있다. 대상화 작업을 할 때 너무 좁지도 너무 넓지도 않게 적절한 범위에서 사람과 상황을 연결해야 한다. 적절한 대상화 과정은 현대 청중의 삶과 관련하여 아주 구체적으로 연관하기 때문에 청중이 본문의 상황을 자신의 것으로 받아들일 수 있다. 실례를 살펴보기 전에 두 과정을 정리해 보자.

- **효과적 연관 작업을 위한 두 과정**
  1. 원리화 과정: 본문과 오늘날을 연결해 줄 불변의 영적 원리를 발견해 본문과 현재를 연결하는 과정
  2. 대상화 과정: 원리화 과정을 통해 발견된 영적 원리가 어떤

대상에게 지금도 일어나고 있는지를 보여주는 과정

두 과정을 통한 연관 작업 실례

이제 원리화 과정과 대상화 과정을 통해 연관 작업을 시행하면서 함께 설교문을 작성해 보자.

- **본문** 출애굽기 2장 1-3절
  레위 가족 중 한 사람이 가서 레위 여자에게 장가들어 그 여자가 임신하여 아들을 낳으니 그가 잘생긴 것을 보고 석 달 동안 그를 숨겼으나 더 숨길 수 없게 되매 그를 위하여 갈대 상자를 가져다가 역청과 나무 진을 칠하고 아기를 거기 담아 나일강 가 갈대 사이에 두고

위 본문은 우리가 잘 아는 내용이다. 너무 익숙하기 때문에 본문의 의미를 오늘날과 잘 연관하지 않으면, 청중이 다 안다고 생각해 집중력이 떨어진다. 혹은 본문을 자신과 전혀 상관없는 과거의 이야기라고 생각하기 쉽다. 이제 연관 작업을 통해 어떻게 특정 구약의 사건을 오늘날 동일하게 벌어지는 사건으로 인식하게 하는지 살펴보자. 먼저 원리화 과정을 통해 본문과 오늘날을 이어주는 영적 원칙을 찾으라. 아래의 예를 살펴보자.

- **본문의 중심메시지**
  "한 여인이 자신의 아이를 지킬 수 없는 상황이 되자 아이를 나일강에 두었다."

• **영적 원리의 문장**

"우리도 자신의 가장 소중한 것을 지킬 수 없는 상황이 되어 보내야 하는 순간이 있다."

원리화 과정을 통해 '한 여인'은 일반적 대상인 '우리'로, '아이'는 그 특징을 기반으로 하여 '소중한 것'으로, '아이를 나일강에 두는 것'은 지킬 수 없어서 '포기하는 것'으로 바꾸었다. 이제 넓고 보편적인 연관 과정을 마쳤으니, 이것을 바탕으로 구체적이고 세밀한 연관을 위해 대상화 과정을 진행해 보자.

먼저 '아이'를 나일강에 흘려보내야 하는 상황을 오늘날과 연결해 보자. 앞에서 언급한 것처럼 요게벳이나 우리에게도 아이가 갖는 특징은 동일하다. 바로 '가장 소중하고 곁에 두어 지키고 싶은 것'이다. 요게벳의 아이처럼 청중에게 이런 특징과 의미가 있는 것이 무엇일지 생각해 보라. 아마도 재정, 명예, 가족, 건강 등을 꼽을 수 있을 것이다.

'나일강'은 어떻게 오늘날로 연결할 수 있을까? 나일강의 일차적 의미를 오늘날과 연관할 수는 없다. 나일강을 어떤 특정 상황과 연관하는 것이 필요하다. 요게벳이 자신의 아이를 죽음으로 흘려보내야 했던 것은 단순히 눈에 보이는 나일강의 물결 때문은 아니다. '시간과 상황의 변화'라는 물결 때문에 일어난 일이다. 먼저 '시간의 물결' 때문에 벌어진 일이다. 즉, 시간이 강물처럼 흘러 어느덧 요셉을 알지 못하는 이집트의 왕이 집권했다. 뒤이어 '상황 변화의 물결'이 일렁였다. 즉, 과거 이스라엘을 인정했던 안정적인 상황이 이제는 그들을 핍박하고 죽이는 위협적인 상황으로 급박하게 변한 것이다. 생각해 보면 누구에게나 요게벳처럼 흐르는 시간의 물결 앞에, 급변하는 상황 변화라는 물결 앞에, 자신의 가장 소중한 것을 그저 흘려보내야 할 때가 온다.

아이를 나일강에 보내는 상황이 오늘날의 어떤 상황과 이어지는지 살펴보았다면, 각 상황을 맞이하는 사람이 누구인지 생각해 보라. 본문의 사람과 상황을 오늘날의 사람과 상황으로 바꾼 예는 다음과 같다.

- **본문** 한 여인이 자신의 아이를 나일강에 두었다.
- **원리화 과정** 우리도 가장 소중한 것을 포기해야 하는 순간을 맞이한다.
- **대상화 과정** 다음과 같은 대상이 오늘날 동일한 원리를 겪는다.
  1. (부모) 자녀가 성장해 떠나보내야 할 때가 온다.
  2. (직장인) 어느새 퇴직할 나이가 되어 자신의 직장을 두고 나와야 할 때가 온다.
  3. (부요한 자) 죽음이라는 상황 앞에서 돈이 무용지물이 되어버린다.

이제 원리화 과정과 대상화 과정을 본문과 연결해 어떤 연관성으로 메시지를 만들 수 있는지 설교문의 일부를 살펴보자(각 과정에서 만든 문장은 밑줄로 표시해 두었다).

이스라엘 백성이 점점 번성하자 바로는 두려움을 느꼈습니다. 바로는 이스라엘 백성의 남자아이가 태어나면 나일강에 던져 죽이라는 끔찍한 명령을 내렸습니다. 이 두렵고도 슬픈 사건이 출애굽기에 이렇게 기록되어 있습니다. "바로가 그의 모든 백성에게 명령하여 이르되 아들이 태어나거든 너희는 그를 나일강에 던지고 딸이거든 살려두라 하였더라"(1:22). 이 불행한 시기에 레위 지파에 속한 한 여자가 아들을 낳았습니다. 아이의 어미는 석 달 동안 목숨 걸고 아들을 숨겼습니다. 그러나 더는 숨길 수 없는 상황이 되었습니다. 아이의 활동량이 많아지고, 우는 소리도 커졌기 때문입니다. 그래서 아이를 나일강에 흘려보내야 하는 상황에 처했습니다. [중략]

여러분, 잠시 생각해 봅시다. 부모에게 자식보다 소중한 것이 어디 있겠습니까? 그런데 이 여인이 자신의 사랑하는 아이, 자신에게 가장 소중한 것을 더는 지킬 수 없는 상황에 처한 것입니다. 여러분, 본문의 이 여인이 불쌍해 보이십니까? 그러나 <u>생각해 보면 인간은 누구나 세상을 살면서 무섭게 흘러가는 세월의 물결 앞에, 급변하는 상황 변화의 물결 앞에 자신의 가장 소중한 것을 내려놓아야 할 때가 있습니다.</u> [원리화 과정을 통한 영적 원리의 문장 제시]

생각해 보면 나일강, 그 나일강의 물결에 이 여인이 아이를 흘려보내야 하는 것이 아니었습니다. 강물처럼 흐르는 시간과 상황의 물결 때문에 벌어진 일이었습니다. 시간이 흘러 어느덧 요셉을 알지 못하는 이집트의 왕이 집권했고, 그 후 급변하는 정치적 상황 변화의 물결 때문에 벌어진 일이었습니다. 결국 이 여인은 이런 시간과 상황의 급박한 물결에, 가장 소중하고 지키고 싶은 존재인 이제 막 태어난 아이를 흘려보내야 했던 것입니다.

여러분, 우리도 이 여인처럼 세월의 물결 앞에, 급변하는 상황 변화의 물결 앞에 자신이 그동안 움켜쥔 것을 내려놓아야 할 때가 옵니다. 저는 성도님들과 상담하면서 이런 이야기를 종종 듣곤 합니다. "목사님, 내가 낳은 자식인데, 힘들게 키웠는데, 때가 되니 다 분가시켜야 하더라고요. 요즘 빈 둥지 현상을 경험하고 있습니다." "사회에서, 직장에서, 열심히 일해서 지금의 자리를 지켜왔습니다. 그런데 나이가 들어 상황 파악 빨리 못한다고, 제대로 일처리 못한다고, 이제 나가라고 하네요." "건강만큼은 자신 있었는데, 세월의 흐름 앞에 어쩔 수 없이 꺾이네요." "목사님, 그렇게 열심히 모았던 돈, 죽음 앞에 휴지가 되더라고요." [대상화 작업을 통해 발견한 것을 예시로 제시]

여러분, 우리의 자녀, 직장, 재물, 건강 … 이 모든 것이 정말 소중하지만 더는 지킬 수 없어서 세월과 상황의 물결 앞에, 우리가 맞이한 나일강의 물결에 흘려보내야 할 때가 찾아옵니다. 그 순간 우리의 모습이 사랑하는 아들을 나일강에 흘려보내야 하는 요게벳이 되는 것입니다. 여러분은 지금 무엇을 지킬 수 없어 두려우십니까? [후략]

지금까지 연관성의 토대가 되는 선행 연구의 중요한 이론과, 내가 말하고자 하는 연관 작업을 위한 핵심적 두 기법, 원리화 과정과 대상화 과정에 대해서 살펴보았다.

설교자의 영광은 하나님의 말씀이 말씀 되게 하는 것이다. 이것이 무엇을 의미하는가? 과거에 기록된 말씀이 현재에 역사하는 말씀이 되게 하는 것이다. 또 말씀이 현재와 과거에 동일하게 적용되는 불변의 진리로 경험되게 하는 것이다. 이것을 위해 설교자는 먼저 본문의 의미를 충실하게 드러내야 한다. 그러나 여기에 그쳐서는 안 된다. 본문의 의미가 오늘날의 의미로 다가오게 해야 한다. 이를 위해 설교에서 연관성이 꼭 필요하다. 설교자가 연관성이 무엇인지 이해하고 실제적인 연관 작업을 수행하면, 청중의 집중도를 높이고 그들에게 자연스레 적용으로 이어 제시할 수 있다. 본문이 연관성을 지나 어떻게 적용으로 흘러

가는지 그림으로 정리해 보자.

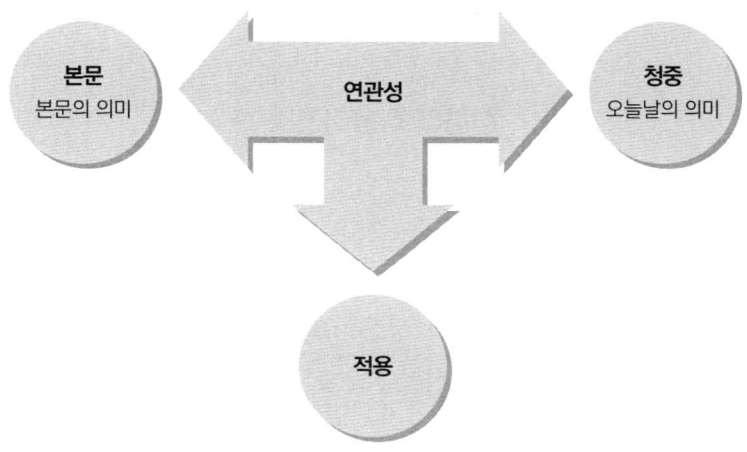

그림7: 연관성과 적용의 관계

적용: 청중이 실천하게 하는 힘

무엇인가를 완전히 이해하면 적절히 적용할 수 있다.[169] 이 점을 해석학자 한스 가다머(Hans-Georg Gadamer)는 "이해는 언제나 적용을 포함한다"는 말로 표현했다.[170] 설교학적으로 말하면 본문 이해 과정의 노력은 자연스럽게 적용의 열매로 나타나야 한다. 적용 없는 설교는 열매 없는 나무와 같다. 하워드 헨드릭스(Howard Hendricks)는 "본문 연구와 설명에 적용이 없는 것은 낙태"라는 충격적인 말로, 적용이 부재된 성경 연구와 설교의 부당성을 경고했다.[171] 찰스 스펄전(Charles Spurgeon)은 "적용이 시작되는 부분이 설교가 시작되는 부분"이라고 말하며 적용의 중요성을 거듭 강조했다.[172]

이런 적용의 중요성에도 불구하고 해돈 로빈슨이 지적한 것처럼, 많은 설교자가 신학교에서 주해를 배웠지만 적용에 대해서는 제대로 배우지 못해 잘못 적용하는 경우가 많다.[173]

성경에 적용이 있을까

적용(application)은 본문에서 발견한 영적 원칙을 구체적 실천 방법으로 제시하는 것이다.[174] 성경의 진리는 필연적으로 삶을 향한 적용으로 이어진다. 성경은 말씀에 대한 진정한 깨달음이 결국 실제적인 행동으로 나타나야 함을 강조한다. 성경은 말씀이 실제적 행동으로 나타나도록 성도들에게 '원칙'으로서의 적용과 '구체적 행동'으로서의 적용을 함께 제시한다. 예를 들면, 하나님은 레위기 19장에서 "네 이웃 사랑하기를 네 자신과 같이 사랑하라"는 원칙으로서의 적용을 이스라엘 백성에게 말씀하셨다(18절). 동시에 그들에게 "네 이웃을 억압하지 말며 착취하지 말며 품꾼의 삯을 아침까지 밤새도록 네게 두지 말며 … 네 이웃의 피를 흘려 이익을 도모하지 말라"는 구체적인 행동으로서의 적용도 제시하셨다(13, 16절).

예수님도 원칙으로서의 적용과 함께 구체적 행동이 요구되는 적용을 제시하셨다. 어느 날 한 청년이 예수님을 찾아와 영생에 대해 물었다(마 19:16-22). 무슨 선한 일을 해야 영생을 얻을 수 있느냐는 청년의 질문에, 예수님은 계명을 지키라는 원칙적 차원의 적용을 말씀하셨다. 예수님의 답에 청년은 자신이 모든 계명을 지켰다고 말하며, 온전히 율법을 지키기 위해 구체적으로 무엇을 더 해야 할지 물었다. 그러자 예수님은 아주 구체적인 행동을 제시하셨다. "네 소유를 팔아 가난한 자들에게 주라 그리하면 하늘에서 보화가 네게 있으리라 그리고 와서 나를 따르라 하시니"(21절). 예수님이 청년에게 두 번째로 제시한 적용은 매우 구체적이다. 첫째는 소유를 팔아 가난한 자들에게 주라는 것이다. 둘째는 그 후에 예수님을 따르라는 것이다. 우리는 이 본문에서 영생을 얻기 위해 율법을 지키라는 원칙으로서의 적용과, 소유를 팔고 가난한 사람들에게 주고 예수님을 따르라는 구체적 행동으로서의 적용이 함께 나타나는 것을 본다.

적용에 대한 여러 입장

성경에 분명히 적용이 나타나고 있지만, 얼마나 적극적으로 적용할 것인지는 설교학파에 따라 차이를 보인다. 본문이 살아있는 적용을 위한 토대와 실제적 기법을 살펴보기 전에, 주요 설교학이 적용에 어떤 관점을 보이는지 간략하게 살펴보자.

소극적 입장: 적용을 최소로!

1970년 이후 북미 설교의 큰 흐름을 형성한 신설교학은 적용에 소극적 입장을 보인다. 이들의 입장을 핵심적으로 정리해 보면, 적용은 메시지를 듣는 청중이 스스로 느끼고 찾아야 한다는 것이다. 신설교학은 과거 피동적으로 설교를 듣던 청중이 능동적으로 해석과 의미 창출의 과정에 참여해야 한다고 주장한다. 이 과정에서 메시지의 의미나 적용은 독자의 몫으로 남는다.

예를 들어 프레드 크래독(Fred B. Craddock)에 따르면, 특별히 내러티브와 비유 같은 귀납 형식의 본문은 직접적인 신학적 진술이나 성급한 적용이 제시되지 않는다. 오히려 이런 귀납 형식의 본문은 일상의 경험이나 이야기로 시작되다, 어느 순간 전혀 예측할 수 없었던 새로운 시각과 행동의 변화를 촉구하는 힘을 발휘한다. 그렇다면 설교자는 이런 본문의 특징을 참고해 청중의 관심을 사로잡고, 참여를 끌어내며, 듣는 자가 스스로 이야기 속에서 답과 적용을 찾게 해야 한다.[175] 신설교학은 설교자의 섣부르고 주관적인 적용은 불필요하며, 청중이 스스로 본문의 메시지를 경험하는 것을 방해할 수 있다고 본다.

20세기 초부터 네덜란드 개혁 교회를 중심으로 본격적으로 발전된 구속사적 설교(Redemptive-Historical Preaching)도 적용에 소극적인 입장을 보인다. 구속사적 설교는 성경 전체를 삼위 하나님의 구속 사역이라는 틀에서 해석하고, 그것이 어떻게 역사에서 인간의 구원으로 나타났는지에 초점을 맞추는 설교다. 구속사적 설교는 구원자 하나님, 특별히 예수 그리스도의 구속과 관련된 주요 사건의 의미를 드러내는 것을 일차 목표로 한다. 구속사적 설교는 하나님이 진행하시는 구원 역사에 강조점이 있기 때문에, 인간의 역할은 설교에서 잘 드러나지 않는다. 이런 구속사적 설교의 경향은 자연히 적용의 부재나 최소의 적용만을 제시하는 결과를 낳았다. 이에 모범적 설교(Exemplaristic Preaching)는 구속사적 설교의 문제를 인식하며, 성경 인물이 보인 믿음의 반응과 응답을 통해 실천적 교훈을 제시해야 한다고 주장했다.[176] 두 설교학 간의 논쟁이 진행되면서 구속사적 설교에서도 믿음에 반응한 적용이 필요하다는 목소리도 생겨났지만, 여전히 구속사적 설교는 적용에 큰 비중을 두지 않는 것처럼 보인다.

적극적 입장: 구체적으로!

성경적 설교는 적용을 설교의 가장 중요한 요소 중 하나로 본다. 로빈슨은 적용을 청중에게 맡기는 신설교학의 입장에 반대한다. 그는 "만약 설교자가 청중의 삶에 구체적으로 적용하지 않으면, 그들이 스스로 그렇게 할 수 있을 것이라는 기대를 할 수 없다"고 단언하며, 설교에는 반드시 직접적이고 구체적인 적용이 필요함을 강조한다.[177] 로빈슨은 설교자가 청중에게 적절한 적용을 제시하기 위해 먼저 본문의 저자가 어떤 신학적 목적과 방법으로 원청중(first hearer)에게 적용했는지 파악한 후, 현대 청중과의 연결점을 찾아 구체적으로 적용해야 한다는 점을 강조한다.[178]

성경적 설교에 속한 학자들은 어떤 성경 장르를 설교하든, 분명한 신학적 명제와 구체적인 적용을 제시하고자 노력한다. 예를 들면, 스티븐 매튜슨의 경우 내러티브 설교에서도 적용이 필요함을 강조하며, 메시지를 구성할 때 적용이 어디에 위치해야 하는지 구체적으로 가르치고 있다.[179]

현재 북미 복음주의 설교의 흐름을 주도하고 있는 '본문이 살아있는 설교'도 역시 적용을 설교의 핵심요소로 보고, 효과적인 적용법을 지속적으로 연구하며 제시하고 있다. 본문이 살아있는 설교도 성경적 설교와 마찬가지로 메시지 안에 분명한 영적인 원칙과 이것을 기초로 한 구체적 적용이 함께 제시되어야 한다고 가르친다.

예를 들면, 제임스 콕스는 "우리는 청중을 너무 믿는 나머지 그들이 스스로 의미를 찾고 적용할 수 있다고 보는 듯하다"고 지나친 청중 중심의 설교에 우려를 표하며, 청중의 변화를 위해서는 설교자가 분명한 적용을 해야 한다고 강조한다.[180] 캘빈 밀러도 적용이 부재한 설교에 반대하면서, 설교자는 청중의 삶에 변화를 촉구하는 구체적 적용을 제시해야 한다고 주장한다.[181] 이렇게 본문이 살아있는 설교는 어떤 장르를 설교하든 구체적 적용이 필요함을 강조하면서 신설교학과는 반대 입장을, 성경적 설교와는 유사한 입장을 보인다.

결론적 입장: 적용을 균형 있게!

지금까지 성경에 나타난 적용에 대해 살펴보았다. 성경의 가르침에는 대부분 적용이 포함되어 있다. 그렇다면 설교자가 설교에서 적용을 제시하는 것은 지극히 성경적이다. 우리는 주요 설교학파가 적용에 대해 어떤 입장을 취하는지도 살펴보았다. 신설교학이나 구속사적 설교는 그들이 의도했든 그렇지 않든 적용이 약한 설교를 만들어냈다. 신설교학은 청중이 스스로 적용을 찾을 수 있다고 전제했기 때문에, 구속사적 설교는 하나님의 주도적 구원역사의 측면을 강조했기 때문에 적용이 축소되는 결과를 낳고 말았다.

이렇게 적용이 축소된 설교학에는 몇 가지 문제가 있다. 첫째, 청중을 과도하게 신뢰한다. 성경적 설교와 본문이 살아있는 설교에서 이미 지적했듯이, 청중 대부분은 설교를 들으면서 스스로 적용점을 찾기 어렵다. 둘째, 주관적 적용의 위험에 빠질 수 있다. 청중이 스스로 적용점을 찾는다 해도, 그것이 그들의 주관적 적용이 아닌 본문이 말하는 적용인지 확인할 수 없다. 셋째, 구속사를 지나치게 강조하면서, 각 개인이 해야 할 믿음의 반응과 구체적 행동에 대해서는 소홀히하는 경향을 보인다. 설교자가 본문에 충실한 원칙과 구체적 행동으로서의 적용을 제시하지 않으면, 청중은 적용을 찾기 어렵거나 주관적 적용에 빠질 수 있다.

지금까지 살펴본 것을 토대로 볼 때, 적용은 성경적이며 설교학의 연구 결과로도 필요한 것임을 알 수 있다. 그러나 설교의 목표를 청중의 변화에 두고 성급한 적용 혹은 지나친 적용 중심의 설교를 할 때, 설교자는 본문을 소홀히하거나 청중에게 과도한 부담을 줄 수 있다. 적용을 하되 성경적이고 균형적인 방법을 사용해야 효과적 적용이 될 수 있다. 스티븐 스미스의 말을 들어보자.

> 적용 중심의 접근방식은 행동 변화가 설교의 목표라는 생각을 나타낸다. 그래서 설교자는 서두르며 본문을 적용한다. 이 접근법은 행동이라는 '요점'으로 너무 빨리 이동하여 가벼운 주해를 만들어 낸다. … 변화는 하나님의 말씀에 노출될 때 나타난다. … 물론 청중을 성경에 노출시키려는 성급한 바람은 또 다른 극단으로 이끌 수 있다. 바로 적용 없는 설교를 하는 것이다. 우리는 성령이 본문을 청중의 마음에 적용하기에 적용이 필요치 않다고 잘못 생각할 수 있다. 그러나 그것은 성경적 방식이 아니다. 우리는 설교에서 적용이 주도하는 경우와 적용을 생략하는 경우의 두 극단을 모두 피해야 한다. 나아가 본문이 어떻게 삶과 상호작용하는지 보여주는 본문 중심의 설교자가 되어야 한다.[182]

스미스의 말처럼 적용 없이 설교하는 것은 성령을 의지하는 것도, 청중을 존중하는 것도 아니다. 반면, 청중의 행동 변화를 위해 본문을 소홀히 다루고 성급히 적용하는 것도 옳지 않다. 말씀의 적용은 반드시 있어야 한다. 이제 효과적인 적용을 위해 설교자들이 알아야 할 핵심적인 이론적 토대와 실제적 기법 두 가지를 살펴보자.

효과적 적용을 위한 토대와 기법

지켜야 할 적용 원칙

올바른 적용은 본문에 근거한다. 이 짧은 한 문장이 효과적 적용의 가장 핵심적인 토대다. 본문이 의도한 적용을 찾고 제시할 때 영적 권위가 생기고 청중의 변화가 일어난다. 다니엘 애킨(Daniel Akin)은 올바른 적용이 본문에서 나와야 한다는 자신의 확신을 표현하기 위해, '본문이 살아있는 적용'(text-driven application)이라는 용어를 사용했다. 그는 본문이 살아있는 적용을 위해 설교자들이 지켜야 할 다섯 가지 중요한 원칙을 제시했다.[183]

① 본문이 살아있는 적용은 본문주해에 기반해야 한다.
효과적이면서도 충실하게 적용하려면 역사적-문법적-문학적-신학적 성경분석에 뿌리를 두어야 한다.

② 본문이 살아있는 적용은 성경 저자가 의도한 의미에 기초해야 한다.
적용이 설교자의 주관이나 개인적인 경험에서 나올 때 결코 바른 적용이 될 수 없다. 본문 저자의 의도가 적용을 결정하고 이끌어가야 한다.

③ 본문이 살아있는 적용은 청중의 삶에 적합한 성경의 연관성과 실제적 특징을 제시해야 한다.
효과적인 적용이 되려면 먼저 청중의 삶에 연관되는 메시지로 전

해져야 한다. 동시에 그것이 실천 가능한 것으로 제시되어야 한다.

④ 본문이 살아있는 적용은 실제적인 예화, 실례, 제안을 포함해야 한다.
적용은 청중으로 하여금 자신들이 들었던 성경의 진리를 수용하고 삶의 모델로 삼을 수 있는 실제적인 것으로 제시되어야 한다.

⑤ 본문이 살아있는 적용은 청중이 거룩한 진리의 말씀에 순종할 수 있도록 도와야 한다.
설교자는 청중을 설득하고 권하여 그들이 들은 메시지를 실천하고자 하는 의지를 갖게 해야 한다.

애킨이 제시한 이 원칙은 설교자가 실제적인 적용의 기법을 사용하기 전에 그것이 과연 본문에 근거하고 있는지 생각하게 만든다. 본문이 살아있는 적용을 위한 원칙을 살펴보고 적용에 대해 깊게 생각해 보는 것은, 바르고 효과적인 적용을 위해 설교자가 반드시 거쳐야 하는 과정이다.

적용의 양대 산맥: 일반적 적용과 구체적 적용

① 일반적 적용과 구체적 적용의 이해

적용은 본문에서 얻은 영적 원칙을 구체적 실천 방법으로 제시하는 것이라고 정의했다. 이 정의 안에 '영적 원칙'과 '구체적 실천 방법'이 포함된 것을 주목하라.[184] 설교자는 청중에게 '일반적 적용'으로 본문에서 발견한 포괄적인 영적 원칙을 제시할 수 있다. 이때 적용으로 제시되는 영적 원칙은 설교학자들이 종종 '성경의 불변원칙'이라고 부르는 것이다.[185] 즉, 본문에서 도출된 원칙으로 성경 시대뿐 아니라 현시대에도 여전히 지켜지고 실천되어야 하는 원칙을 말한다. 허셀 요크는 이 일반적 적용을 '넓은 범위의 적용'이라고 부르며, 청중의 삶이 어떻게 변해야 할지 그 원칙을 제시하는 것으로 정의했다.[186]

한편 설교자는 때로 아주 구체적인 실천 방법을 제시해 주는 좁은 범위의 '구체적 적용'을 사용할 수 있다. 스누키안은 적용으로 제시되는 구체적인 실천 방법을 '집으로 가져가야 할 실천사항'(take-home truth)이라는 재미있는 용어로 표현했다.[187] 이 표현의 의미는 청중이 메시지를 듣고 집으로 돌아갈 때, 삶에서 구체적으로 실천할 것들을 설교자가 마음속에 넣어주어야 함을 강조한 것이다. 요크는 이 구체적 적용을 '직접적 적용'(immediate application)이라 부르며, 청중이 삶에서 구체적으로 실천해야 할 사항을 제시하는 것으로 보았다.[188]

② 일반적 적용과 구체적 적용의 실례

이제 일반적 적용과 구체적 적용이 무엇인지 다음 구절을 통해 살펴보자.[189] "모든 기도와 간구를 하되 항상 성령 안에서 기도하고 이를 위하여 깨어 구하기를 항상 힘쓰며 여러 성도를 위하여 구하라"(엡 6:18). 먼저 설교자가 발견할 수 있는 적용점 몇 가지를 살펴보자.

항상 기도하라 말씀에 따르면 기도는 항상 해야 할 것이다. "항상"은 본문에서 '모든 시간'($\mathrm{\dot{\epsilon}\nu}$ $\pi\alpha\nu\tau\mathrm{\grave{\iota}}$ $\kappa\alpha\iota\rho\hat{\omega}$)으로 표현되어 있다. 참고로 본문에 헬라어 파스($\pi\hat{\alpha}\varsigma$)가 네 번 등장한다. 한글 성경은 이 단어를 "모든" "항상" "여러"로 번역했다. 이 강조가 보여주는 것처럼

기도는 늘, 지속적으로 해야 할 것이다.

성령 안에서 기도하라 기도는 생각이나 감정에 휩싸여서 하는 것이 아니라 성령 안에서(ἐν πνεύματι) 하는 것이다. 즉, 성령의 도우심을 입어, 성령이 살아있는 방향으로 기도해야 한다.

기도하기 위해 깨어 있으라 "깨어"라는 헬라어 단어 아그뤼프네오(ἀγρυπνέω)는 단순히 육체적으로만 깨어 있는 것이 아니다. 정신과 마음이 주의를 기울이며 계속 경계하는 것(keep alert)을 말한다. 기도하려면 반드시 영적으로 깨어 있어야 한다.

기도하기 위해 애쓰라 기도는 저절로 되는 것이 아니라 매우 힘써야 하는 것이다. 성령의 도우심을 입어야 하지만, 우리 또한 기도하고자 애를 쓰고 의지를 발휘해야 한다.

여러 성도를 위해 기도하라 기도의 범위가 넓어져야 한다. 개인적인 범위를 넘어 공동체 구성원을 위해 기도해야 한다.

본문에서 발견한 다섯 가지 적용점을 토대로 하여, 원리로 제시되는 일반적 적용과 실제적 행동으로 제시되는 구체적 적용으로 나누어 보자.

항상 기도하라
    GA: 필요할 때만 간헐적으로 기도하지 말고 지속적으로 기도하라.

SA: 적어도 일주일에 세 번, 30분 이상씩 꾸준히 기도하라.

성령 안에서 기도하라

GA: 성령님께 의지하며 그분이 원하시는 기도를 드리라.

SA: 성령님 앞에 내 생각과 계획을 내려놓고 기도하며, 매일 그분이 깨닫게 하시는 것을 기도 수첩에 기록하며 기도하라.

기도하기 위해 깨어 있으라

GA: 기도하기 위해 육체적으로나 영적으로 깨어 있으라.

SA: 불필요한 미디어 사용을 줄이고, 일찍 잠자리에 들어 새벽 기도회에 참석하라.

기도하기 위해 애쓰라

GA: 기도가 잘 되지 않을 때도 포기하지 말고 의지를 발휘해 기도하라.

SA: 먼저 불필요한 생활을 정리해 기도시간을 확보하고, 일단 기도가 시작되면 기도가 깊어질 때까지 인내하며 기도하라.

여러 성도를 위해 기도하라

GA: 기도의 지경을 넓혀 나를 넘어 성도와 교회를 위해 기도하라.

SA: 함께 활동하는 교회 소그룹원들과 병중에 있는 성도를 위해 기도하라.

③ 일반적 적용과 구체적 적용의 균형과 위치

효과적인 적용을 위해 먼저 본문에서 발견한 적용점을 나열해 본다. 적용점이 너무 많으면 가장 중요한 것 두세 가지를 선별한다. 이때 선별 기준은 본문이 가장 중요하게 드러내고 있는 것이 되어야 한다. 이렇게 선별된 적용점을 가지고, 설교자는 청중을 고려하면서 일반적 적용을 할 것인지 구체적 적용을 할 것인지 결정한다.

매번 구체적인 적용을 할 필요는 없다. 구체적인 것이 좋지만 매번 너무 구체적일 때 그 적용을 지킬 수 없는 사람도 생길 수 있고, 청중이 불필요한 심리적 압박감을 느낄 수도 있다. 반대로 항상 일반적인 적용만 하면 더 큰 위험에 빠질 수 있다. 영적 원칙만 제시하고 구체적인 적용 방법을 청중에게 맡기면, 설교를 들은 후 아무 행동도 하지 않을 가능성이 있기 때문이다. 실천하고 싶어도 어떻게 해야 할지 모를 수 있다. 때로는 일반적 적용으로 강한 영적 원칙을 제시하자. 그러나 때로는 구체적 적용으로 그 원칙을 어떻게 실천할지 세밀하게 제시하는 것이 좋다.

선별된 적용점을 일반적 적용으로 할지 구체적 적용으로 할지 결정했으면, 이제 적용의 위치를 결정할 순서다. 설교자는 대지마다 적용을 제시할 수 있다. 세 대지 설교를 한다면 각 대지에 적용을 제시하는 것이 가능하다. 대지가 분명한 연역식 설교를 할 때 대지별 적용이 가능하다. 그러나 모든 대지마다 반드시 적용이 있어야 하는 것은 아니다. 필요하다면 두세 개의 대지를 마치고 끝에 통합적으로 적용을 제시하는 것도 효과적인 방식이 될 수 있다. 이런 방식은 주로 연역식보다는 귀납식 설교에 효과적이다.

연관성과 적용이 만날 때

효과적인 적용을 위해 반드시 선행되어야 할 것 중 하나가 연관성과 적용의 관계를 분명히 이해하고 활용하는 것이다. 연관성과 적용은 중첩되는 부분이 있지만, 분명 설교의 다른 요소다. 하이트에 따르면, 연관성은 적용보다 더 많은 것을 포함한다.[190] 스누키안도 "연관성이 적용보다 더 넓은 것"이라는 점을 분명히 했다.[191] 간단히 정리해 보면, 연관성은 본문의 문제와 그것을 해결하는 하나님의 역사가 이 시대에도 동일하게 일어날 수 있다는 사실을 보여주는 것이다. 반면, 적용은 그렇게 본문의 문제와 하나님의 역사가 오늘날에도 동일하게 일어난다면, 청중에게 요구되는 믿음의 반응 및 순종에 대한 원칙과 구체적 행동을 제시하는 것이다.

데이비드 비어맨에 따르면, 연관성은 적용의 원리적 기초를 제공하고 구체적인 적용을 가능하게 한다. 그는 설교자들이 연관성을 토대로 정밀하고 적실한 적용을 찾을 수 있도록 아래의 '다이내믹 유추 격자'(dynamic analogy grid)를 사용할 것을 제안한다.[192]

구 분	인간의 필요/문제	하나님의 행동/해결	인간의 반응/순종
그때(then)	1	2	3
지금(now)	4	5	6
나/우리(me/us)	7	8	9

표2 : 다이내믹 유추 격자

다이내믹 유추 격자의 첫 번째 가로 열(then)은 본문에 관한 것이다. 비어맨에 따르면, 설교자는 이 첫 번째 가로 열의 번호(1, 2, 3)를 거치면서 본문을 먼저 파악해야 한다. 먼저 본문에 나타난 인간의 필요나 문제가 무엇이었는지 파악한다(1). 그리고 그 필요를 채우고 문제를 해결하기 위해 하나님이 어떻게 행동하셨는지 파악한다(2). 그 후 이 과정에서 나타난 인간의 반응과 순종이 무엇이었는지 파악한다(3).

두 번째 가로 열(now)은 일반적 연관성에 관한 것이다. 설교자는 번호(4, 5, 6)를 거치면서 본문을 오늘날로 연결한다. 먼저 본문과 관련된 지금 이 시대의 필요와 문제가 무엇인지 생각해 본다(4). 그리고 어떻게 하나님께서 이 시대에도 변함없이 그 필요를 채우고 문제를 해결하시는지 파악한다(5). 그 후 하나님이 지금도 동일하게 원하시는 인간의 반응과 순종이 무엇인지 원리적 형태로 제시한다(6).

세 번째 가로 열(me/us)은 구체적 연관에 관한 것이다. 설교자는 세 번째 번호(7, 8, 9)를 거치면서 개인과 공동체에 제시할 적용을 찾는다. 먼저 설교자는 각 개인과 공동체의 구체적인 필요와 문제가 무엇인지 살핀다(7). 그 후 하나님께서 이 필요와 문제를 어떻게 채우고 해결하기 원하시는지 파악한다(8). 마지막으로 이를 위해 각 개인과 공동체가 어떻게 반응해야 하고, 무엇에 순종해야 하는지 구체적 방법을 제시한다(9).

이제 다이내믹 유추 격자를 분석해 연관과 적용의 관계와 활용에 대해 살펴보자. 설교자가 두 번째 가로 열 4번과 5번을 거치면 과거 본문과 현시대를 연결하는 불변의 영적 원리를 발견하는 '원리화 과정'을 수행하게 된다.[193] 이후 설교자가 6번에서 원리화 과정을 통해 발견한 불변의 영적 원리 중에서, 인간의 믿음의 반응과 순종에 대한 것을 모아 원칙을 제시하면 그것이 '일반적 적용'이 된다.

한편 설교자가 세 번째 가로 열 7번과 8번을 거치면, 본문의 사람과 상황이 어떻게 현시대의 사람과 상황에서 구체적으로 일어나는지를 보여주는 '대상화 과정'을 수행하게 된다.[194] 이후 설교자는 9번에서 대상화 과정을 통해 발견한 것 중 개인이나 공동체가 보여야 할 구체적인 믿음의 반응과 순종에 대한 것을 제시하면, 그것이 '구체적 적용'이 된다. 지금까지 살펴본 것을 바탕으로 연관성과 적용의 관계와 활용을 도표로 정리해 보자.

구분	인간의 필요/문제	하나님의 행동/해결	인간의 반응/순종
그때(then)	본문 주해		본문의 적용
	1	2	3
지금(now)	연관성: 원리화 과정		일반적 적용
	4	5	6
나/우리(me/us)	연관성: 대상화 과정		구체적 적용
	7	8	9

표3 : 다이내믹 유추 격자 속에 나타난 연관성과 적용의 관계와 활용

이제 비어만이 히브리서 1장 1절-2장 4절을 가지고 어떻게 다이내믹 유추 격자를 사용해 본문을 파악하고 연관성을 발견해 적용했는지 실례를 살펴보자.[195]

첫째 열(그때, then)

<본문 주해>

1. 본문의 문제: 1세기 히브리 기독교인들은 유대주의와 천사숭배 사상에 빠질 위험에 처해 있었다.

2. 하나님의 해결: 히브리서 저자를 통해 그리스도의 절대 우위성과 그분을 통한 구원의 충족성을 알려주셨다.

<본문의 적용>

3. 인간의 순종: 그리스도가 어떤 분인지 바로 알고, 그분만을 예배하며, 구원을 가볍게 생각하지 말아야 한다(2:3).

둘째 열(지금, now)

<연관성: 원리화 과정>

4. 오늘날의 문제: 오늘날 우리는 과거 종교로 회귀할 위험에는 빠지지 않을 것 같다. 그러나 우리 사회 저변에 스며 있는 뉴에이지, 각종 컬트에 빠질 위험에 처해 있다.
5. 오늘날 하나님의 해결: 모든 종교에 비교될 수 없는 그리스도의 우위성과 구원의 유일한 길 되심을 이해해야 한다.

<일반적 적용>

6. 오늘날 인간의 순종: 우리의 시각을 그리스도께 고정하고, 변함없이 그분만을 신뢰해야 한다.

세 번째 열(나/우리, me/us)

<연관성: 대상화 과정>

7. 우리의 문제: 우리 주변의 사람들이 우리 사회의 미신적 초자연

주의에 혼란을 겪고 있으며 그리스도에 대해 잘 모른다. 기독교인들도 잘못된 신학과 유행하는 사조에 흔들리곤 한다.
8. 우리를 위한 하나님의 해결: 히브리서를 통해 위대한 구원을 강조하셨으며(2:3), 사람들이 그리스도를 신뢰하라 하신다. 그리스도에게서 멀어지게 하는 잘못된 이단을 척결하고, 구원의 유일한 권위와 소망이 되시는 그리스도를 중심 삼아 살아야 한다.

<구체적 적용>

9. 나와 우리의 순종: 실천 가능한 한 방법으로 정통교리에 대해 더욱 힘써 배우도록 하자. 맥도웰(Josh McDowell)의 책을 읽거나, 교회에서 그리스도에 대해 알아가는 성인 성경공부에 참여하도록 한다.

효과적인 적용을 위해서는 먼저 본문과 현시대를 잇는 적절한 연관성 작업이 있어야 한다. 본문과 현시대에 동일하게 나타나는 문제가 무엇이고, 그것을 어떻게 하나님이 동일하게 해결해 가시는지 명확해지면, 적용을 위한 준비가 끝난 것이다. 먼저 원리화 과정을 통해 하나님 앞에 보여야 할 인간의 믿음의 반응과 순종을 위한 원칙을 제시하면, 그것이 본문에 견고히 뿌리를 둔 일반적 적용이 된다. 그 후 대상화 과정을 통해 개인이나 공동체가 보여야 할 구체적인 믿음의 반응과 순종에 대한 것을 제시하면, 그것이 '구체적 적용'이 된다. 연관성과 적용의 관계를 이해하고 활용할 때, 설교자는 본문에 충실하고 청중의 삶에 적실한 적용을 제시할 수 있다.

설교에서 적용은 필수적 요소다. 무엇보다 성경이 적용을 말하고, 주요 설교학에서도 청중의 삶을 변화시키기 위해 적용이 중요함을 강조한다. 최근 현대 설교학은 효과적인 적용을 위한 다양한 이론과 기법을 꾸준히 제시한다. 그러나 너무 많은 이론과 기법에 혼란을 느낄 수 있으므로, 본문에 근거한 것인지 먼저 평가한 후 수용해야 한다.

본문이 바른 적용의 근본적 토대임을 기억하면서 효과적인 적용기법을 지속적으로 개발하는 것이 필요하다. 현재 본문이 살아있는 설교가 계속 고민하며 발전시키고 있는 적용과 관련된 노력을 소개하며 글을 마친다.

첫째, 연관성과 적용의 관계에 기초한 다양한 적용기법의 개발이다. 최근 설교학은 연관성에 대한 집중적인 논의를 통해 개념과 활용을 어느 정도 정리했다. 그러나 연관성과 적용이 어떤 상호작용을 거쳐 효과적인 메시지를 만들어낼 수 있는지 좀 더 분명하게 제시하는 것에는 미치지 못하고 있어 추가적 연구가 필요하다.

둘째, 성경 장르에 따라 어떻게 효과적으로 적용할지에 대한 연구다. 논리 중심인 서신서의 경우 다른 장르에 비해 비교적 적용이 수월하다. 그러나 장면으로 진행되는 내러티브 설교의 경우 너무 이른 적용 혹은 너무 늦은 적용이 플롯의 긴장을 깰 수 있어 적용이 쉽지 않다. 시편의 경우도 본문에 흐르는 감정과 이미지를 유지하면서 적절한 시점에 적용을 제시하기가 쉽지 않다. 이미 개발된 적용기법 외에 장르의 특성이 고려된 세밀한 적용법이 개발된다면 더 효과적으로 적용할 수 있을 것이다.

더 깊은 이해와 연구를 위한 추천 자료

• 국내 자료 •

권호, 『본문이 살아있는 설교 작성법』 (서울: 아가페북스, 2019).

_____, 『본문이 살아있는 설교』 (서울: 아가페북스, 2018).

김대혁, 『프리칭 텍스트, 텍스트 프리칭』 (서울: 솔로몬, 2020).

이승진, 『설교를 위한 성경해석』 (서울: CLC, 2008).

임도균, "본문이 이끄는 설교와 청중 분석", 「복음과 실천」 60집 (2017 가을): 369-401.

• 번역 자료 •

그랜트 오즈번, 『성경해석학 총론』, 임요한 역(서울: 부흥과개혁사, 2017).

도널드 R. 수누키안, 『성경적 설교의 초대』, 채경락 역(서울: CLC, 2009).

시드니 그레이다누스, 『성경 해석과 성경적 설교(개정판, 합본)』, 김영철 역(서울: 여수룬, 2012).

앤터니 티스턴, 『두 지평』, 박규태 역(서울: IVP, 2017).

데이비드 알렌 외, 『본문이 이끄는 설교』, 김대혁, 임도균 역(서울: 아가페, 2020).

다니엘 에이킨 외, 『매력적인 강해설교』, 권호, 김대혁, 임도균 역(서울: CLC, 2019).

케빈 밴후저, 『이 텍스트에 의미가 있는가?』, 김재영 역(서울: IVP, 2016).

코넬리스 트림프, 『구속사와 설교』, 박태현 역(서울: 솔로몬, 2018).

본문이 살아있는 설교를 '제대로' 하기 원한다면,
지금부터 '반드시' 성경 장르의 맛과 멋을 살리는
설교를 시작하라!

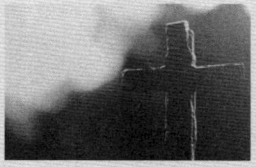

PREACHING

Part 3 본문이 살아있는 설교의 전달과 예배

Chapter 5
본문이 살아나는 성경 봉독

_ 임도균

현대 개신교의 예배는 참석한 회중의 편의를 배려하는 데 더 가치를 두는 경향이 있다. 현대 예배는 공연과 미디어 문화에 익숙한 회중을 포용하기 위해 마치 잘 구성된 공연처럼 퍼포먼스적인 요소를 강조하기도 한다.[196] 시간대별 예배 진행표를 만들고, 예배인도자와 진행자의 동선과 움직임을 고려해 청중에게 보이는 부분을 더욱 강조한다. 또 시간 효율성의 관점에서 예배 흐름을 깨뜨리는 부분은 과감하게 축소하거나 생략한다. 물론 현대의 문화적 흐름을 반영해 회중과 호흡하고 함께 공감하는 예배를 기획하는 것을 문제라 할 수 없다.[197] 그러나 예배드림에 있어 청중의 반응과 편의에 우선순위를 두어 지나치게 강조한다면, 예배의 본질과 진정성을 훼손할 염려는 없는지 생각해 볼 문제다.

이러한 상황에서 가장 소외되는 예배순서가 성경 봉독일 것이다. 한국의 전통적인 예배에는 교독문 낭독이 있다. 성경 봉독 시 회중이 모두 일어나 경건하게 성경 말씀을 함께 읽는다. 그런데 한국 교회가 대형화되면서 주일에 여러 번 예배드려야 하는 환경에서 성경 봉독에 배당된 시간은 충분하지 않다. 또 현대적 감각을 중요시하는 열린 예배의 영향으로 종종 성경 봉독을 아예 생략하거나 간략하게 진행한다. 예배학자인 존 데이비스(John Jefferson Davis)는 최근 현대 예배에서 성경 봉독과 말씀 강해가 약화되고 있음을 지적했다.[198] 한국 복음주의 실천신학자들 간에 본문에 충실한 강해설교에 대한 연구는 비교적 활발히 진행되지만, 변하는 현대 예배에 적합한 성경 봉독에 대한 연구는 아직 충분치 않아 보인다. 미주에서는 구두해석이라는 분야에서 성경 봉독의 역동성을 살리려는 움직임이 있지만, 아직 한국에서는 성경 봉독의 구두해석과 실제적인 전달 방법에 대한 제안은 미비하다.

성경은 하나님의 살아있는 음성이 기록된 말씀이다.[199] 그러므로 예배 중 성경 봉독은 없어서는 안 되는 중요한 순서다. 제프리 아더스는 "잘된 성경 봉독은 성령의 권능이 함께하는 설교와 같이 깊이 있게 사역한다"고 강조한다.[200] 영감 있는 설교 못지않게 잘 준비된 성경 봉독은 하나님의 뜻을 전달하는 강력한 수단이다. 스티븐 스미스는 자신의 책 『본문이 이끄는 장르별 설교』(Recapturing the Voice of God, 아가페북스 역간)에서, 성경에 기록된 하나님의 음성을 이해하고 다시 살려내야 함을 강조한다.[201] 예배 중 성경 봉독 순서가 있다 할지라도 성경 봉독이 무미건조하게 진행되는 경우가 더 많다. 성경이 하나님의 말씀이라 믿으면서도 하나님의 음성인 성경이 역동적으로 낭독되지 않는 경우가 훨씬 많은 것이다. 예배 중 성경을 봉독할 때 과연 하나님의 말씀이 살아나게 봉독하는지 점검해 볼 필요가 있다.

그러면 예배 중 하나님의 말씀이 살아 움직이도록 성경을 봉독하는 방법은 무엇일까? 이 질문에 대한 제시로서, 예배 중 성경 봉독의 의미를 재조명하고 성경 본문이 살아 움직이는 성경 봉독이 되도록 실제적인 방법을 소개하려 한다.

다음의 몇 가지 질문과 이에 대한 해결점을 제안하는 방식으로 이야기해 보고자 한다. 성경 봉독은 무엇인가? 신앙공동체에서 성경 봉독은 어떻게 준비해야 하는가? 예배 중 본문이 살아나는 성경 봉독의 실제적 전달 방법은 무엇인가?

성경 봉독의 이해

먼저 성경 봉독을 이해하는 것이 필요하다. 예배학적 관점에서 성경 봉독의 위치와 역할을 알아볼 것이다. 이어 성경에서 행해진 성경 봉독 사례를 소개하여, 성경 봉독의 초기 모습과 효과도 함께 살펴볼 것이다.

예배학 관점에서 본 성경 봉독

공적 예배는 유일하고 진리 되신 하나님 앞에 회중이 함께 모여 하나님의 뜻에 영적으로 반응하고, 그분을 향한 존경심을 표현하는 것이다.[202] 예배는 하나님과 인간이 상호반응하는 것이다. 그렇다면 개신교 예배의 구성요소는 무엇인가? 개신교 안에서도 교단의 신학적 입장과 신앙 전통에 따라 다양한 예배의 요소가 있다. 그러나 일반적으로 개신교의 공적 예배에는 '찬양, 기도, 봉헌, 성경 봉독, 설교, 축도'의 요소가 있다.[203] 이러한 예배 요소 중 '찬양, 기도, 봉헌'은 예배자들이 위에 계신 하나님께 경외하는 마음을 표현하는 것이다.[204] 수직적 관계로 설명하자면 아래에서 위의 방향으로 올려드리는 예배 행위다. 반면, '성경 봉독, 설교, 축도'는 위에서 아래로, 즉 하나님이 예배자들에게 자신을 표현하는 순서다.[205] 예배는 인류를 향한 하나님의 구원 역사에 대한 설명과 그에 따른 교회의 순종적인 반응이다. 따라서 순서에 따르면, 먼저 하나님의 말씀이 인간의 반응 앞에 있어야 한다.[206] 참된 예배는 하나님이 자신을 알려주시고, 사람들이 그분의 뜻에 반응하는 것이다.[207] 예배는 기본적으로 사람에게서 출발하는 것이 아니라 하나님의 자기 계시에서 시작된다.

성경 봉독은 구체적으로 어떤 특성이 있는가? 성경 봉독은 하나님이 자기 백성에게 직접적으로 말씀하시는 순서로 "하나님의 임재와 계시의 사건"이다.[208] 따라서 회중이 예배 중 함께 읽을 성경 본문을 정할 때 먼저 주님의 뜻을 구하는 기도와 자세로 일관성 있게 정할 필요가 있다.[209] 일반적으로 설교가 하나님의 말씀을 전달하는 순서라 생각하지만, 더 근본적으로는 성경 봉독 자체가 하나님이 회중에게 순전하게 말씀하시는 순서다.[210] 성경 봉독은 하나님의 뜻이 수직적으로 공동체에 내려오는 영적 행위다. 최창국 교수는 "성경을 공적으로 낭독하는 것은 은총의 수단이다. 공적으로 성경을 낭독하는 것은 우리가 공개적으로 하나님의 말씀을 듣는 기회"[211]라며 공적 예배에서 성경 봉독을 강조했다. 따라서 참다운 의미의 성경 봉독은 성경을 해석하려는 것보다 하나님의 권위 있는 말씀인 성경이 우리를 해석하게 하는 데 있다.[212] 성경 봉독은 하나님의 계시의 메시지와 공동체가 서로 만나는 영적 행위다.[213]

그렇다면 예배 중 성경 봉독과 설교의 차이점은 무엇일까? 성경 봉독은 유대교 회당에서 좀 더 조직적으로 예배순서에 들어왔다. 초기 유대교 회당이 형성될 때는 유대 지역뿐 아니라 이집트, 팔레스타인, 소아시아 등에 넓게 분포되어 있었다. 회당에서 성경을 읽을 때는 성경 원래의 언어로 먼저 읽었다. 원어로 읽은 성경 본문을 회당이 있는 지역의 현지인들이 알아들을 수 있도록 번역해 의미를 설명할 필요가 있었다. 설교는 읽은 말씀을 번역하고 설명하고 적용하는 것이다. 이러한 구조가 설교의 원형이다.[214] 제임스 화이트(James F. White)는 성경 봉독과 설교의 관계를 이렇게 설명한다. "성경 봉독 자체가 하나님의 뜻이 공동체에 선포되는 행위다. 설교는 공동체에 읽힌 성경 말씀의 의미를 회중이 알아들을 수 있도록 설명한 것이다. 또 성도들이 말씀에 순종해 살아갈 수 있도록 적용으로 안내한다."[215]

한국 교회는 설교의 중요성을 매우 강조한다. 그러나 성경 봉독의 중요성은 충분히 인지하지 못하는 경향이 있다.[216] 성경 봉독은 하나님의 뜻이 공동체 가운데 밝히 드러나는 순서다. 그러므로 하나님의 뜻을 구하고 따르는 믿음 공동체의 예배 중에 반드시 있어야 하는 순서다. 마치 하나님이 말씀하시는 것처럼 생생하면서도 의미 있게 전달되어야 한다.

성경 안에 등장하는 성경 봉독

그렇다면 성경 안의 신앙공동체에서는 어떻게 성경을 봉독했는가? 성경이 기록될 초기에는 혼자 읽는 것이 아니라 주로 공동체에서 함께 읽었다.[217] 성경이 기록될 당시의 문화는 구두-청취적 방법(oral-aural method)이 주된 소통방법이었다.[218] 글을 읽을 수 있는 사람이 많지 않던 시대에 하나님의 뜻을 알기 위해서는, 신앙공동체가 모인 곳에서 글을 읽을 수 있는 봉독자가 큰 소리로 읽으면 대부분의 사람이 성경 말쓺을 함께 들었다. 신구약 성경에도 신앙공동체가 함께 모인 가운데 성경을 봉독하고 함께 들은 여러 예가 있다.[219]

그중에서 특히 모세, 여호수아, 요시야, 에스라, 예수와 사도들의 예를 간략하게 살펴보고자 한다. 이러한 성경의 예는 신앙공동체가 성경을 함께 읽은 초기 형태와 효과를 파악하는 데 도움이 될 것이다.

모세

모세는 이집트에서 종노릇하던 이스라엘 백성을 탈출시키는 역할을 했다. 또 광야로 탈출한 이스라엘 백성이 하나님의 백성이라는 정체성을 갖게 했다. 예배적 관점에서 모세는 예배의 출발점으로 출애굽기와 레위기 같은 하나님의 명령을 기록해, 이방 종교와 다른 새로운 예배를 형성했다.[220] 모세는 이스라엘 백성에게 하나님의 뜻을 알리기 위해 하나님의 언약 말씀을 백성 앞에서 낭독한다. "모세가 피를 가지고 반은 여러 양푼에 담고 반은 제단에 뿌리고 언약서를 가져다가 백성에게 낭독하여 듣게 하니 그들이 이르되 여호와의 모든 말씀을 우리가 준행하리이다"(출 24:6-7). 모세가 하나님의 백성을 영적으로 세운 중요한 방법은 하나님께 받은 말씀을 들려주는 것이었다. 이스라엘 백성은 성경 봉독으로 하나님의 뜻을 알게 되었고, 하나님의 백성으로 살고자 다짐했다.

여호수아

여호수아는 모세를 계승해 광야에서 유랑하는 이스라엘 백성을 약속의 땅으로 인도했다. 여호수아는 하나님의 율법을 백성 앞에서 읽음으로써 이스라엘의 새로운 세대를 영적으로 무장시켰다. "그 후에 여호수아가 율법 책에 기록된 모든 것대로 축복과 저주하는 율법의 모든 말씀을 낭독하였으니 모세가 명령한 것은 여호수아가 이스라엘 온 회중과 여자들과 아이와 그들 중에 동행하는 거류민들 앞에서 낭독하지 아니한 말이 하나도 없었더라"(수 8:34-35). 여호수아는 이스라엘 백성이 하나님의 뜻을 알아 정체성을 형성할 수 있도록 백성 앞에서 성경을 낭독했다. 하나님의 말씀을 함께 듣게 하여 다른 신을 섬기는 이방인의 영향력에서 공동체를 지켰다. 이렇듯 하나님의 말씀을 읽는 것은 초기 이스라엘의 정체성을 형성하는 데 무엇보다 중요했다.

요시야

통일 왕국(사울, 다윗, 솔로몬)의 통치를 받던 이스라엘은 이후 남유다와 북이스라엘로 분열되었다. 남유다 왕조를 다스리던 요시야 왕은 성전에서 하나님 말씀이 기록된 책을 찾게 된다. 하나님의 말씀이 백성에게 들려지지 않고 잊혀지자, 남유다 백성은 바알을 섬기며 영적으로 타락한다. 이러한 때 요시야는 말씀 회복 운동으로 남유다 백성에게 종교적 개혁을 감행한다. "이에 왕이 여호와의 성전에 올라가매 유다 모든 사람과 예루살렘 주민과 제사장들과 선지자들과 모든 백성이 노소를 막론하고 다 왕과 함께 한지라 왕이 여호와의 성전 안에서 발견한 언약책의 모든 말씀을 읽어 무리의 귀에 들리고"(왕하 23:2). 요시야는 백성의 귀에 언약의 말씀을 들려주었다. 이방의 영향력에서 공동체를 지키는 중요한 방법은 바로 성경 읽기다.

에스라

이스라엘 백성은 바벨론 포로시기를 경험한 후 영적 재건이 절실했다. 이때 에스라가 이스라엘 백성을 수문 앞 광장에 모이게 하고는 영적 부흥운동을 주도한다. 이때도 영적 정체성을 형성하기 위한 주된 방법은 성경 봉독이었다. "수문 앞 광장에서 새벽부터 정오까지 남자나 여자나 알아들을 만한 모든 사람 앞에서 읽으매 뭇 백성이 그 율법책에 귀를 기울였는데"(느 8:3). 성경이 봉독될 때 백성이 함께 하나님 율법의 말씀을 듣기 위해 귀를 기울였다.

예수

예수님은 이스라엘에 계실 때 회당에서 신앙을 교육하고 예배를 드렸다.[221] 아마도 바벨론 포로기 후에 회당 예배가 형성되었을 것이다.[222] 유대인 회당 예배의 중심에는 성경이 있었고, 안식일마다 구약성경을 3년 단위 순환구조로 읽었다.[223] 예수님도 유대 전통에 따라 회당에서 성경을 봉독하셨다. "예수께서 그 자라나신 곳 나사렛에 이르사 안식일에 늘 하시던 대로 회당에 들어가사 성경을 읽으려고 서시매"(눅 4:16). 예수님도 사람들이 함께 모여 성경 읽는 행습을 존중하며 따르셨다. 하나님의 말씀인 성경을 읽는 것이 영적 생활에서 매우 중요함을 몸소 보여주신 것이다.

사도들

초기 기독교는 예수님의 십자가 부활과 오순절 성령강림 후 예루살렘을 중심으로 형성되었고, 사도들의 가르침에 따라 운영되었다.[224] 초기 기독교는 유대교 전통에서 배우던 것처럼 율법과 선지서를 읽었으며, 성경 읽기가 더욱 강화되었다(눅 4:14-27; 행 13:5, 7; 15:21).[225] 사도들의 교회가 형성되면서 신약성경이 기록되고 예배 중에 신약성경이 사용되었다.[226] 초대교회 예배에서 구약성경과 함께 신약성경을 읽는 것은 유대 회당 예배와의 분명한 차이점이다.[227] 초기 기독교 공동체에서는 하나님 말씀을 봉독하고 그 말씀에 따라 설교하는 것이 주요 방법이었다.[228] 사도들에게는 예수 그리스도의 몸된 교회를 세우는 사명이 있었다. 바울은 이러한 사명을 성취하기 위해 젊은 목회자 디모데에게 회중 모임에서 성경 읽을 것을 권면했다. "내가 이를 때까지 읽는 것과 권하는 것과 가르치는 것에 전념하라"(딤전 4:13). 여기서 "읽는 것"은 개인 성경 읽기보다는 공동체가 모여 함께 읽는 공동체 읽기를 의미한다. 젊은 목회자 디모데의 중요한 사역이 공동체 앞에서 성경을 읽는 것임을 보여준다.

성경 봉독의 준비와 전달

성경 안의 성경 읽기 예에서 살펴본 것처럼, 공동체가 모여 함께 성경을 읽는 것은 오랜 역사적 전통을 가지고 있다. 구약에서부터 신약에 이르기까지 신앙공동체가 형성되는 과정 가운데 성경 읽기는 중요한 역할을 차지했다. 교회사에서도 성경 봉독은 현대에 이르기까지 교회 예배에서 자리를 잡아 왔다.[229] 신앙공동체가 함께 성경을 읽는 것은 하나님의 뜻을 중요시하며 하나님을 경외하는 표현이다. 하나님은 창조적 힘과 능력으로 자신이 한 말을 성취하시는 분이다.[230] 공동체에서 성실히 성경을 봉독할 때 성도들이 영적으로 바른 가치관을 갖게 되고 말씀의 능력을 경험할 수 있다. 공동체가 함께 성경을 읽으면 공동체에 큰 유익이 있다. 하나님의 말씀을 함께 읽고 가까이할 때 다음과 같은 네 가지 영적 유익을 개인과 공동체가 경험할 수 있다.

구원

구원을 경험한다. 진리는 어둠 가운데 있는 영혼에 빛을 비추어 구원하는 역할을 한다. 데살로니가후서 2장 13절에는 "주께서 사랑하시는 형제들아 우리가 항상 너희에 관하여 마땅히 하나님께 감사할 것은 하나님이 처음부터 너희를 택하사 성령의 거룩하게 하심과 진리를 믿음으로 구원을 받게 하심이니"라고 기록되어 있다. 진리는 예수 그리스도시다. 진리인 예수 그리스도의 복음을 듣고 믿으면 구원을 얻는다. 성경은 예수 그리스도의 구원에 대한 메시지다. 성경이 읽힐 때 예수 그리스도의 복음이 전해지고, 진리에 믿음으로 반응할 때 구원받는다.

성결한 삶

성결한 삶을 살아간다. 진리는 성결케 하는 역할을 한다. 예수님은 제자들을 위한 기도에서 "그들을 진리로 거룩하게 하옵소서 아버지의 말씀은 진리니이다"(요 17:17)라고 기도하셨다. 하나님의 말씀이 진리다. 진리인 하나님의 말씀이 읽힐 때 하나님의 성품에 따라 진리의 길로 안내된다. 성결에 대해 다양하게 정의할 수 있지만, 성결은 본질적으로 주님의 뜻을 알고 순종하는 것이다. 개인이든 공동체든 하나님의 말씀과 멀어지면 결국 성결의 삶에서 멀어지게 된다.

하나님의 능력

하나님의 능력을 체험한다. 하나님의 말씀에는 성취되는 능력이 있다. 예레미야 23장 29절에는 "여호와의 말씀이니라 내 말이 불 같지 아니하냐 바위를 쳐서 부스러뜨리는 방망이 같지 아니하냐"고 기록되어 있다. 하나님의 말씀은 강력한 힘이다. 믿음의 공동체에서 하나님의 말씀이 들릴 때 하나님 말씀의 강한 능력을 경험하게 된다. 또 이사야 55장 11절에서는 "내 입에서 나가는 말도 이와 같이 헛되이 내게로 되돌아오지 아니하고 나의 기뻐하는 뜻을 이루며 내가 보낸 일에 형통함이니라"고 설명한다. 따라서 공동체가 주님의 능력의 말씀을 함께 읽고 들을 때, 주님의 능력도 개인과 공동체가 함께 체험할 수 있다.

하나님의 복된 삶

하나님의 복된 삶을 맛본다. 하나님의 백성으로 가장 복된 삶은 하나님의 뜻을 알고 자신의 삶에 하나님의 뜻이 이루어지는 것이다. 요한계시록 1장 3절은 "이 예언의 말씀을 읽는 자와 듣는 자와 그 가운데에 기록한 것을 지키는 자는 복이 있나니 때가 가까움이라"고 선언한다. 복 있는 자는 하나님의 말씀을 듣고 그 뜻대로 행하는 자다(시 1편). 성경을 읽고 들을 때 이런 풍성한 복을 더욱 누릴 수 있다.

그러면 신앙공동체에서 성경 봉독을 효과적으로 수행하려면 어떤 준비 과정이 필요한가? 먼저 봉독자는 자신이 읽을 성경 본문을 바로 이해해야 한다.

본문 해석

초대교회에서부터 성경을 읽을 수 있는 공적인 렉터(성경 봉독자)에 대한 요구가 있었다.[231] 성경 봉독자로서 제일 먼저 요구되는 것은 자신이 읽을 성경 본문을 이해하는 능력이다.[232] 본문이 살아나는 낭독을 하려면 먼저 본문을 올바르게 이해해야 한다. 성경을 읽는 봉독자가 본문을 제대로 이해하고 낭독하면 직간접적으로 영향을 미친다. 성경 읽기는 하나님의 뜻이 공동체에 전달되는 통로이므로, 교단의 전통과 신학적 입장에 따라 예배 중 누가 성경을 봉독할지에 대해 의견이 다양하다.

나는 가능하면 목회자나 성경 본문을 바로 이해하는 사람이 읽는 것이 바람직하다고 본다.[233] 특정 직분자에게 특권을 준다기보다 성경 말씀은 권위 있고 귀중하므로 바르게 읽혀야 하기 때문이다. 그래서 성경 봉독자는 훈련되어야 한다. 성경 봉독자는 성경 본문을 잘 이해하고 숙지하여 본문의 내용을 깊이 내면화해야 한다.[234] 성경 본문에 담긴 하나님의 뜻과 감성이 살아 움직이게 하려면, 성경 봉독자는 봉독하기 전에 봉독할 본문에 대해 다음의 다섯 가지 요소를 확인하면 좋을 것이다. 앞장 '성경 콘텐츠와 본문이 살아있는 설교'에서 본문 연구를 한 히브리서 12장 1-3절 본문을 예로 다섯 가지 본문 해석의 요소를 설명하려 한다.

본문의 중심 단어가 무엇인가

성경 본문은 스스로 소통한다. 이런 관점에서 본문이 제일 중요시하는 단어를 살펴보는 것이 좋다. 중요한 단어가 무엇인지 이해한 후 본문을 낭독할 때 그 중심 단어를 강조하여 읽는다. 일반적으로 반복되는 단어나 단락을 주도하는 힘이 있는 단어가 중심 단어일 가능성이 크다. 이러한 본문의 중심 단어를 우선 파악하고 생생하게 강조하여 전달한다.

> **예) 히 12:1-3**
>
> **1** 이러므로 우리에게 구름 같이 둘러싼 허다한 증인들이 있으니 모든 무거운 것과 얽매이기 쉬운 죄를 벗어 버리고 <u>인내로써</u> 우리 앞에 당한 경주를 하며 **2** 믿음의 주요 또 온전하게 하시는 이인 예수를 바라보자 그는 그 앞에 있는 기쁨을 위하여 십자가를 <u>참으사</u> 부끄러움을 개의치 아니하시더니 하나님 보좌 우편에 앉으셨느니라 **3** 너희가 피곤하여 낙심하지 않기 위하여 죄인들이 이같이 자기에게 거역한 일을 <u>참으신</u> 이를 생각하라
>
> ▶ 이 본문에서 반복적으로 강조되는 말이 "인내"(ὑπομένω)다. 본문이 강조하는 의미가 살아나기 위해서는 밑줄 친 단어를 강조하여 봉독할 필요가 있다.

본문의 중심메시지는 무엇인가

성경을 봉독할 때 중심메시지를 이해하면, 전체적으로 읽을 때 강조할 부분을 알 수 있다. 성경 본문을 이해했는지 스스로 어떻게 알 수 있는가? 본문이 말하는 주된 메시지를 한 문장으로 요약할 수 있으면 이해가 된 것이다.[235] 따라서 성경 봉독자는 자신이 봉독할 본문을 충분히 숙지하고 한 문장으로 막힘없이 요약할 수 있도록 준비해야 한다.

> **예) 히 12:1-3**
> ▶ 이 본문의 중심메시지는 다음과 같다. "히브리서 저자는 영적 어려움 가운데 있는 사람들에게 예수님의 본을 따르고 인내함으로 믿음의 여정을 지속할 것 을 격려했다." 본문을 이끄는 중심 동사가 "경주를 하며"이므로 이 부분을 강조하여 읽을 필요가 있다. 봉독자는 이와 같이 한두 줄로 본문을 요약해 써보거나 말로 할 수 있을 정도로 중심메시지를 충분히 이해하는 것이 필요하다.

본문의 장르는 무엇인가

성경 본문의 메시지를 담고 있는 그릇이 본문의 장르다. 그릇에 따라 그릇 안에 담긴 내용도 다양한 느낌으로 전달된다. 성경 본문의 장르를 다양하게 나눌 수 있지만, 크게 세 장르(서신서, 이야기, 시)로 분류할 수 있다.[236] 서신서는 좀 더 논리적인 움직임이 있고, 이야기는 장면의 이동이 있으며, 시는 감정의 움직임이 잘 나타나 있다. 이런 장르의 특성을 이해하고 봉독할 때 본문이 속한 장르의 다양성이 성경 봉독 중 살아날 것이다.

> **예) 히 12:1-3**
> ▶ 이 본문은 서신서 장르면서 격려하고 위로하는 웅변적 요소가 있다. 논리성과 함께 청중에게 직접 전달하는 특성을 살려 선포하듯 읽을 필요가 있다.

본문의 중심 감정은 무엇인가

본문에는 중심 단어와 중심 생각이 있듯 중심 감정이 있다.[237] 예를 들면, 기쁨, 놀람, 경외, 감사, 중립, 슬픔, 분노, 두려움 같은 감정이 본문에 담겨 있다.[238] 봉독자는 먼저 본문의 중심 감정을 잘 이해하고 본문의 흐름과 함께 느껴야 한다. 봉독자가 먼저 본문의 감정을 내면화할 때 본문의 감정이 듣는 이에게도 생생히 전달될 수 있다.

> **예) 히 12:1-3**
>
> ▶ 이 본문은 '달리기' 이미지를 사용해 영적 고난 가운데 있는 성도를 열정적인 어조로 위로하고 격려하는 감성이 있다. 본문이 살아나는 성경 봉독이 되기 위해서는 이러한 열정적인 어조를 반영해 힘차고 열정적으로 봉독할 필요가 있다.

본문의 움직임은 무엇인가

본문이 스스로 소통하기 위해 본문 안에 움직임의 흐름이 있다. 따라서 본문의 움직임이 무엇인지 파악하는 것이 필요하다. 서신서는 논리적인 전개가 반영되도록 명료하고 분명하게 낭독하는 것이 좋다. 이야기는 장면에 따라 스토리가 진행되므로, 장면을 묘사할 때 그 장면을 상상하면서 스토리텔링하듯 말의 속도를 조절하며 봉독한다. 시편을 봉독할 때는 시편 안의 감정이 잘 전달되도록 감정을 이입해 전달한다. 논리적 움직임, 장면의 움직임, 감정적 움직임을 장르에 따라 파악하면, 성경 본문의 장르가 더욱 살아나게 봉독할 수 있다.

> **예) 히 12:1-3**
>
> 1 이러므로 우리에게 구름 같이 둘러싼 허다한 증인들이 있으니 모든 무거운 것과 얽매이기 쉬운 죄를 벗어 버리고 인내로써 우리 앞에 당한 경주를 하며 2 믿음의 주요 또 온전하게 하시는 이인 예수를 바라보자 그는 그 앞에 있는 기쁨을 위하여 십자가를 참으사 부끄러움을 개의치 아니하시더니 하나님 보좌 우편에 앉으셨느니라 3 너희가 피곤하여 낙심하지 않기 위하여 죄인들이 이같이 자기에게 거역한 일을 참으신 이를 생각하라
>
> ▶ 이 본문은 서신서로 논리적 움직임이 있다. 주동사는 "경주를 하며"이고, "증인들이 있으니" "벗어 버리고" "예수를 바라보자"는 보조동사다. 이러한 보조동사는 어떻게 경주할 것인지 논리적 연관성이 있다. 본문을 봉독할 때 이러한 동사들을 구분하기 위해 끊어 읽기로 구조의 변화와 흐름을 알려주어, 본문의 흐름이 살아나게 봉독할 필요가 있다.

소리 내어 성경 읽기

성경 봉독자가 마치 글자판독 기계처럼 무미건조하게 소리를 내어서는 안 된다. 성경을 봉독하는 이가 영감 있게 읽으면 듣는 이에게 영적 감동을 줄 수 있다.[239] 성경 봉독자는 본문을 잘 이해하고 내면화하는 것뿐 아니라 청중과 소통하는 능력이 필요하다.[240] 성경을 역동적으로 읽기 위해서는 무엇보다 구두전달이 중요하다. 성경을 소리 내어 잘 읽기 위해 다음 다섯 영역을 점검하고 연습해 보자.

발음이 정확한가

각각의 단어를 분명하고 명확하며 자연스럽게 발음해야 한다. 성경

을 봉독하기 전에 공개적으로 여러 차례 혼자 읽으면서 발음이 정확한지 점검해 보자. 특히 개인에 따라 'ㄹ' 'ㄴ' 'ㅅ' 'ㅁ' 등의 발음이 명확하지 않은 경우가 있다. 이런 경우 입 모양에 더욱 신경 써서 분명하게 발음하도록 연습하자. 특히 성경 지명이나 생소한 용어는 여러 차례 소리 내어 연습해 정확하게 발음하는 것이 좋다. 또 일반적으로 심한 사투리를 사용하지 않도록 조심하고 표준어 어조를 사용하는 것이 바람직하다.[241]

소리의 크기가 충분한가

성경을 봉독할 때는 회중이 모두 들을 수 있도록 크게 읽어야 한다. 그러면 어느 정도의 크기가 적당한가? 성경을 봉독하는 장소에 모인 모든 사람이 분명히 들을 수 있는 목소리 크기로 읽어야 한다. 크고 안정적인 소리를 내기 위해서는 복식호흡을 연습하는 것이 좋다. 아랫배까지 이용한 호흡 연습은 소리생성에 도움이 된다. 또 세심히 살펴야 하는 부분이 마이크 사용이다. 요즘은 마이크 성능이 많이 향상되어 봉독자의 아주 작은 소리도 세밀하게 전달된다. 이러한 기술의 발전은 소리를 세밀하고 다양하게 담아낼 수 있는 장점이 있지만, 매우 작은 잡음도 전달될 수 있다. 특히 봉독자의 숨 쉬는 소리, 무의식 중에 내는 소리가 성경 봉독 중 거친 잡음으로 전달될 수 있다. 따라서 호흡할 때 자연스러운 호흡이 되도록 세심하게 주의해야 한다.

소리의 높낮이가 있는가

듣기 좋은 흥겨운 소리가 되기 위해서는 높낮이의 변화가 있어야 한다. 읽을 본문에서 높여 읽어야 하는 단어나 문구에 미리 표시해 준비

한다. 여러 차례 마치 노래하듯 소리의 높낮이에 변화를 주어 읽으면 듣는 이에게 더욱 역동적으로 전달된다. 또 강조해야 하는 단어를 파악해 강세를 주어 읽으면 더욱 좋다.

봉독 속도는 적당한가

말의 속도는 심장 박동과 같다. 말의 속도가 빠르면 듣는 이에게 빠른 속도감이 전달된다. 말의 속도가 느리면 차분함과 안정감이 전달된다. 따라서 본문의 내용에 따라 때로는 빠르게, 보통으로, 느리게 등의 변화를 주면 듣는 이가 본문의 움직임을 좀 더 가깝게 느낄 수 있다.

봉독 중 중지는 적당한가

성경 봉독 중에 중지(쉼)가 필요하다. 적절한 쉼이 있으면 듣는 이들이 의미 단락을 구분해 더 쉽게 내용의 흐름을 이해할 수 있다. 또 성경 봉독 시 잠시 쉬는 순간 청중은 봉독자에게 자연스레 집중하게 된다. 쉼 후에 나오는 어구와 단어에도 더욱 집중할 수 있다.

읽기 자세

하나님의 말씀 자체에 권위가 있으므로 봉독자는 바른 자세로 우아하게 전달해야 한다. 그런데 현장에서 가장 소홀히 여기는 부분이 바로 봉독자의 자세다. 이러한 부분을 비언어적 소통의 영역이라 한다. 성경 봉독은 소통 관점에서 보면 언어적인 부분뿐 아니라 봉독자의 자세 같은 비언어적 요소를 통해서도 전달된다.[242] 봉독자는 다음의 다섯 가지 비언어적 영역을 생각하며 봉독해야 한다.

강대상에 입장하는 걸음걸이는 바른가

성경 봉독은 강대상에 입장하는 순간부터 시작된다. 특히 걸음걸이를 통해 봉독자가 누구인지 은연중에 드러나고, 읽는 성경 메시지에도 영향을 미친다. 봉독자가 강대상을 걸어 나올때 너무 느리면 답답해 보이고, 너무 빠르면 가벼워 보일 수 있다. 따라서 봉독자는 적당한 속도의 안정적인 분위기로 걸어어야 한다.

성경의 위치와 잡는 자세가 바른가

일반적으로 한국 교회의 예배에서 성경을 봉독할 때 성경 봉독자들은 대부분 강대상 위에 성경을 올려놓고 읽는다. 여기에 큰 문제가 있는 것은 아니다. 그러나 성경을 강대상 위에 올려놓으면, 봉독자의 머리가 아래로 향하게 되고 자세가 앞으로 구부러지게 된다. 좀 더 바람직한 자세는 두 손으로 성경을 가슴 높이로 올려 잡고 봉독하는 것이다. 소리가 나오는 위치를 고려할 때 이러한 자세가 좋다. 또 두 손으로 성경을 들면 성경이 소중하다는 메시지도 회중에게 간접적으로 전달된다.

본문의 내용과 전달자의 표정이 조화를 이루는가

표정으로도 메시지가 전달된다. 요즘 같은 때는 예배 중에 대형스크린으로 봉독자의 얼굴이 방영되기도 한다. 따라서 본문 메시지의 변화와 함께 본문의 감정적인 변화가 표정을 통해 전달되는 것은, 본문이 살아나도록 성경을 봉독하는 데 바람직하다.

봉독 전에 청중과 자연스러운 시선 접촉이 있는가

능숙한 성경 봉독자에게 나타나는 표시 중 하나가 청중과의 시선 접촉이다. 성경 봉독도 청중과의 소통이다. 따라서 성경 봉독자가 처음 등단해 청중과 시선을 마주할 때 인격과 인격이 만나게 된다.[243] 또 성경 봉독 중에도 가끔 청중과 시선을 맞추는 여유를 보일 때, 청중은 함께 성경을 읽는 공동체성을 느끼며, 친근감 속에 함께 성경 봉독에 참여할 수 있다.

봉독하는 몸의 자세는 바른가

성경을 읽을 때 좋은 소리를 내려면 자세를 펴는 것이 좋다. 따라서 성경 봉독자는 자연스럽게 어깨를 펴고 성경을 읽어야 한다. 또 봉독자가 마이크와 멀리 떨어져 있으면 읽는 내용이 잘 들리지 않을 수 있다. 그렇다고 마이크를 의식해 마이크 가까이에 입을 댈 필요는 없다. 요즘은 마이크 성능이 많이 좋아져서 의도적으로 마이크와 일정한 거리를 두는 것도 필요하다.[244] 마이크에 너무 가까이 있어 퍽퍽 부딪치는 잡음이 나면 오히려 말씀을 듣는 데 방해 요인이 된다.

회중 참여

성경 봉독은 봉독자가 홀로 솔로 연주를 하는 것이 아니다. 공동체가 하나님의 말씀을 함께 받는 영적 행위다. 따라서 성경 봉독자는 봉독 시 회중이 한 명이라도 이탈하지 않고 모두 참여할 수 있도록 주의를 기울여 안내할 필요가 있다. 이것이 어떻게 가능한지 세 가지 제안을 하려 한다.

봉독할 성경 본문을 여러 차례 분명히 알려주는가

회중은 다양한 배경과 상황 가운데 있다. 회중 가운데는 성경을 잘 아는 성숙한 성도도 있지만, 성경을 자주 접하지 않는 이들도 있다. 성경을 자주 접하지 않은 성도들에게 예배 중 가장 난감한 때가 바로 성경을 봉독할 때다. 성경에 친숙하지 않은 새신자도 성경 봉독 시 성경을 잘 찾을 수 있도록 성경 구절의 위치나 페이지를 분명하게 여러 차례 반복해 말해 주는 것이 좋다. 또 찾을 수 있는 시간을 적절히 배려하는 것도 필요하다. 요즘은 대부분의 교회에서 스크린에 성경 구절을 띄워준다. 그러나 예배 참여자들이 성경을 가져와 직접 찾게 하는 것이 나중에 가정에서도 성경을 직접 펴서 읽게 하는 교육 효과가 있다.

회중이 참여할 수 있도록 다양하게 읽는가

회중의 참여를 유도하기 위해 다양한 방법으로 성경을 봉독해 공동체 읽기의 역동성을 살려낸다. 가령 혼자 묵상하며 읽는 시간을 주고 공적으로 크게 소리 내어 읽거나, 구절을 나누어 봉독자와 회중이, 때로는 남녀가 나눠서 읽을 수 있다. 앉은 자리에 따라 변화를 주어 읽을 수도 있으며, 어떤 구절은 함께 따라 읽고, 어떤 본문은 드라마같이 대화체로 생생하게 읽을 수 있다.[245] 이러한 다양한 접근으로 회중이 함께 참여하는 성경 봉독을 할 수 있다.

봉독이 하나님의 말씀으로 들리도록 하는가

봉독자는 자신이 읽은 말씀이 하나님의 말씀으로 들리게 해야 한다. 단순히 소설이나 과거의 고대 문서를 읽는 것처럼 봉독해서는 안 된다. 봉독자는 함께 읽을 성경 구절을 회중에게 알려주면서 성경이 하나님의 말씀임을 강조할 수 있다. 가령 "오늘 하나님께서 우리 공동체에 주시는 말씀은 ~입니다." 또는 성경을 모두 읽고 나서 "우리 공동체에 주신 하나님의 말씀입니다." 같은 표현을 쓸 수 있다. 이러한 표현은 말씀을 접하는 회중의 태도를 더욱 경건하고 진지하게 만든다.

성경 봉독은 교회 역사에서 오랜 전통이 있는 예배의 귀한 순서다. 하나님의 뜻이 전달되는 성경 봉독 순서를 소홀히 다루지 않고, 회중이 모인 가운데 바르고 역동성 있게 말씀이 전달되도록 해야 할 것이다. 예배 중 본문이 살아나게 성경을 봉독함으로 하나님의 말씀이 살아 움직이는 예배가 되기를 소원하며 기대한다.

더 깊은 이해와 연구를 위한 추천 자료

• 국내 자료 •

권호, "현대 매스미디어의 도전과 설교학적 대응", 「복음과 실천신학」 제27권 (2013 봄호): 275-300.

임도균, "구두성과 로마서 5장: 구두성서비평을 통한 구두적 특징 검토", 「성경과 신학」 78권 (2016): 73-118.

정장복, 『예배학 개론』(서울: 예배와설교아카데미, 1999).

주종훈, 『예배, 역사에서 배우다』(서울: 세움북스, 2015).

최창국, 『예배와 영성』(서울: CLC, 2017).

한국복음주의 실천신학회, 『복음주의 예배학』(서울: 요단출판사, 2001).

• 번역 자료 •

제임스 화이트, 『기독교 예배학 개론』, 김상구, 배영민 역(서울: CLC, 2017).

제프리 아더스, 『말씀을 낭독하라: 공동체 성경 듣기』, 김은정 역(파주: 국민북스, 2017).

존 제퍼슨 데비스, 『복음주의 예배학: 예배와 하나님의 실재하심』, 김대혁 역(서울: CLC, 2017).

Chapter 6
본문이 살아나는 설교와 예배

_ 김대혁

최고의 관심, 최상의 가치

오늘날 한국 교회 성도는 어디에 최고의 관심을 둘까? 사람과 교회마다 구체적인 관심사는 다를 수밖에 없다. 그러나 130여 년 역사의 긴 호흡 속에서, 한국 교회가 21세기로 접어들면서 주목하는 중요한 신학적 주제가 있다. 바로 교회론이다. 도식화가 지닌 위험성은 있겠지만, 한국 교회는 몇몇 신학적 이슈를 다루며 성장하고 성숙해져 왔다. 예를 들면, '예수 천당 불신 지옥'의 구호로 대표되던 기독론, 일제 강점기 때 고난을 이겨내게 한 종말론, 영혼 구원의 열정으로 전도와 선교의 불을 지핀 구원론, 성령의 은사를 강조하던 성령론 등이 굴곡진 한국 사회 속에서 교회가 다루어온 대표적 주제다.

이제는 교회론의 시대가 되었다. 여기저기서 교회의 본질과 건강한 교회에 대한 다양한 의견을 내놓고 있다. 일례로 선교적 교회론에 대한 높은 관심도 이런 흐름 가운데 두드러지게 나타난 현상이다. 한 마디로 교회의 교회다움이 무엇인지를 교회 스스로 질문하고 있다는 방증이다. 그러나 기독교 역사 속에서 교회의 본질에 대한 질문은 생경한 것이 아니다. 오래된 현재형 질문이다. 과거에는 이를 '교회의 표지는 무엇인가?'라고 물었다. 그 답은 우리가 이미 잘 알고 있다. '올바른 말씀의 선포와 정당한 성례의 실행'이다. 교회의 교회다움을 가늠하는 잣대는 다름 아닌 '예배'라는 뜻이다.

그렇다. 예배(Worship=Worth+Ship)는 용어 그대로 개인과 교회공동체에 최상의 가치(Worth)가 있는 것(ship)이다. 예배는 기독교 신앙의 핵심 실천이며 목표다. 실제로 우리 신앙생활은 예배를 중심축으로 삼는다. 따라서 신자에게 공적 예배는 교회가 무엇인지를 정기적으로 환기하고 확인하는 자리다. 우리는 예배 가운데서 성령님을 통해 그리스도와의 연합을 경험하고 하나님과 만난다. 이렇게 삼위 하나님의 임재를 경험하며 모이는 예배는 흩어진 예배, 곧 세상 속에서 일상 예배자로 살아가게 하는 원동력이 된다.[247] 예배는 신앙생활의 구심력과 원심력임이 틀림없다.

동시에 예배는 기독교 신학의 출발점이기도 하다. 신학은 삼위 하나님을 사유의 대상으로 삼은 지적 체계에서 얻은 것이 아니다. 삼위 하나님을 향한 예배를 실행하는 데서 얻고 확인된다.[248] 생각해 보라. 신학이 삼위 하나님에 대한 고백의 내용과 인간의 삶에 대한 실제적 이해에 관한 것이 분명하다면, 신학은 삼위 하나님과 인간이 만나는 예배 안에서 올바로 자리매김할 수 있다. 이처럼 예배는 개인과 교회공동체에 최상의 가치가 있는 일이며, 함께 믿고 고백하고 실천하는 신학이 확인되는 시금석이라 할 수 있다.[249]

예배의 위기? 갱신의 기회!

감사하게도 예배를 귀하게 여기고 예배를 중심으로 한 신앙은 한국 교회의 성장과 성숙에 크게 이바지했다. 그러나 오늘날만큼 예배가 거센 변화의 물결에 도전받은 적도 드물다. 오죽하면 1990년대에 '예배 전쟁'이라는 불경하게 들리는 용어까지 생겨났겠는가? 사실 한국 교회는 20세기 후반과 21세기 초반을 지나면서, 구도자 예배, 이머징 예배, 실험적 예배 같은 현대성이 강조되는 예배가 많은 시선을 끌었다. 한편 이런 문화 수용적인 예배에 대한 반발로 예전 갱신 운동같이 역사적 정통성을 강조하는 예배에 대한 목소리가 커지기도 했다. 또 전통적 충실성과 현대적 창조성의 균형을 잡고자 과거-미래 통합형 예배가 강조되기도 했다. 예배의 모습이 마치 진자의 추처럼 흔들렸다. 사실 이런 모습은 1960년대 이후 서구 교회, 특히 북미 지역 예배의 모습을 뒤따라가는 모습이었다. 게다가 포스트모던의 실용주의적, 소비주의적 태도로 한국 교회 안에서도 예배의 '신상 증후군'이 심각해지는 경향을 보였다.

그러다가 2020년, 우리는 예배에 대한 엄청난 도전과 위기를 몸으로 경험하고 있다. 그 변화와 위기는 내부의 신학적 자각이나 교회 운동에 의한 것이 아니라, 전염병이라는 외부환경에 의해 생겨났다. 모여서 예배드리기 어려운 환경에서 '현장' 예배와 '온라인' 예배(대면 혹은 비대면 예배)라는 신조어가 생겨났다. 지금도 가상현실(virtual reality)이나 디지털 미디어를 통한 예배에 대한 의견이 분분하다. 뉴노멀(New Normal) 시대라는 말이 친숙하게 들리는 시점에, 각 교회는 예배의 문제를 지혜롭게 대처해 나가야 한다. 분명 원치 않는 상황 가운데 예배에 대한 위기를 겪게 된 것은 사실이지만, 그 가운데서도 얻은 큰 유익이 있다. 토저(A. W. Tozer) 목사가 지적한 '잃어버린 보석'인 예배에 대한 집단적 각성이라 할 수 있다. 어쩌면 도전과 위기를 맞은 교회의 표지인 예배가 갱신되는 기회가 될 수도 있지 않을까?

이 말은 그냥 내뱉는 판박이 표현이나 막연한 희망이 아니다. 역사적으로 경험된 증거를 가지고 하는 말이다. 종교개혁자들의 구체적인 개혁의 첫걸음이 예배 갱신에서 시작되었고, 기독교 교회가 변하는 중요한 분기점마다 예배는 항상 변화의 동력이 되었던 것에서도 알 수 있다. 무엇보다 앞서 말한 대로, 오늘날 한국 교회 성도는 교회의 본질 회복과 건강한 교회를 진정으로 사모하고 있다. 참된 예배 안에서 안식을 얻고 교회의 교회다움을 확립할 수 있다는 면에서도, 우리가 드리는 예배에 대한 깊은 성찰이 필요하다.

말씀 중심성의 두 얼굴

실제 기독교의 신앙과 신학의 중심인 예배는 고정되지 않고 끊임없이 갱신되었다. 그 갱신은 단순히 예배의 의미에 대한 이론적 재정의만이 아니다. 예배 실천에 있어 예배의 구성요소와 특정한 정황 속에서 다양한 수행 방식에 대한 재정립도 포함한다. 예배 갱신의 과정은 생각보다 복잡하다. 신학적인 이해와 문화적 정황 속에 적실한 방식을 찾아가는 복합적이며 다층적인 영향 아래서 갱신된다.[250] 즉, 예배에 대한 신학적 이해와 역사적 검증, 또 정황에 맞는 실천 사이를 오가는 나선형적 해석(spiral interpretation)과 통합을 통해 발전해 왔다고 볼 수 있다.[251] 풀어서 말하면, 예배 갱신은 단순히 과거의 훌륭했던 예배요소를 현대 예배에 모방하는 것이 아니다. 그렇다고 완전히 새로운 시도를 통한 혁신을 추구해서도 곤란하다. 어쩌면 현대 교회의 예배에 대한 거센 도전 속에서 예배가 혼란과 위기를 경험하게 된 것은, 바로 이 긴장을 너무 손쉽게 해결하려고 한 결과인지도 모른다. 실제 전통에 매여 오늘날 문화에 어울리지 않거나, 변하는 시대의 문화적 유행에 맞추려다 예배의 가치가 훼손되는 모습을 종종 보았다. 예배 갱신은 항상 전통적 가치와 문화적 시도 사이에서 긴장하며 예배의 본질을 재확립하는 것이다.[252] 이는 예배에 대한 신학적 의미와 실천적 기능이 따로 분리되지 않고 상호 영향을 주기 때문이다.

여기서 놓치지 말아야 할 것이 있다. 끊임없는 예배 갱신 속에서도, 종교개혁 이후 기독교 예배에서 '말씀 중심성'은 예배의 변치 않는 핵심 원리와 실천이 되어 왔다는 사실이다. 그 결과 기독교 예배 가운데 하나님 말씀으로서의 설교가 예배 실천에서 항상 중심을 차지해 왔다. 분명 설교뿐 아니라 예배에서는 하나님 말씀이 중심이 되어야 한다.

그러나 여기에도 문제가 도사리고 있을 수 있다. 예배에서 '말씀 중심성'에 대한 확신과 실천은 매우 중요하지만, 이 '말씀 중심성'이라는 최대 장점이 오늘날 부지불식간에 한국 교회 예배에 최대 약점이 된 것은 아닌지 점검해 볼 필요가 있다.[253] 다시 말해, 기독교 예배에서 설교의 중요성은 두말할 나위가 없지만, 설교가 예배의 전체 실행 가운데 예배/예전의 한 요소임을 잊어버리기 쉽다. 그 결과 '예배=설교'라는 공식이 생겨, 좋은 예배는 곧 좋은 설교라는 인식이 한국 교회 성도들의 머릿속에 깊이 새겨진 듯하다. 원래 '말씀 중심성'이 의미하는 바, 하나님의 말씀인 성경이 예배의 전체적인 실천을 지도하며 주도하는 실행의 원리로 이해되기보다는, 하나의 예전적 요소인 '설교 중심성'으로만 인식되어 버렸다. 이처럼 한국 교회는 예배 중에 설교가 지나치게 극대화되거나, 설교 환원주의적 예배가 되어버리는 경향이 매우 강하다.

이처럼 역사적/신학적으로 중요한 가치를 지닌 예배의 '말씀 중심성'이 '설교 중심성'으로 오해되거나 축소된 상황에서, 예배가 실천적으로 설교라는 하나의 요소에 함몰되지 않으면서, 성경 본문에 근거한 설교가 지니는 예배/예전의 실천적 가치를 제대로 자리매김할 필요가 있다. 더불어 말씀 중심성이 설교시간에만 집중되는 것이 아니라, 예배의 전체 실행과 관련해 본문이 살아나는 예배가 되기 위한 통전적 이해를 확립해야 한다. 물론 이런 지적이 전혀 없었던 것은 아니다.[254] 그러나 이제는 그 당위성에 대한 확인과 강조의 차원을 넘어, 기독교 예배의 말씀 중심성이 예배와 설교에 입체적으로 서로 통합되는 실천적 균형을 이룰 수 있는 구체적인 방안이 절실해 보인다.[255]

따라서 이 장에서 하나님의 말씀인 본문을 중심으로 예배와 설교가 균형과 통합을 이루기 위한 실천적 제안을 하고자 한다. 이 글은 설교로서의 예배, 예배로서의 설교라는 관점에서 예배와 설교의 상호연관성을 전제로 삼고 있다. 따라서 설교가 예배의 한 요소로서 서로 떨어져 파편화되는 것이 아니라, 성경 텍스트가 설교의 근거가 될 뿐 아니라 예배/예전의 전체적 수행 근거와 실천의 근거가 되는 것을 살펴보고자 한다.

예배로서의 설교, 설교로서의 예배

먼저 우리는 예배와 설교가 성경 텍스트 중심으로 통합 가능한지 상관관계를 먼저 살펴볼 필요가 있다. 특별히 예배와 설교의 기본 내용과 목적 그리고 예배와 설교 진행의 구조와 흐름에서, 서로 긴밀하게 연결되고 있음을 살펴보고자 한다. 즉, 예배가 곧 설교의 기능을 감당하고, 예배 속에서 하나의 예전 요소지만 설교가 예배 실천의 기능에 중심적 역할을 감당하고 있음을 확인하고자 한다. 이는 기독교 예배에서 '말씀 중심성' 혹은 '본문 중심성'을 더 입체적으로 이해하도록 도울 것이다.

예배의 목적과 기본 내용(요소)

예배학자 폴 훈(Paul Hoon)은 기독교 예배를 "예수 그리스도 안에 있는 인간의 영을 향한 하나님의 역사와 예수 그리스도를 통해 하나님께 응답하는 인간의 행위"라고 기술한다.[256] 즉, 예배는 기본적으로 하나님의 주도적인 계시와 그에 대한 성도의 합당한 반응이어야 한다.[257] 이러한 이해가 중요한 이유는, 우리가 드리는 예배에서 가장 중요한 원리가 삼위 하나님 중심적 예배이기 때문이다. 기본적으로 예배는 인간의 욕구와 편의가 주도하는 것이 아니다. 예배의 주인은 하나님이며, 예배의 주도권은 예배의 주인이신 하나님께 있다. 이는 예배의 목적과 직결되는데, 예배는 궁극적으로 하나님께 영광이 되어야 한다. 예배는 분명 삼위 하나님의 자기 계시와 일하심의 현장이다. 예배는 반드시 삼위 하나님이 중심이고, 삼위 하나님이 주도하시며, 삼위 하나님께 영광이 되어야 한다. 삼위 하나님의 일하심에 대해 '영과 진리'로 드리는 우리의 합당한 반응이 예배다. 따라서 예배에는 구원의 언약을 베푸시고 이루시는 하나님의 주도성이 드러나는 내용과, 언약 백성이 하나님을 향해 합당하게 반응하는 쌍방성이 드러나는 내용이 담겨 있다. 달리 말해, 예배란 언약의 하나님이 먼저 우리를 섬겨주셨기에(주도성), 그 은혜에 감사하고 감격해 구원받은 언약 백성인 우리가 하나님께 나아가 찬양하고 경배하며 영광 돌리는 것(쌍방성)이다. 이러한 이해는 기본적으로 예배에 담겨야 할 내용에 부합하는 핵심 구성요소(말씀, 성찬, 기도, 찬양 등)를 이해하는 데 도움을 준다.

사실 우리에게 익숙한 예배의 내용과 구성요소는 우리가 합의해서 생겨난 것이 아니다. 역사적으로 개신교(특별히 복음주의 교회 혹은 개혁 교회)는 예배 실천에 있어 합당한 예배의 요소를 성경을 기준으로 규정하는, 즉 규정의 원리(Regulative Principle of Worship)를 강조해 왔다.[258] 이 원리는 우리가 드리는 예배가 인간이 고안한 방식이 아니라, 성경에서 인정하는 원칙과 방식을 따라서 드려야 한다는 것이다. 물론 예배에 대해 하나님께서 성경에 분명히 말씀하신 부분과 침묵하신 부분이 있기에, 성경의 예를 현대 예배의 내용, 순서와 요소에 곧바로 적용해서는 안 된다. 바른 보편적 원리를 찾아 성경에 충실하면서 현대 예배에도 적실하게 적용해야 한다. 우리는 성경 중심, 말씀 중심의 예배 원리를 마음 깊이 품어야 한다. 예배자의 바른 자세는 하나님이 보이신 방식, 곧 성경의 가르침에 온전히 복종하는 것이기 때문이다.

이런 규정의 원리를 따라 하나님의 주도성과 우리의 반응을 담는 예배의 내용과 구성요소를 살펴보자. 먼저 위에서 아래로 내려오는 예배/예전의 요소로, 하나님으로부터 성도를 향한 요소가 있다. 여기에는 예배로의 부르심(초청), 사죄의 선언, 십계명, 말씀, 성례, 강복 선언(축도) 등의 요소가 포함된다. 특히 말씀과 성례는 하나님이 성도에게 일하시는 주요 수단으로, 성도가 하나님의 계시를 인식하고 그분의 임재를 경험하는 예배의 객관적 요소라 할 수 있다. 특별히 중세까지 성찬 위주의 예배였던 것과 달리, 종교개혁 이후 기독교 예배는 하나님의 초월적인 임재와 주권을 강조하면서, 성경을 통해 선포되는 설교 말씀을 예배 실천의 중심 자리에 두었다.[259]

한편 아래에서 위로 올라가는 예배요소, 즉 성도들이 하나님께로 향하는 예배의 내용(요소)이 있다. 여기에는 찬송, 기도, 신앙고백, 봉헌, 죄의 고백 등이 포함된다. 특별히 예배의 구성요소로서 기도와 찬양은 하나님을 향한 성도의 주된 반응으로 예배의 핵심 주관적 요소라 할 수 있다. 오늘날 포스트모던 시대를 살아가는 성도들은 앞에서 언급한 말씀과 성찬의 객관적 요소보다, 기도와 찬양이라는 주관적 요소를 하나님의 은혜를 경험하는 것으로 인식하는 경향이 강하다. 이런 주관적 요소에 대한 강조가 위험한 것은 사실이지만, 하나님을 만나고 교제하는 것이 예배라는 면에서 이런 요소는 객관적 요소들과 상호 교차적 순서로 진행됨이 마땅하다. 하나님은 주로 말씀이나 성례를 통해 먼저 자신을 보이시고, 이에 대한 성도의 반응으로 기도와 찬양을 드리는 예배의 대화적 원리라 부를 수 있다.[260] 이처럼 하나님은 예배 가운데 주로 말씀과 성례를 통해 자신을 계시하시며, 성도는 삼위 하나님의 임재를 인식하고 경험하며 하나님을 만나고 교제한다. 따라서 예배의 실천에는 하나님과 성도의 상호 내어줌을 통해, 결국 예배가 하나님과 그분의 백성들과의 언약을 근거로 한 언약의 갱신 사건임을 알 수 있다. 더 나아가 이러한 언약의 갱신 사건이 매주 반복됨으로써, 성도는 하나님 앞에서 자신의 삶을 지속적으로 확인하고, 그분이 원하시는 언약의 백성답게 성장해 나간다.

우리가 드리는 예배에 대한 기본적인 이해와 더불어 실천 내용과 목적을 정리해 보자. 우리의 예배는 하나님과 구원받은 언약공동체의 만남 속에서 구원-언약의 드라마가 재현되는 것이다. 한 마디로 예배는 복음의 실행이다. 예배는 하나님의 영광과 하나님 백성의 유익을 위해 하나님과 하나님 백성이 복음을 실행하고 그것에 참여하는 것, 그 이상도 그 이하도 아니다.[261] 이를 예배 신학적으로 달리 표현하면, 예배는 하나님의 객관적 구속 이야기를 주로 말씀과 성례를 통해 실행하고, 그 예배에 참여하는 성도는 구속의 하나님과의 언약에 합당하게 반응함으로써, 그 언약을 확인하거나 갱신하는 것으로 요약할 수 있다.[262] 예배를 통해 하나님은 자신을 드러내시고, 성도들로 언약을 확인하고 갱신함으로 삶의 변화를 인도하며, 그 변화된 삶을 통해 영광을 받으신다. 이 예배의 실천에서 성도는 삶의 실제적 필요와 영적인 필요가 충족된다. 이런 면에서 예배의 궁극적인 목적은 하나님의 영광이자, 하나님을 예배하는 성도의 기쁨과 즐거움이다. 하나님이 받으시는 영광은 자신을 내어주신 하나님의 성품과 사역을 기뻐하고, 그분이 베푸신 언약에 근거해 온전히 삶을 하나님께 올려드리는 성도의 변화된 삶이다.

설교의 목적과 기본 내용(요소)

예배의 내용(요소)과 목적에 대한 간략한 이해는, 비록 설교가 예배의 한 예전적 요소이기는 하지만, 설교의 목적과 내용도 예배의 목적과 내용과 서로 부합함을 쉽게 알게 한다. 먼저 설교의 궁극적인 목적은 성경의 진리에 대한 정보 전달도 아니고, 청중의 삶을 만족하게 하는 것도 아니다. 설교의 목적은, 설교자가 성경 본문에 근거해 하나님이 말씀을 통해 이루어가시는 하나님나라를 선포하고, 회중은 그 나라를 살아가는 언약 백성임을 깨닫고, 선포된 말씀에 따라 변화된 삶을 살면서 하나님께 영광을 돌리는 데 있다.[263] 이런 설교의 목적을 달성하기 위해, 설교자는 그 주간에 주어진 성경 본문에서 성경 저자가 말하려는 분명한 의미와, 구원을 약속하고 신실하게 이루어가시는 하나님에 대한 진리를 바르게 선포하고 설명해야 한다. 그리고 그 진리에 부합되는 언약 백성다운 삶을 살아가도록 적실하게 적용해야 한다.[264] 이처럼 설교자는 성경 본문을 바르게 연구해 그 본문에 드러난 인간/신적 저자의 의도를 분명하고 생생하게 전달하고(객관적 의미), 그 의도에 맞게 회중이 삶에서 적실하게 반응할 수 있도록 적용하는 것(주관적 반응)이 설교의 내용이다. 또 이런 설교를 통해, 하나님의 말씀인 본문에 의해 변화된 청중의 삶이 하나님께 영광 되게 하는 것이, 매주 돌아오는 설교의 변치 않는 목적이다.

이런 면에서 예배의 실천 내용과 설교 내용은 목적이 일맥상통한다. 예배의 실천과 마찬가지로 설교의 내용은 성경 본문을 설명하고 적용하되, 그 기본적인 신학적 내용은 크게 삼위 하나님과 그분이 이루시는 구속 이야기를 선포함으로 하나님의 구속 사건이 실행되게 하는 것이다. 그것에 기초해 언약 백성이 합당하게 반응하도록 촉구하는 두 축으로 이루어진다고 개략적으로 이해할 수 있다. 특별히 설교는 오직 성경 본문(*sola scriptura*)을 근거로 하되, 매주 반복되는 예배 속에서 성경 전반(*tota scriptura*)을 설교하기 위해 노력함으로써, 하나님의 구속 전체 이야기(meta-narrative)가 구현되고 재현된다. 언약 백성이 그 속에서 합당한 삶을 살아가게 함으로써 하나님께 영광을 돌리게 하는 데 공통된 목적이 있다.

기독교 예배에서 말씀의 중심성은, 단순히 주어진 성경 본문을 설명하고 적용하는 설교 요소 자체에만 머무는 것이 아니다. 하나님의 말씀을 실행하는 차원에서 예배 전체가 더욱 상호 포괄적이며 통전적 관점에서 이해될 필요가 있다. 설교자는 주일 설교 가운데 특정 본문 말씀에 집중하지만, 실행하는 구속과 언약의 흐름 속에 성경 전체가 있음을 반드시 기억해야 한다. 예배는 이런 성경 전체의 구속과 언약을 실행하면서, 설교를 통해 특정 본문에 드러나는 하나님의 구속 실행과 언약의 갱신이 반복해서 일어나게 하는 것으로 이해할 수 있다. 이런 점에서 예배가 거시적 차원에서 설교라면, 설교는 미시적 차원에서 예배를 실행한다고 이해할 수 있다.[265] 사실 이런 이해가 예배 속의 설교를 단순히 하나의 요소가 아니라, 예배와 설교의 상호관계성으로 파악하게 하는 데 도움을 준다.

예배와 설교, 구조와 흐름의 공유점

설교로서의 예배, 예배로서의 설교는 내용과 목적에 따라서만 상호통합성을 갖는 것이 아니다. 예배와 설교 간의 상호통합성은 예배와 설교가 지닌 내용을 어떻게 구성하는지, 즉 실천의 차원에서 성경의 거대 내러티브를 실행하는 예배 구성의 논리와 성경 본문에 따른 설교가 지닌 구성의 논리에서도 확인된다.

먼저 예배 구성의 논리를 이해하기 위해 앞서 잠시 언급한 대화의 원리를 다시 생각해 볼 필요가 있다. 예배에서는 언약의 하나님과 구원받은 언약공동체 사이의 인격적 만남과 사귐, 소통과 교제가 일어난다. 모든 교제나 사귐이 그러하듯, 하나님과의 만남과 소통은 두서없이 행해지지 않는다. 예배는 언약의 구조를 반영해 하나님을 대신해 실행되는 예배의 객관적 요소(말씀과 성례)와, 회중이 실행하는 예배의 주관적 요소(기도와 찬양)로 대화식으로 구성된다. 하나님으로부터 회중에게 내려오는 하향식 수용적 예배의 요소와, 회중으로부터 하나님께 올려드리는 상향식 능동적 예배의 요소는 가능한 한 상호교류가 잘 이루어져야 한다. 물론 이 대화의 원리는 특정한 형식과 구조를 규정하거나 다양한 예배/예전의 실천을 재단하는 데 목적이 있는 것이 아니다. 언약의 성격과 하나님과 그분의 백성 사이의 만남과 교제라는 면에서, 이 대화의 원리는 '품위 있고 질서 있는' 예배로 예배자가 하나님을 생생히 경험하는 데 도움을 준다.

이처럼 예배를 기본적으로 하나님과 회중 간의 대화의 원리로 구성한다면, 예배의 순서는 고정된 것일까? 여기에 어떤 고정된 방식은 없다. 기본적으로 개신교는 예배 형식에 있어 자율적인 예배를 지향하기 때문이다. 역사적으로 다양한 예배/예전의 모습이 있지만,[266] 예배는 초기 기독교 예배부터 오늘날의 예배까지 객관적 주관적 예배/예전 요소의 조화와 더불어 4중 구조의 흐름을 지닌다.[267] 예배의 4중 구조에 대한 성경적 근거(창세기 1-2장, 출애굽기 19-24장, 역대하 5-7장 등)와 뿌리 깊은 역사적 증거(유스티누스의 제1변증서, 히폴리투스의 사도전승 등)를 여기서 다 설명할 수는 없지만, 전통적으로 예배는 부름의 예전(고백)-말씀 예전(선포)-성찬 예전(만찬)-파송 예전의 구조와 흐름을 따른다.

여기서 잠깐 생각해 볼 것이 있다. 간혹 '예전'(liturgy)이라는 단어가 역사적으로 오용돼 부정적으로 여겨져, 4중 구조의 예전적 흐름에 대해 반감이 있을 수 있다. 그러나 어원상 예전은 공동체의 유익을 위해 수행되는 특정한 행위라 할 수 있다. 특히 예배에서는 공동체가 공유하는 공식적인 의식(ritual)이라 할 수 있다. 이런 점에서 예전 자체를 나쁘게 볼 필요는 없다. 실제 아무리 간단한 예배라도 예전은 있기 마련이다. 우리가 드리는 예배에도 특정한 순서에 따라 예배의 요소가 배열되어 있다.

오히려 예배의 내용과 목적에 대한 인지적이고 개념적인 이해를 넘어, 우리가 예배를 드리면서 바른 신앙인으로 살아가는 측면에서 예배가 지닌 순서와 요소에 대한 이해, 그 배열에 따르는 예배가 지니는 실천적 가치를 진지하게 고민해 볼 필요가 있다. 실제 적절한 예전의 순서와 요소는 우리가 예배를 이해하는 구조적 틀이다. 더 나아가 특정한 예배 순서의 반복적 실천은 개인과 공동체의 거룩한 습관과 정체성을 형성한다. 반복을 통해 예배자 마음의 변화를 직간접적으로 훈련하여 사람을 변화시키는 신앙 형성의 기능을 발휘한다. 즉, 예배에 대한 지식이 우리의 예배 실천에 영향을 미치기도 하지만, 예배 실천과 경험이 우리의 예배를 더 깊이 알아가게 하는 것도 사실이다.

오해하지 말라. 물론 예배의 순서와 요소 자체를 중요시하는 예전주의자가 되어서는 안 되며, 바른 예전의 실천 자체가 신앙 형성으로 곧바로 이어지지 않는다는 점에 주의할 필요가 있다. 그러나 우리가 중요하게 생각해야 할 것은 예배의 순서와 요소가 결코 신학적으로 중립적이지 않다는 것이다. 다시 말해, 예배 요소의 배열에 따라 다른 신학적 의미를 줄 수 있기에, 바른 예배에 대한 이해가 적절한 예전의 실천으로 이어지게 해야 한다. 예배가 지성만이 아닌 전인격적인 반응과 헌신을 지향한다면, 우리가 드리는 예배에 대한 바른 인식과 더불어 거기에 걸맞는 예배순서와 요소에 대한 이해 그리고 실천이 항상 함께 가야 한다.

이런 면에서 예배의 4중 구조의 흐름은 예배의 내용과 목적을 제대로 담아 하나님 중심의 복음을 실행하는 데 큰 도움을 준다. 먼저 부름의 예전을 통해 (재)창조와 역사를 이루시는 삼위 하나님의 부르심과 그 부르심 앞에서 성도의 합당한 반응(죄의 고백과 사죄, 신앙고백 그리고 송영 찬양)을 일으킨다. 다음으로 말씀 예전을 통해 하나님의 구속에 대해 선포하면, 그 말씀을 듣고 구속에 합당한 반응을 일으킨다. 그런 다음 성례 예전을 통해 앞서 선포된 하나님의 구속 체험에 교회공동체가 함께 참여하여 그리스도와 연합됨을 누린다. 마지막으로 파송 예전을 통해 하나님의 구속 선포와 체험에 참여한 언약 백성으로서 세상 속에서도 종말론적 관점에서 하나님나라를 이루며 살아가게 한다.[268] 이러한 예배의 4중 구조의 흐름은 예배의 기본 구조를 따라 예배를 구성해 실행함으로, 예배의 기본 논리성인 하나님의 구속의 내러티브와 언약의 갱신이 반복적으로 (재)형성하도록 돕는다.

이처럼 예배가 하나님의 부름과 그분의 임재 안에서 성도가 구속 이야기를 말씀과 성찬 속에서 인식하고 경험함으로 언약 갱신이 이루어지고, 하나님이 그 성도를 다시 세상에 파송하시는 것으로 신학적 함의를 담아 구성한다면, 성경 본문을 근거로 하는 설교의 논리적 구성과 흐름도 이와 크게 다르지 않다. 물론 여기서 다루는 설교 구성은 설교 한 편이 지닌 설교의 구체적인 형식(연역적, 귀납적, 문제 해결 방식 등)을 말하는 것은 아니다. 한 편이 지닌 설교의 의사소통적 형식은 실제 매우 다양할 수 있다. 그러나 성경 본문을 근거로 하는 설교의 내용 구조와 흐름이 지닌 논리성은 예배의 그것과 크게 다르지 않다. 즉, 설교는 먼저 설교자가 오늘날을 살아가는 회중을 하나님의 말씀 세계로 이끌어/불러 초대한다. 둘째, 특정 본문에 구체적으로 나타난 삼위 하나님과 구속 이야기를 설명하거나 재현/재생한다. 셋째, 그 본문이 요구하는 언약 백성다운 삶의 반응을 촉구한다. 넷째, 세상 속에서도 하나님의 백성다운 삶을 구체적으로 살아가게 한다. 이러한 기본적인 설교의 논리적 진행을 지닌다.

물론 예배의 4중적 구조와 흐름 속에 예전적 요소가 다양하게 활용되듯이, 설교의 이 논리적 흐름과 진행 속에서도 다양한 설교적 요소가 활용될 수 있다. 그러나 설교는 청중을 현실 세계에서 본문 세계로 초대하여, 본문에 나타난 하나님의 구속사를 설명하고 재현하며, 본문에 근거한 언약사적 경험을 확인시키고 적용한다. 또 본문 세계에서 성도와 교회공동체가 인식하고 경험하는 하나님과 성도의 구속-언약을 기억하여, 본문 앞의 현실 세계에서 하나님의 백성답게 살아가도록 파송하는 이 전체적인 흐름을 무시하며 비껴갈 수는 없다.

이처럼 예배의 내용과 목적, 그리고 논리적 흐름이 설교와 서로 부합됨을 알 수 있다. 예배와 설교는 하나님 주도의 부름과 초대, 하나님의 구속 이야기의 인식과 경험, 하나님 백성의 언약 갱신, 그리고 세상에서 하나님의 백성다운 삶을 통해 하나님나라를 이루는 구성이다. 예배와 설교는 이 구성에 담긴 내용을 실행하여 하나님께 영광 돌린다는 목적을 공유한다. 이런 점에서 예배의 실행이 곧 설교의 기능으로, 설교의 수행이 곧 예배의 목적으로 통합된다.

본문이 살아나는 설교와 예배 / 예전 준비 과정

설교로서의 예배, 예배로서 설교의 상관성은 기독교 예배에서 하나님 말씀의 중심성이 단순히 예전의 한 요소로서 설교에만 국한되지 않아야 한다는 사실로 확인되었다. 기독교 교회의 예배에서 말씀 중심성이란 예배 전체가 성경 말씀으로 주도되어야 함을 시사한다. 이런 내용을 기초로, 주일 예배에서 예배와 설교가 서로 분리되지 않고, 설교와 예배가 함께 준비될 수 있는 구체적인 제안을 하고자 한다. 이를 위해 목회자는 설교할 그 주간의 성경 본문에 대한 해석에서 설교 전달로 이어지는 설교 작성의 전체 과정을 통해, 그 성경 본문이 예배의 전체 흐름 및 논리성과 어떻게 연관될지 고민해 볼 필요가 있다.[269] 이런 시도가 가능한 이론적 근거를 제시하면서, 예배와 예전을 돕는 본문이 살아있는 설교 작성의 전체 과정, 즉 본문에 대한 주해화, 신학화, 설교화 과정이 어떻게 진행될지 그 흐름을 살펴보도록 한다.[270]

주해화 과정과 예배/예전의 준비

실제 설교자의 성경 본문 선택은 목회 정황 속에서 일어난다. 물론 전통적인 연속 강해설교(Lectio Continua)를 하거나 교회력(Lectionary)을 활용하는 설교자인 경우, 그 본문은 이미 선정되어 있을 수 있다. 그러나 목회 정황에 의해 설교 본문을 선택(주로 주제 설교)하는 것도(Lectio Selecta) 역사적으로 주도적인 설교 시행 방식이었다. 어떤 방식으로 성경 본문이 선택되든지 일단 성경 본문이 확정되면, 그 본문이 설교를 이끌어가도록 해야 한다. 이것이 본문이 살아있는 설교의 철학이자 방법이다.

그러나 예배의 정황을 벗어난 설교가 있을 수 없다는 사실과 앞서 설명한 예배와 설교의 상호관련성을 고려한다면, 성경 본문은 단순히 설교만을 위한 선정이 아니라 예배 전체를 이끌어가는 주제와 기타 예배/예전적 요소와도 연결된다는 점을 반드시 염두에 두어야 한다. 이는 결국 어떤 본문을 선택하든, 설교자는 그 본문이 지닌 주제에 설교를 집중해야 함과 동시에, 그 설교가 중심이 되는 예배는 성경 본문의 주제가 예배의 주제로 자연스럽게 이어지게 하는 구체적인 방안이 될 수 있다.

구체적으로 설교의 본문이 정해지면 설교자는 본문을 제대로 주해한다. 설교를 위한 주해화 과정은 일반적으로 문법적-구문론적, 역사적-정황적, 문학적-수사적 연구를 통해, 성경 저자가 당시의 원청중/

독자에게 의도했던 의미를 파악하는 것이 목적이다.271 이 주해화 과정에서 전통적 강해설교자들은 그 본문이 쓰인 당시의 역사적 배경 속에서, 성경 저자가 의도한 주제와 내용을 파악하는 것을 최우선으로 한다. 더 나아가 본문에 대한 의사소통의 관점을 견지하면서, 그 파악한 의미를 주해적 아이디어 혹은 명제적 진리 진술로 만들고, 본문의 구조를 파악하고 확정하며, 당시 청중을 향한 본문의 목적을 표현함으로, 주해의 결과물을 입체적으로 구체화하기도 한다.272 성경 저자의 의도성을 충실히 찾기 위해, 설교자가 주해적 결과물을 분명하게 파악하는 것은 매우 중요하다.

기존의 설교학 책에서는 이런 설교를 위한 주해화 과정이 설교할 주제와 핵심 사상을 찾는 데서 멈추는 경우가 많았다.273 그러나 설교로서의 예배 혹은 예배로서의 설교는 주어진 본문에 대한 핵심 주제와 사상이 예배 전체의 주제와 예배 실천 차원에서도 함의를 지닐 수 있다. 즉, 주해화 과정에서 발견한 본문의 주제와 핵심 사상, 보조 아이디어는 그 주간의 예배가 지향하는 중심주제 결정과도 연결될 수 있다.

예를 들면, 시편 117편 본문에서 성경 저자가 무엇을 전달하고자 했는지에 대한 대답인 주해적 아이디어는 다음과 같이 표현할 수 있을 것이다.

> 시편 저자는, 하나님의 크신 사랑과 영원히 신실하심으로 인하여 모든 나라와 모든 백성이 하나님을 찬양할 것을 촉구한다.

이처럼 분명한 주해적 아이디어에 대한 결과물은 설교의 내용과 목적을 확정 짓는다. 결국 이 본문에 근거한 설교의 핵심 내용은 모든 나라의 모든 성도가 하나님을 찬양해야 할 이유, 즉 하나님의 사랑과 신실하심에 대한 내용이 주축을 이루고, 이 설교의 목적은 우리가 하나님을 찬양하며 살아가는 것이 될 것이다.

이러한 본문의 주해적 결과물은 설교를 위한 것만이 아니다. 예배의 전체 주제와 목적으로도 확장하여 예배를 위한 예전적 아이디어로 발전시킬 수도 있다. 즉, 예배를 통해 성도는 사랑이시며 신실하신 하나님을 인식하고 경험하며, 세상에서 하나님을 찬양하는 삶을 살게 하는 예배와 예전의 전체 목적이 수행되도록 자연스럽게 연결할 수 있다.

본문이 살아나는 설교와 예배가 되게 하는 첫 과정은, 설교자가 예배와 설교의 상관성을 염두에 두고 설교를 위한 주해화 과정을 진행할 때, 예배 안에서 설교만을 위해 본문의 핵심 주제에 집중할 뿐 아니라, 예배 전반의 주제가 본문의 주제를 지배하게 하여, 예배 전체가 말씀 중심이 되게 하는 것이다. 이런 면에서 설교를 위한 주해화 과정은 예배 실천의 주제와 목적을 결정하고, 그 주제가 이끌어가는 예배와 예전이 되게 하는 주해의 과정으로도 확장해야 할 것이다.

신학화 과정과 예배 / 예전의 준비

설교자가 설교를 위한 주해화 과정을 지나면, 설교 작성을 위한 원리화 과정 혹은 신학화 과정을 거친다. 여기서 말하는 신학화 과정은 다른 말로 보편화 과정이라 할 수 있다. 이 과정을 거치면서 설교자는 과거 본문의 내용을 계시의 유기적 발전 속에서 이해함으로써, 과거와 현재의 차이점과 공통점을 확인한다. 즉, 그 당시의 청중에게 전달된 본문이 지닌 진리의 말씀이 지금의 현대 청중에게 동일하게 성경적 진리인지 검증함으로써, 당시와 오늘날에 공통으로 적용할 수 있는 보편적

진리를 확증하게 된다.[274]

신학화 과정을 자세히 다룬 티머시 워렌은,[275] 이 과정의 궁극적인 목적을 다음과 같이 기술한다.

> 이 신학화의 목적은, 고대의 세계(주해적 과정을 통해)와 직접적인 청중의 세계(설교화 과정을 통해) 사이에 보편적으로 적용 가능한 진리 진술로 다리를 놓는 것이다. 이 다리 놓는 작업은 서로 다른 두 세계의 지평을 융합하거나 합병해 실존적이고 기발한, 그래서 비권위적인 해석이 되지 않게 하면서, 설교자로 고대 정황 속의 본문과 오늘날의 정황 속에 있는 청중을 해석하도록 만든다.[276]

특별히 이 보편적으로 적용 가능한 진리 진술을 발견하고 확증하기 위해, 대부분의 설교학자는 적어도 변치 않는 두 축을 기준으로 본문에서 성경 저자가 의도한 아이디어를 검토하거나 묵상해 볼 것을 제시한다.[277] 일반적으로 이 과정에서 설교자는 본문의 사상 혹은 주제, 아이디어를 하나님의 구속사의 관점과 인간 타락의 관점에서 이해함으로, 주해화 과정에서 확인된 성경의 진리가 성경 전체의 문맥 속에서 확정되고 때로는 확장되는 과정을 거쳐야 한다고 생각한다.[278] 다시 말해, 특정 본문에서 인간의 근본적인 혹은 구체적인 문제를 인간 타락의 관점에서 파악하고, 이에 대한 하나님의 성품과 구속적 행위에 대한 내용을 함께 확인해 봄으로써, 설교 가운데 전해야 할 보편적인 신학적 명제뿐 아니라, 오늘날 하나님의 백성을 향해 이 본문이 지닌 신학적 목적을 성경이라는 거대 서사 아래서 확인하는 과정을 거친다.[279]

설교 작성에서 신학화 과정이 중요한 이유가 바로 여기 있다. 성경 저자가 의도한 의미와 더불어 그것이 하나님에 대해, 인간에 대해 지니는 신학적 함의를 유추할 수 있고, 이를 통해 인간의 궁극적 해결인 그리스도를 지향하게 한다는 점에서 그러하다.[280] 한 마디로, 언약 백성을 향한 삼위 하나님 중심적 구속사적 설교가 되게 하는데 이 신학화 과정은 필수 과정이다. 또 바로 이 과정을 통해 본문에 근거한 신학적 내용과 분명한 신학적 목적이 확정되기에, 오늘날 청중의 삶의 변화를 위한 보편적이고 구체적인 적용을 해나갈 수 있는 분명한 발판을 마련하게 된다는 것이다.[281]

그러나 특별히 신학화 과정은 설교에서만 중요한 것이 아니라, 구속의 실행자이신 하나님과 언약의 백성이 만나 언약을 갱신하고 교제하는 예배를 구체적으로 구성하는 것에도 매우 중요하다. 이 과정에서 설교자가 확인하는 신학화의 두 축, 즉 하나님이 이루어가시는 구속 이야기와 인간 타락의 관점은 앞서 하나님 구속의 실행과 하나님 백성과의 언약 갱신이라는 예배의 내용과 목적에 거시적으로 부합된다. 따라서 설교를 위한 신학화 과정에서 얻은 본문에 나타난 하나님과 인간에 대한 보편적 진리는 예배의 4중적 구조, 부름-말씀-성찬-파송의 예전과 연계해 중요한 예전적 아이디어를 제공할 수 있다.

이를 더 구체적으로 설명하면, 먼저 신학화 과정에서 하나님과 인간에 대한 신학적 고찰은 그대로 부름의 예전에 적용될 수 있다. 본문에 의해 확정된 주제가 하나님에 대한 보편적 진리 혹은 교리와 연결되는지 확인했다면, 부름의 예전에서 예배인도자(설교자)는 부르시는 하나님이 어떤 분인지를 그 주간에 다루는 성경 본문에 근거해 더 구체화된 예배/예전적 아이디어를 가지고 예배를 실행할 수 있을 것이다. 또 본문에 근거한 인간의 타락과 문제에 대한 내용은 부름의 예전 앞에서,

부르신 하나님 앞에서 예배자로 선 우리의 본성과 정체성을 고백하는 죄의 고백과 사죄의 선포 내용에 관련한 예배/예전적 아이디어를 제공해 줄 것이다. 시편 117편을 예로 들면, 부름의 예전에서 본문에 근거해 우리를 부르시는 하나님은 사랑이 많으시고 영원히 신실하신 분임을 회중에게 선포하며 예배를 시작할 수 있다. 그러나 그분 앞에서 부르심받은 우리는 본문에 근거해, 하나님의 크고 변치 않는 사랑에 비해 가족과 이웃의 관계에서 연약하고 변덕스러운 모습임을 고백하고 회개하도록 도울 수 있다.

둘째, 말씀 예전에서는 신학화 과정에서 발견한 하나님과 인간에 대한 관계를 더 분명하게 드러내 선포한다. 그 가운데 구속-언약의 선포와 체험을 돕는 예배/예전적 아이디어는 본문에 근거한 신학화 과정에서 확인한 분명한 신학적 내용을 근거로 진행될 수 있다. 신학화 과정에서 얻은 결과물이 설교로 드러나게 하면서, 설교자는 본문에서 저자가 의도한 내용을 삼위 하나님의 구속사적 관점에서 설명할 수 있고, 이를 기초로 언약 백성의 삶의 변화를 위해 적용하는 성경적 설교를 충실히 해나갈 수 있다. 시편 117편을 예로 들면, 우리는 예수 그리스도 안에서 하나님의 크고 신실하신 사랑을 확인할 수 있다. 따라서 그분의 사랑에 대한 합당한 반응으로 우리는 하나님을 찬양하며, 더 나아가 모든 나라와 백성이 하나님을 찬양하도록 요구할 수 있을 것이다.

셋째, 성찬 예전에서는 신학화 과정에서 타락한 인간을 향한 하나님의 구속의 절정인 그리스도의 죽으심과 부활을 구속-언약적 내용을 가지고 성찬에 필요한 예전적 아이디어로 발전시켜 성찬을 진행할 수 있다. 이미 설교에서도 선포했지만, 실제 성찬에서 그리스도와 연합하는 데 참여하고 이를 경험하도록 예배와 예전의 인도에 구체적으로 제시함으로써 성찬 예전을 도울 수 있다. 이러한 말씀 예전과 성찬 예전이 동일한 본문에 근거해 진행되어 일관성과 일체감을 줄 뿐 아니라, 자칫 설교에서 본문에 대한 설명과 적용이 단순히 수동적으로 이해되는 인지적 차원에 머물지 않고, 성찬에 참여하여 체험적 차원으로 들어가게 함으로써, 선포된 말씀대로 살아가는 언약 백성으로서 삶의 원동력을 얻도록 구체화할 수 있다. 시편 117편을 예로 들면, 모든 나라와 백성이 하나님을 찬양하는 것은 그리스도의 희생을 통한 것임을 상기시키며, 그리스도와 연합한 자로서 그분 안에서 하나님을 찬양하며 살아갈 것을 촉구할 수 있다.

끝으로, 파송 예전에서는 설교와 성찬에서 분명하게 적용하고 경험한 진리의 내용을 성도들이 세상에서 실천하며 살아가도록 다짐하게 하면서, 공적 예배가 삶의 예배로 이어지게 한다. 이는 설교자가 신학화 과정에서 하나님의 구속의 은혜를 입은 언약 백성들로 하여금 삶의 변화라는 궁극적인 신학적 목적을 설교에서뿐 아니라 예배의 마지막 과정에서 다시금 확인하게 한다. 시편 117편을 예로 들면, 설교에서 구체적으로 적용한 자신의 삶과 이웃, 더 나아가 모든 나라에서 하나님을 찬양하도록 한 내용을 요약해 촉구함으로써, 본문 말씀에 반응하여 일상에서 참된 예배자로 살아가도록 돕는다. 이처럼 설교에서 신학화 과정이 성경 본문을 통해 오늘날 청중을 향한 설교의 내용과 적용에 심장 역할을 하듯 예배에서도 마찬가지라 할 수 있다.

이런 설교의 신학화 과정과 예배/예전의 상관성을 도표로 나타내면 다음과 같다.

구분	본문이 살아나는 신학화 과정	본문이 살아나는 예배/예전적 함의
부름의 예전	하나님에 대한 이해 = 본문에 나타난 하나님	본문에 나타난 하나님(성품과 사역)을 담은 부름의 선언
	인간에 대한 이해 = 본문에 드러난 인간	본문에 나타난 인간 타락(내면과 행위)에 대한 우리의 고백
말씀 예전	본문이 이끄는 신학적 명제 = 본문에서 파악한 하나님의 구원 계시	본문이 이끄는 신학적 내용에 맞는 설명
	본문이 이끄는 신학적 목적 = 본문에서 파악한 언약 백성의 마땅한 반응	본문이 이끄는 신학적 목적을 담은 적용
성찬 예전	본문이 보여주는 그리스도 = 본문에서 발견한 그리스도의 은혜	본문이 비추는 그리스도에 대한 선언
	본문이 비추는 그리스도를 닮아감 = 본문에서 발견한 그리스도와 연합	본문이 비추는 그리스도와 연합에 참여
파송 예전	본문이 이끄는 적용의 확인 = 본문에 의한 변화된 언약 백성다운 삶에 대한 촉구	본문에 따른 설교 적용이 담긴 성도의 다짐과 파송
	적용된 삶을 살아가는 언약 백성 = 본문의 진리대로 살아가는 언약 백성과 하나님의 동행	본문이 이끄는 적용의 삶을 향한 하나님의 강복 선언

표4 : 예배/예전의 4중 구조

이처럼 성경 본문을 중심으로 한 설교자의 신학화 과정은 예배와 예전의 실행에 중요한 예전적 아이디어를 제공하여, 예배를 전체적으로 돕고 이끌게 할 수 있다.

설교화 과정과 예배/예전의 준비

설교를 위한 설교화 과정이란 앞서 주해화와 신학화의 과정에서 얻은 결과물(본문의 의미, 목적, 신학적 명제와 목적 등)을 기반으로, 오늘날 청중이 본문에 담긴 하나님의 뜻을 이해하고 그분이 원하시는 삶을 살도록 설교문을 작성하여, 그들에게 잘 전달되게 만드는 과정이다.[282] 이 과정은 주일에 모이는 특정한 회중을 염두에 두기 때문에, 설교를 듣는 청중의 이해가 설교자의 설교 작성에 큰 영향을 미친다. 실제로 특정한 설교의 목적, 내용 그리고 형식이라는 기본 의사소통의 체계를 결정하고, 설교의 발전적인 질문과 함께 설명, 증명, 적용 등과 같은 설교의 기능적인 요소의 활용, 더 나아가 설교의 세부적인 내용과 구체적인 언어 사용에 이르기까지 말씀을 들을 청중은 이 설교화 과정에 매우 큰 영향을 미친다.[283]

특별히 설교화 과정에서, 설교자는 본문에서 드러나는 성경 저자의 의도와 궁극적으로 하나님과 그분의 구속 역사에 대한 진리를, 오늘날 청중의 삶에 분명하게 설명하고 선포해야 한다. 더불어 죄인이자 의인인 하나님의 언약 백성으로서 본문에 담긴 성경 저자의 의도에 합당하게 반응할 것을 촉구하는 적실한 적용이 있어야 한다. 설교는 본문에 근거해 청중의 삶에 대한 적용을 지향한다. 청중의 삶에 변화가 있게 하기 위해서는, 성령님의 도우심 아래 그들이 나아가야 할 분명한 삶의 방향과 태도, 행위를 적용에서 제시해 주어야 한다. 결국 본문에 담긴 진리를 삶에 적용함으로써, 설교는 성경 본문에 나타난 하나님의 뜻을 청중이 삶에서 살아내도록 한다. 이렇게 매주 성경 본문에 나타난 하나님의 요구를 분별하여 그 요구대로 살아감으로써, 청중이 점차 그리스도를 닮아가게 해야 한다.[284] 이것을 제대로 실현하기 위해서는 설교자가 본문에 충실한 성경적 설교를 작성해야 한다. 물론 설교자는 다양한 설교의 기능적 요소, 즉 설명, 증명, 예화, 적용을 활용할 수 있지만, 궁극적으로는 하나님의 살아있는 말씀인 성경 본문의 내용과 형식, 목적에 부합하도록 작성하여, 본문이 이끄는 설교를 통해 본문에서 드러나는 하나님의 분명한 뜻과 요구에 성도들이 기쁘게 순종하며 살아가도록 돕는 것이 중요하다.[285]

이러한 설교화 과정에서 그리스도를 알고 그분을 닮아가도록 촉구하는 말씀의 적용은, 특별히 예배의 전체 진행 속에서 말씀 선포 이후의 성찬 예전과 파송 예전으로 자연스럽게 이어지도록 하는 데 매우 중요한 예배/예전적 함의를 지닌다.

앞서 설명한 대로, 설교에 적용한 진리는 설교를 마친 후 드리는 목회적 기도에 자연스럽게 반영된다. 또 이후 그리스도와 실제적 연합을 경험하는 성찬 예전의 과정에서, 설교자/집례자가 본문에서 비추는 그리스도와의 연합을 강조하며, 더 나아가 선포된 진리의 말씀을 적용할 수 있는 근본적인 원동력이 그리스도와의 연합에 있음을 신학적 내용과 경험적 참여로 확인시킴으로써, 설교에서 선포한 적용이 곧 성찬에서 경험하는 적용이 되도록 돕는다.

파송 예전에서는 설교에서 구체적으로 제시한 회중의 삶을 향한 적용 내용을 가지고, 다시금 성도의 교제와 세상에서 언약 백성다운 삶을 살 것에 대한 다짐, 그리고 마지막으로 그렇게 살아가려고 다짐하는 성도들을 향한 삼위 하나님의 강복 선언으로 이어진다. 이처럼 설교화 과정에서 작성한 설교의 설명과 적용이 설교 안에만 남지 않고, 설교 후에 뒤따라오는 성찬 예전과 파송 예전에서도 자연스럽게 이어지게 함으로써, 예전적 아이디어가 예배의 전체적 실행에 입체감 있게 유기적으로 연결되게 한다.

본문이 살아나는 설교와 예배의 실례

앞에서 설교 작성의 전체 과정이 예배/예전의 예전적 아이디어로 확장되어, 설교와 예배가 모두 본문 중심으로 연계되고 통합될 수 있음을 확인했다. 이를 더 구체적으로 확인하고 검증하는 차원에서, 마가복음 6장 32-44절의 오병이어 사건을 가지고 본문 중심으로 설교와 예배를 통합하는 개략적인 실례를 살펴보자.

설교와 예배의 상생을 위한 주해화 과정

사복음서에 모두 등장하는 오병이어 사건의 대략적인 이야기는 비슷하다. 그러나 마가복음 본문에서는 제자들과 예수님이 배를 타고 한적한 곳, 광야로 가는 내용으로 시작된다(32절). 그곳까지 도보로 따라온 무리를 보시고, 예수님은 그들을 목자 없는 양같이 불쌍히 여기시고 그들에게 가르침을 주셨다(33-34절). 시간이 많이 지나 굶주린 무리를 보고 제자들은 그들 스스로 사 먹게 하려고 하지만, 예수님은 무리를 푸른 풀밭에 앉게 하시고 오병이어에 축사하신 후 빵을 쪼개어 제자들에게 주며 무리에게 나눠주게 하셨다.

따라서 본문의 주해적 핵심 사상은 무리를 불쌍히 여기고 돌보시며, 오병이어의 기적으로 그들을 먹이신 하나님의 아들 예수님에 대한 것이 일차적이어야 한다. 그리고 예수님은 제자들을 통해 광야에서 굶주린 무리에게 떡을 공급하는 기적을 베푸신 분이기에, 제자들은 예수님에게서 돌보심과 만족을 얻을 뿐 아니라, 자신들을 통해 돌보시고 먹이시는 그 일이 이루어진다는 본문의 핵심 사상을 파악할 수 있다.

　이러한 설교를 위한 본문의 주해적 과정은 예배와 예전의 전체 주제로 확장될 수 있다. 즉, 하나님과 그분의 아들 예수 그리스도의 돌보심과 공급하심에 대한 내용이 예배와 예전의 전체를 이끄는 주제가 되게 할 수 있다. 앞서 설명한 대로 성경 본문 중심으로 예배와 설교가 진행된다면, 예배와 설교를 통해 목자이시고 생명을 공급하는 하나님이신 예수님에 대한 핵심 내용과, 그분을 통해 제자들과 예수님을 따르는 무리가 진정한 공급과 만족을 얻게 된다는 설교와 예배의 목적이 달성되게 할 필요가 있다.

설교와 예배의 상생을 위한 신학화 과정

　앞선 본문의 주해화 과정 결과물을, 신학화 과정에서는 성경 전체의 맥락에서 그 핵심 사상을 하나님이 이루어가시는 구속사의 관점과 인간 타락의 관점에서 검증해 볼 필요가 있다.

　하나님의 구속적 관점에 살펴보면, 실제 이 본문 내용은 구약에서 하나님의 출애굽 은혜와 출애굽 후 광야의 여정 속에서 그들을 목자처럼 인도하시고, 또 만나를 공급하신 하나님에 대한 성품과 역사를 확인해 볼 수 있다. 더 나아가 에스겔 34장 11-15절에서 예언한 대로, 하나님이신 예수님이 참 목자가 되어 이스라엘 백성 가운데 오셔서, 그들에게 새로운 출애굽을 이루시고, 그들을 푸른 초장에서 먹이시며 공급하시는 모습으로 이어짐을 확인할 수 있다. 그 예수님은 하나님으로 그들에게 떡, 곧 생명을 공급하는 분이시며, 광야에서 잔치를 베푸는 분이시다. 예수님의 그 기적의 잔치는 과거의 한 사건으로 끝나는 것이 아니라 오늘날 우리 성도에게도 지속된다. 주의 만찬을 통해 성도들은 반복적으로 공급받을 뿐 아니라, 결국 예수님과의 영원한 만찬(계 19장)에 들어갈 것이라는 내용을 설교를 위한 신학화 과정을 통해 확인할 수 있다. 이러한 하나님과 예수 그리스도에 대한 이해는 부름, 말씀, 성찬, 파송에서 하나님과 예수님에 대한 선언에 활용할 수 있는 예전적 아이디어다.

반면, 인간 타락의 면에서 볼 때 구약의 이스라엘 백성이 하나님의 인도하심과 공급하심을 경험하고도, 불평과 불순종으로 참된 언약 백성답게 살아가지 못한 사실이 우리의 모습에서 확인된다. 또 이 마가복음 본문에 등장하는 무리도 예수님을 참된 목자와 생명의 주인으로 인정하는 데 결국 실패한다. 이러한 인간 타락의 모습은 오늘날 예배에 참석한 회중에게도 여실히 나타나는 공통된 문제다. 이 인간 타락의 관점에서 파악한 내용은, 부름의 예전에서 죄의 고백과 사죄의 선언, 말씀 예전에서 청중을 향한 불순종에 대한 경고와 예수님으로 인한 인도와 만족에 대한 격려, 성찬 예전에서 그리스도와의 연합에 참여한 언약 백성을 향한 합당한 반응, 그리고 파송 예전에서 언약 성도들의 다짐에서 예배와 예전적 아이디어로 전반적으로 활용할 수 있다.

설교와 예배의 상생을 위한 설교화 과정

앞선 주해화와 신학화 과정에서 확인한 내용을 가지고, 설교자가 설교문을 작성해 나가면서 그 과정에서 파악한 예배/예전적 아이디어를 예배 실천에 활용할 수 있다. 다음과 같은 설교의 개략적 흐름과 예배 구성의 흐름으로 표현할 수 있다.

설교	본문이 살아나는 설교의 주요 내용과 흐름	본문이 살아나는 예배/예전의 내용과 흐름	예배
주해화 결과물	예수님은 참 목자이자 생명의 떡으로 오셨다. 예수님은 오병이어의 기적으로 자신의 제자들을 통해 광야에서 허기진 이스라엘 백성에게 떡을 먹이셨다.	참 목자이고 우리 생명의 주인이신 하나님께서 우리를 부르십니다.	부름
		모든 영혼과 육체의 필요를 채우시는 주님을 신뢰하여 따르지 않고, 자기 마음대로 살아간 우리의 죄를 용서하십니다.	
신학화 결과물	하나님이신 예수님은 참 목자이자 참 생명의 양식이다.	우리는 참된 목자이고 영생의 떡인 주님을 신뢰해야 합니다.	말씀
	성도의 모든 필요는 주님이 채워주신다는 사실을 믿고, 그분을 전하는 삶을 살아간다.	우리는 신앙의 여정을 가는 동안 풍성한 생명을 주시는 주님을 나누며 전하는 자로 살아가야 합니다.	
설교적 결과물	설명) 우리는 참된 목자이고 영생의 떡이신 주님을 신뢰해야 하며, 그분을 나누는 삶을 살아가야 한다.	참 목자이신 예수님이 생명의 피와 영생의 떡으로 여러분을 찾아가십니다. 그분의 피와 살에 동참합시다.	성찬
	적용) 우리는 광야 같은 삶의 여정에서도 참 공급자이며 생명의 주인이신 주님을 신뢰해야 한다.	이제 주님의 피를 마시고 그분의 살을 먹은 우리는 참 생명을 나누어주는 제자로 살아가야 합니다.	
	적용) 우리는 신앙 여정에서 그 주님을 나누며 전하는 자로 살아가야 한다.	참 목자이고 풍성한 생명을 주신 주님을 닮아갈 것을 함께 다짐합시다.	파송
	적용) 주님을 나누는 삶은 개인, 가정, 공동체를 넘어 영원히 계속되어야 한다.	주님을 따라 참 생명의 공급자로 살아가는 여러분에게 영원한 복이 있습니다.	

표5 : 설교의 개략적 흐름과 예배 구성의 흐름

이 실례에 사용된 주해적 신학적 설교적 아이디어와 예전적 아이디어는 하나의 예다. 그러나 적어도 이러한 시도로 우리는 기독교 예배에서 설교가 극대화되거나 분리된 요소가 아니라, 하나님의 말씀인 본문이 살아나는 설교이며 그 본문이 살아나 예배 전반을 이끄는 통합적 원리가 될 수 있음을 충분히 확인할 수 있다.

텍스트, 설교와 예배의 생명력

예배는 우리 인생의 최고의 가치다. 예배에서 우리는 영생을 잇대어 오늘을 살아갈 힘을 얻는다. 그런 예배의 중심에는 하나님의 성경 말씀이 있다. 그러기에 성경 말씀을 결코 가볍게 여길 수 없다. 그런데 여기서 말하는 성경 말씀 중심성 혹은 본문 중심성은 단순히 설교에만 국한되지 않는다. 설교는 그 설교가 실행되는 예배라는 더 큰 정황에서 볼 때, 하나의 예전적 요소이기 때문이다. 오히려 말씀 중심성은 설교라는 예배/예전의 요소로서 중요하지만, 예배 전체의 구성과 실행의 원리로서 더욱 통합적이고 입체적인 관점에서 이해되어야 한다.

예배는 하나님의 임재와 그분이 주도하는 구속과 자신의 백성과 언약을 갱신하는 사건으로, 성경의 거대 담론을 한 번의 예배 안에서 실행한다. 여기에 설교는 복음의 실행이라는 논리성 안에서 예배와 동일한 신학적 내용과 목적, 구조와 흐름을 가진다. 즉, 하나님의 구속 이야기를 실행하는 예배 속에서, 설교는 구체적인 본문의 내용과 기능에 충실하여 복음의 한 부분을 재현한다. 따라서 본문이 살아있는 설교가 반복적이고 정규적인 예배 가운데 제대로 실행될 때, 예배는 그 자체로 복음 전체를 실행하는 설교의 기능을 가지며, 설교는 본문을 통해 성도가 하나님을 만나고 사귀며 교제하는 예배 기능을 갖게 된다.

우리가 이러한 예배로서의 설교, 설교로서의 예배에 대한 통합적 이해에 기초해 설교를 작성하고 예배를 인도한다면, 성경을 근거로 한 하나님의 구속-언약의 거대 서사의 예배 실천 속에서, 성경 본문을 근거로 하는 설교를 단순히 예배의 한 요소로만 떼어 생각하는 것이 오히려 더 부자연스러울 것이다. 생각해 보라. 하나님의 실제적인 임재와 우리의 전인격적 반응, 그리고 예배공동체로서 하나님나라를 이 땅에 이루어가는 한 편의 구속 드라마가 예배라면, 설교는 우리를 부르신 삼위 하나님, 그분과의 관계의 회복, 그리스도의 은혜에 대한 인식과 그분과의 친밀한 연합, 그리고 일상에서 우리가 개인을 넘어 공동체적 그리고 종말론적으로 하나님나라의 백성답게 살아가게 하는 하나님의 은혜의 방편이다. 이처럼 하나님의 구속과 언약 갱신의 사건을 성경대로 실행하는 예배 가운데 본문이 살아있는 설교는, 세상의 현실 세계를 성경의 말씀 세계로 바꾸어낸다. 본문이 살아있는 설교가 성경을 실행하는 예배 가운데 아름답게 어우러져 서로 통합과 상생을 이루기를 기대해 본다.

더 깊은 이해와 연구를 위한 추천 자료

• 국내 자료 •

문화랑, 『예배학 지도 그리기』(서울: 이레서원, 2020).
주종훈, 『예배, 역사에서 배우다』(서울: 세움북스, 2015).

• 번역 자료 •

데이비드 커리, 『빅 아이디어 예배』, 김대혁 역(서울: CLC, 2019).
로버트 웨버, 『교회력에 따른 예배와 설교』, 이승진 역(서울: CLC, 2012).
_____, 『예배학』, 이승진 역(서울: CLC, 2011).

마이클 퀵, 『예배와 설교』, 김상구, 배영민 역(서울: CLC, 2015).

브라이언 채플, 『그리스도 중심적 예배』, 윤석인 역(서울: 부흥과개혁사, 2011).

존 제퍼슨 데이비스, 『복음주의 예배학』, 김대혁 역(서울: CLC, 2017).

토마스 롱, 『깊은 예배』, 임대웅 역(서울: CLC, 2018).

휴즈 올리판트 올드, 『성경에 따라 개혁된 예배』, 김상구, 배영민 역(서울: CLC, 2020).

예배는 반드시 삼위 하나님이 중심이고,
삼위 하나님이 주도하시며, 삼위 하나님께 영광이 되어야 한다.
삼위 하나님의 일하심에 대해 '영과 진리'로 드리는
우리의 합당한 반응이 예배다.

PREACHING

Part 4　본문이 살아있는 설교와 목회

Chapter 7
본문을 살아내는 설교자:
설교자의 영성과 삶

_ 류응렬

    총신대 대학원에서 10년 동안의 교수생활을 뒤로 하고, 미국 수도 워싱턴 근교에 있는 와싱톤중앙장로교회에서 목회를 한 지 8년이 되어 간다. 미국의 5만 3천 교회를 연구한 결과 어려움을 잘 극복하고 가장 건강하게 성장한 13교회 가운데 하나로 내가 섬기는 교회가 선정되어, 미국에서 책으로 소개되기도 했다.[286] 모든 것이 하나님의 은혜지만, 오늘날까지 인정받는 건강한 교회로 성장하게 된 배경에는 이원상 원로목사님의 수고와 헌신이 있었다.

    와싱톤중앙장로교회는 1973년도에 설립되었다. 목사님은 교회가 설립된 지 4년 후인 1977년도에 부임해 26년 동안 섬기다가 2003년도에 은퇴하셨다. 은퇴 후에도 선교와 기도 사역에 매진하다 2016년 12월 하나님의 품에 안기셨다. 목사님이 부임할 당시 교회는 분열을 경험하고 성도 수가 14가정 30명 정도였으나, 은퇴할 즈음에는 3천 명 이상 출석하는 교회로 성장했다.

목사님을 본 사람들은 한결같이 예수님을 닮았다고 고백한다. 목사님께 가장 본받고 싶은 것이 있다면 기도의 삶이다. 목사님은 매달 첫 사흘 그리고 매주 수요일을 하루종일 금식하며 기도하셨다. 부흥회를 인도할 때나 대통령을 만나는 자리에서도 예외는 없었다.

목사님이 돌아가시기 전 무엇을 위해 그렇게 간절히 기도했는지 물은 적이 있다. 성도들의 다양한 삶을 두고 기도하지만, 두 가지 만큼은 꼭 기도한다고 했다. '하나님의 영광을 보게 하소서' 하는 기도와 '저를 긍휼히 여기소서'라는 기도였다. 오늘날까지 하나님 앞에 고결하게 쓰임받은 비결이 목사님의 기도에 들어 있었다.

사람들은 목사님을 예수님 같은 분이라 칭송하지만, 정작 자신은 겸손하게 하나님의 긍휼을 구했다. 아들에게 남긴 말씀이 있다. "나는 평범한 은사를 가진 아주 평범한 사람이란다. 나는 말주변도 별로 없고, 사역 관리도 잘 못하고, 대단한 설교자도 아니었다. 내가 유일하게 잘한 것이 있다면, 그것은 바로 사랑한 것이다. 나는 하나님을 사랑하고, 아내를 사랑하고, 자식을 사랑하고, 또 다른 사람들을 사랑했단다. 그것뿐이란다."[287]

목사님은 스스로 뛰어난 설교자가 아니라고 했다. 목사님은 뛰어난 수사력을 가진 웅변가는 아니었다. 사람들의 관심을 사로잡는 스토리텔러도 아니고 감동적인 예화로 심금을 울리는 전달자도 아니었다. 오늘날 목회자에게 필요한 자질이나 교회성장을 위해 가장 중요한 탁월한 설교자로서의 요소를 갖춘 분이라 말하기 어렵다. 그런데도 그분의 설교를 듣는 사람들은 은혜를 받고, 그분을 만나는 사람들은 한결같이 존경을 보낸다. 그 이유는 강단에서 외치는 설교를 삶 속에서 진실하게 살아내기 때문이다. 자신의 모습은 십자가에 못 박고 예수 그리스도의 마음을 따라 살아내는 사람, 이런 사람을 두고 본문을 살아내는 설교자라 부를 수 있을 것이다.

영성에 이끌리는 설교자

최근에 가장 영향력 있는 강사이면서 책 『래디컬』로 잘 알려진 데이비드 플랫(David Platt)이 "Together for the Gospel"에서 강의했는데, 내용 중에 청중을 놀라게 한 고백이 있다.

> 제 죄인 된 심성을 보여주는 이야기를 하나 하겠습니다. 제가 섬기던 교회가 성장할 당시, 꽤 오랫동안 수많은 사람이 모여들고 멋진 사역이 지속되던 때가 있었습니다. 저는 책을 출판했고 많은 사람이 읽었습니다. 여러 곳에서 설교 요청도 받았습니다. 사역의 절정기처럼 보였습니다. 내면적으로 주님과 같이하는 시간은 잘해봐야 아주 가끔이었습니다. 사실 그런 시간을 거의 갖지 못했습니다. 물론 설교를 잘 준비했고 공적으로 기도하곤 했습니다. 그러나 개인적으로 기도하는 시간을 갖지 못했고, 하나님을 더 알고 사랑하기 위해 성경 읽는 시간은 전혀 없었습니다.
> 오해는 하지 말아 주십시오. 저는 게으른 사람은 아닙니다. 열심히 일했고, 많은 날을 밤이 늦도록 일했습니다. 사역에도 아주 좋은 일이 많이 일어났습니다. 그러나 그 모든 사역이 예수님과 완전히 동떨어져 행한 것이었습니다. 예수님을 향한 가슴을 상실하고도 사역에서는 크게 성공할 수 있다는 사실에 놀랐습니다. 저는 예수님보다 사역을 더 사랑했습니다.[288]

미국뿐 아니라 한국과 전 세계에 지대한 영향력을 미치는 목사요 저술가인 그의 고백은 모든 목회자에게 찾아올 수 있는 영적 위험을 적나라하게 보여준다. 나도 목회를 시작하면서 잘해야 한다는 부담에 사로잡힌 적이 있다. 신학공부를 시작한 후로 부목사도 한 번 경험하지 못한 사람이 담임목회를 해야 한다는 부담감 때문이기도 했지만, 지난 10년 동안 가르친 제자들이 모두 지켜볼 텐데 모범을 보여야 한다는 생각에 생긴 부담감이기도 했다. 목회 초기에 교회는 잘 성장했고, 사역은 은혜롭게 진행되었으며, 교인들도 행복해 보였다.

모든 것이 잘되어 갔지만 문제는 나 자신이었다. 주일 설교는 이전에 했던 설교를 상황에 맞게 다듬어서 준비했기에 말씀을 연구하는 시간이 거의 없었다. 새벽기도부터 시작해 수차례 기도회 모임을 하여 개인기도 시간을 가질 필요가 없을 정도였다. 주님과 보내는 친밀한 시간은 성도를 위해 헌신하는 시간으로 대체했다. 그렇게 1년 6개월을 보낸 어느 날, 하나님이 마음속 깊이 찾아오셨다. 주님과 얼굴을 마주하지 못한 채 사역하느라 달려가고 있는 내 모습을 생생하게 보여주셨다. 외적인 열매는 잠시 기쁨을 제공했지만, 하나님과 교제 없는 열심은 거울 앞에 서 있는 내 모습을 부끄럽고 초라하게 만들었다. 그 후로 매주 목요일에는 기도와 설교 준비를 위해 기도원에 오른다.

설교자에게 영성은 생명과 같다. 설교자에게 영성은 호흡하게 만드는 산소이며, 바다를 살아있게 만드는 소금이다. 영성 없이 강단에 서는 것은 무기 없이 전쟁에 나가는 어리석은 병사와 같다. 영성 없이 설교한다는 것은 십자가를 모르고 구원을 외치는 것이나 마찬가지다. 영성의 사람이란 자아를 십자가에 못 박고, 예수 그리스도의 성품을 닮으며, 그분의 발자취를 따라가고자 발버둥 치는 사람이다. 한국 교회에는 어느 시대보다 이런 영성 있는 설교자가 필요하다. 진리의 말씀으로 온 영혼을 물들인 설교자, 성령의 능력에 이끌리는 사명자, 영혼을 향해 타오르는 주님의 심장을 품은 목자가 필요한 시대다.

바울은 자신의 설교 사역을 이렇게 정리한다. "내 말과 내 전도함이 설득력 있는 지혜의 말로 하지 아니하고 다만 성령의 나타나심과 능력으로 하여 너희 믿음이 사람의 지혜에 있지 아니하고 다만 하나님의 능력에 있게 하려 하노라"(고전 2:4-5). 설득력 있는 지혜의 말이나 뛰어난 학문으로 사람을 변화시킬 수 있다면, 이에 맞는 사람으로 바울 같은 사람이 또 어디 있겠는가. 예수님을 만나 주님을 알아갈수록 바울이 깨달은 것이 있다. 자신은 흔적도 없이 사라지고 하나님의 영이 자신의 내면을 충만하게 지배할 때, 영혼을 변화시키는 하나님의 능력이 나타난다는 것이다. 오늘날 기독교 강단은 이런 설교자를 기다린다.

기독교 역사에서 영성은 그 중요성만큼 강조되지 못했다. 설교와 목회의 승패를 결정짓는 것이 영성이라 해도, 설교학에서 영성을 다루는 일도 흔하지 않다. 데이비드 라센(David L. Larsen) 교수는 오늘날의 설교학계를 보면서 "신기하고도 가장 개탄할 만한 사실은, 설교학에 대한 수많은 책과 설교를 가르치는 학문의 과정을 살펴보면, 설교자에게 가장 중요한 영성의 측면을 실제적으로 다루지 않는다는 것"[289]이라고 지적한다. 설교자에게 가장 강조되는 영성이라면 마땅히 신학교 교육부터 영성 위주로 하나님의 사람으로서 인격교육이 우선되어야 할 것이다. 벤자민 워필드(Benjamin B. Warfield)는 신학교의 교육방향에 대해 이렇게 주장한다. "우리의 강단에 필요한 사람은 학자인 동시에 성자인 설교자입니다. 신학교의 가장 중요한 사명은 이런 사람을 만들어내는 것입니다."[290] 그러나 오늘날 신학교육은 학문적 소양을 중심으로 과정을 밟을 뿐 적절한 인격교육과 영성교육이 교육과정에 포함되어 있지 않다. 설교자에게는 뛰어난 재능과 말씀을 다루는 탁월함도 필요하지만, 영성을 능가할 수 있는 무기는 없음을 기억해야 한다.

기독교 역사상 가장 빛나는 영성의 대가 존 칼빈(John Calvin)에게는 '하나님의 영광'과 '경건'이라는 말이 그의 전 생애와 사역을 집약하는 핵심 단어다. 칼빈에게 경건은 삶의 전 영역에 펼쳐져 있기에, 그의 신학마저도 경건을 책 위에 펼쳐놓은 체계라고 말할 수 있다. 하나님을 진정으로 알고 그분께 순종하고자 하는 마음으로 시작되는 경건한 삶은 가슴에서부터 시작되는 경배, 구원하는 믿음, 부모로서의 경외심, 기도함으로 순복하는 삶 그리고 경외함으로 사랑하는 모든 것을 포함한다.[291] 칼빈은 전 생애를 하나님을 사랑하고 오직 주님께 영광 돌리고자 하는 마음으로 살았다. 그리고 진리의 말씀을 바르게 섬기는 것이 주님을 영화롭게 하는 일이라 확신했다. 그의 강단은 삶의 연장이었고, 삶은 강단에서 외친 말씀을 살아내는 현장이었다.

본문에 이끌리는 설교자

설교자에게 영성의 삶과 본문은 분리될 수 없다. 성경을 진리로 믿는 설교자는 하나님 영광의 낯빛을 다른 곳에서 찾지 않는다. 성경 본문과의 만남에서 하나님의 마음을 읽고, 이 시대를 향해 들려주는 하나님의 음성을 듣기 때문이다. 하나님과의 연합을 갈망하는 설교자라면 본문을 회중에게 전달하기 전에 먼저 자신의 마음에 새기려 할 것이다. 본문과의 씨름은 설교자의 영성을 고양시킬 뿐 아니라 본문이 살아있는 진정한 강해설교로 인도한다. "진정한 강해설교는 '본문이 이끄는' 설교여야 한다고 믿는다"는 데이비드 알렌 교수의 주장처럼, 본문이 살아날 때 나를 일으켜 세우는 말씀뿐 아니라, 이 시대에 주시는 하나님의 음성이 살아날 것이다.[292]

나는 성경적 설교 또는 강해설교를 "하나님이 본문에서 전하시고자 하는 의미를 묵상과 주해를 통해 바르게 파악하여, 먼저 성령께서 설교자 자신에게 적용하게 하시고, 청중의 변화를 위해 효과적인 방법으로 전하는 설교"라고 정의한다. 한마디로 정의하면 "하나님이 말씀하신 본문을 청중에게 적용해 변화를 일으키는 설교"라 할 수 있다. 내 정의는 해돈 로빈슨 교수의 가르침에 근거하며, 이미 많은 강해설교자가 제시한 정의와 맥을 같이 한다. 성경을 정직하게 전달하는 설교자라면 자신의 생각을 본문으로 가지고 들어가서는 안 된다. 또 본문에서 설교자가 원하는 대로 설교 주제를 찾아내는 읽기도 정당하지 못하다. 설교자는 본문을 충실하게 소개하는 해석자이지 본문의 의미를 창출하는 창조자가 아니다. 해돈 로빈슨의 고백처럼, 설교자가 본문에 근거하지 않을 때 설교자의 권위를 스스로 상실한다.[293] 본문에 이끌리는 설교는 이런 강해설교의 근본 정신을 가장 잘 드러낸다.

본문을 그대로 담아내는 설교는 몇 가지 요건이 필요하다. 첫째, 성경은 하나님의 무오한 진리의 말씀이라는 성경관이다. 설교자가 땀 흘려 성경을 연구해야 하는 이유와 생명을 걸고 전할 수 있는 이유가 여기 있다. 설교 신학은 근본적으로 성경관에서 시작된다.[294] 최근 설교학이 보이는 가장 큰 위험성은 절대 진리의 성경관에서 이탈했다는 사실이다. 크래독은 오늘날 설교자들이 성경을 문자 그대로 믿는 종교개혁가들의 성경론에 빠져 있다고 주장하며 성경의 무오성을 비판한다.[295] 버트릭(David Buttrick)은 성경무오를 부정하면서, 불트만(Rudolf

Builtman)의 신학을 따라 모든 설교에서 탈신화화 과정을 거쳐야 함을 강조한다. 성경이 하나님의 절대 진리라는 확신이 없으면 성경 본문에 지배를 받아야 할 이유가 없다. 성경이 하나님의 마음을 보여주는 진정한 통로임을 확신하는 설교자는 본문을 드러내지 않을 수 없다.

둘째, 설교자의 우선 되는 임무는 본문을 그대로 살려내 하나님의 생생한 목소리를 들려주는 것이다. 본문을 살려낸다는 말은 본문에서 말씀하시는 하나님의 음성을 듣는 것이다. 해석학적으로 표현하면, 본문에 나타난 저자의 의도를 먼저 파악하는 것이다. 성경에서 저자가 말한 것을 무시하고 오늘날 필요한 의미만 끌어온다면, 이미 성경적 근거를 상실한 설교다. 그러나 본문을 기록했던 상황은 현대의 삶과는 전혀 다른 세계다. 본문에서 발견한 주석적 주제에서 오늘날 필요한 설교적 주제로 넘어오기까지 해석학적 다리 놓기가 필요하다. 주석적 주제가 '본문이 무엇을 의미했는가?'(What it meant then)를 다룬다면 '본문이 언제나 의미하는 것은 무엇인가?'(What it always means)라는 해석학적 다리 놓기를 거쳐 '본문이 오늘날 의미하는 것은 무엇인가?'(What it means now)라는 설교적 주제를 다루어야 한다.

셋째, 주해가 본문에 근거해야 하는 것처럼 적용 역시 본문에 근거해야 한다. 설교의 목적은 주석의 목적과 다르다. 주석은 본문의 의미를 파악하는 것이 목적이지만, 설교는 듣는 회중의 삶에 변화를 일으키는 것을 목적으로 한다. 신앙이 없는 사람은 구원으로 인도하고, 신앙이 있는 사람은 거룩한 삶으로 인도해야 한다. 좋은 설교는 본문의 올바른 해석에 근거해 청중의 삶에 적실하게 연결되어 구체적인 변화를 일으킨다.

성령께 이끌리는 설교자

내가 설교에서 가장 강조하는 것은, 설교하기 전 성령이 설교자에게 말씀하시는 것을 듣는 과정이다. 설교자는 강단에서 복음을 전하기 전에 골방에서 주님을 만나야 한다. 청중의 변화를 위해 성령이 자신을 먼저 변화시킬 수 있도록 성령의 음성을 들어야 한다. 기독교 역사상 가장 뛰어난 설교자인 사도 바울은 "내가 내 몸을 쳐 복종하게 함은 내가 남에게 전파한 후에 자신이 도리어 버림을 당할까 두려워함이로다"(고전 9:27)라고 말했다.

"성령의 능력 없이는 구원이 불가능하듯 성령의 지속적인 도움 없이 신자의 성화는 불가능하다. 설교자들은 청중에게 성령의 은혜와 도우심을 구하며 최선을 다할 것을 강조할 뿐 아니라, 자신의 설교에서도 성령의 능력이 나타날 것을 간구하도록 해야 한다."[296] 성령의 지배를 받는 것은 신앙생활 전면에 나타날 뿐 아니라, 설교자에게는 특히 설교 준비 과정 가운데 일어나야 한다. 설교에서 성령의 역할이 충분히 강조되지 못한 것을 데이비드 알렌은 다음과 같이 지적한다. "설교는 영적인 행위다. 따라서 대부분의 궁극적인 설교의 효과성은 성령님의 역할과 설교자의 영적인 생활에 달려있다. 이 주제는 흔히 설교학 책에서 간과된다."[297]

성령의 도우심이 가장 절실하게 필요한 때는 설교 준비 과정이다. 본문과의 만남이 설교자의 영성을 위한 도전의 시작이라면, 자신에게 먼저 적용하는 것은 주님을 닮아가는 영성의 구체적 실천이라 할 수 있다. 설교자는 강단에서 말씀을 외치지만 정작 자신에게는 적용하지 않을 때 위험하다. 해돈 로빈슨은 설교자의 설교가 먼저 자신의 삶에 적용되어야 하는 중요성을 다음과 같이 지적한다. "설교란 설교자를 만들고 전달하는 것을 다루는 예술이다. 강해설교에 헌신한다는 것은 설교자로서 성숙한 그리스도인으로 발전하는 일이다. 우리가 성경을 연구할 동안 성령은 우리를 연구하신다. 우리가 강해설교를 준비할 때 하나님은 우리를 준비하신다."[298] 말씀을 바르게 해석하면 한두 번 설교를 잘할 수 있지만, 하나님의 가슴을 품은 영성가는 일생 주님의 가슴으로 영혼을 움직이는 설교자가 될 수 있다. 이렇게 말씀이 빚어가는 설교자의 삶의 중요성을 필립 브룩스는 "인격을 통한 진리의 선포"라는 설교의 정의로 표현했다.[299]

말씀 준비에서 성령의 중요성을 아는 사람은 자연스럽게 기도의 무릎을 꿇게 된다. 어두운 영을 밝혀 진리의 빛을 볼 수 있는 은혜를 간구하게 된다. 나는 주로 목요일에 설교 준비를 끝내는데, 주일 새벽에 기도하는 가운데 하나님이 주시는 특별한 은혜를 체험할 때가 많다. 본문을 바르게 파악하고 청중의 삶으로 잘 연결되었다고 좋은 설교가 보장되는 것은 아니다. 생명의 말씀이 내 가슴에 파고들어 내 영혼을 흔들어 놓을 때, 내 가슴이 하나님의 말씀에서 오는 거룩한 영광으로 가득 차오를 때, 그때 내 전인격을 통해 말씀이 터져 나올 수 있다.

본문을 살아내는 설교자

설교자에게 가장 중요한 덕목이 무엇인지 물으면 늘 '열정'이라 대답하곤 했다. 설교를 준비할 때나 강단에 오를 때, 하나님을 향한 거룩한 열정과 영혼을 향한 목자의 뜨거운 심정이 있어야 한다. 신학교에서 설교 실습을 가르칠 때 아무런 열정 없이 논문을 읽듯 설교하는 학생들이 가끔 있었다. 그러면 설교를 중단시키고 엄숙하게 말했다. "십자가의 복음을 전하는 영광스러운 직분을 미천한 우리에게 맡기셨는데, 아무런 자격이 없기에 심장이라도 드리는 마음으로 강단에 서야 할 것이 아닌가! 사탄에 의해 죽은 영혼을 빼앗아 오는 것이 설교인데, 죽은 영혼을 살리는 일에 생명을 바치고자 하는 열정 없이 어찌 생명을 살리겠는가!" 열정 없는 설교의 근본문제는 설교 자체의 문제가 아니라, 하나님을 향한 신앙과 목자로 부르심의 문제다. 로이드 존스(Lloyd Jones) 목사의 표현처럼 불타는 가슴으로 강단에 서야 한다.

주님 앞에 늘 죄송한 마음으로 말씀을 섬기지만, 내가 강단에 오를 때마다 오른손을 심장 위에 올려놓고 드리는 기도가 있다. "주님, 이번 설교가 제 생에 마지막 설교일 수 있습니다. 누군가는 마지막으로 듣는 설교일 수 있습니다. 제 생명을 드립니다. 부디 주님이 찾으시는 영혼을 진리의 말씀을 통해 살려주십시오. 주님, 오늘이 아니면 안 됩니다." 십자가의 피가 떨어지는 진리의 말씀을 제대로 전하지 못해 늘 부끄럽지만, 그것이 주님을 향해 드리는 내 기도다.

목회하면서 약간 변화가 일어났다. 설교자에게 가장 중요한 것이 열정이라 해도 인격의 중요성이 점점 더 보이기 시작했다. 열정 없이 강단에 올라서는 안 되겠지만, 설교자에게 신앙 인격은 강단뿐 아니라 삶의 모든 순간을 결정짓는 결정체다. 신앙 인격이란 한마디로 내 자아를 십자가에 못 박고 예수 그리스도의 영이 내 안에 주인이 되어 살아가는 삶 자체라 할 수 있다. 주님의 영이 지배하는 사람은 언어, 생각, 행동, 태도가 다르다. 때로는 열정이 넘쳐도 자신의 꿈을 성취하기 위한 도구일 때가 있고, 그 열정이 신앙 성품이라는 그릇에 담기지 못하면 헌신적인 목회자로 인정은 받지만 하나님의 사람으로 존경받지 못하기도 한다.

본문을 살아내는 설교자란 성도에게 존경받고 하나님께 인정받는 설교자라 할 수 있다. 이런 설교자의 삶을 위해 몇 가지 필요한 덕목이 있다. 첫째, 십자가의 길을 걸어도 행복한 목회자가 되라. 목회를 시작하고 가장 많이 듣는 질문이, 교수 시절과 비교하면 어떠냐는 질문이다. 신학교에서 가르칠 때도 참 행복했지만, 목회의 기쁨과 비교할 수 있는 것은 아무것도 없다. 목회가 가시밭길이라는 것은 당연한 말이다. 예수님의 뒤를 따라가는 사람에게 십자가가 없다면 그것은 정상이 아닐 것이다. 그러나 죽은 영혼이 살아나고 하나님의 사람으로 변화되는 것을 바라보는 기쁨과 보람은 세상 어느 곳에서도 찾아볼 수 없다. 행복한 목회자가 되어야 사랑하는 어머니의 따스한 심정을 품은 설교가 나온다. 십자가 고통을 외치는 설교가 아니라면 얼굴 가득 미소를 머금고 설교하라. 회중은 그 모습에 마음을 열고 말씀에 귀를 기울인다.

둘째, 뛰어난 설교자가 되기보다 먼저 신실한 목회자가 되라. 하나님의 마음을 감동시키는 좋은 설교자가 되기 위해서는 먼저 신실한 목회자가 되어야 한다. 뛰어난 설교자보다 신실한 목회자가 먼저다. 대중적 설교자가 요구되는 시대다. 교회를 정할 때 절대 다수의 사람이 목사의 설교를 듣고 결정한다. 설교를 뛰어나게 잘한다면 하나님의 특별한 은혜다. 그러나 설교는 목회의 중요한 일부분이지 목회의 전부는 아니다. 목회자와 장로들에게 늘 강조하는 것이 있다. '설명하는 삶을 살지 말라. 삶 자체가 설명이 되게 하라'는 부탁이다. 교회를 섬기는 리더가 얻어야 하는 것은 설명을 들은 후에 얻는 동의가 아니다. 신실한 목회자가 되면, 맡겨진 양들에게 하늘의 양식을 먹이는 것이 가장 중요한 임무임을 깨닫게 된다. 하나님 앞에 서 있는 신실한 목회자가 진리의 말씀을 충성스럽게 감당하는 설교자도 될 수 있다.

셋째, 성령을 의지하며 최선을 다하는 설교자가 되라. 강단에 설 수 있는 자격을 가진 사람은 아무도 없다. 하나님 앞에서 부끄럽고 죄악된 모습에 늘 고통하면서 살아가는 사람이 설교자다. 우리의 연약함은 낙심하는 걸림돌이 아니라 하나님 앞에 무릎을 꿇는 디딤돌이 되어야 한다. 하나님은 연약한 우리를 부르셔서 하나님의 말씀을 전하는 대언자로 세우셨다. 영혼을 살려내고 변화시키는 일은 하나님이 하시는 일이다. 우리가 할 일은 미천한 우리를 통해 하나님의 진리의 말씀이 쏟아져 나오도록 자신을 드리는 일이다. 나는 말씀을 전할 뿐 성령께서 알아서 적용하신다. 오늘 이 시간 주님이 반드시 하늘을 가르고 찾아오셔서 거룩한 변화를 일으켜 달라고 간구하는 심정으로 강단에 서야 한다. 하나님 앞에서 생명의 은혜를 입은 사도 바울의 고백이 우리의 고백이다. "우리가 그를 전파하여 각 사람을 권하고 모든 지혜로 각 사람을 가르침은 각 사람을 그리스도 안에서 완전한 자로 세우려 함이니 이를 위하여 나도 내 속에서 능력으로 역사하시는 이의 역사를 따라 힘을 다하여 수고하노라"(골 1:28-29).

하나님의 마음을 읽고 외치는 설교자

나는 몇 주 혹은 몇 달을 주기로 하나의 주제를 정해 설교하거나 한 권의 책을 차례로 설교한다. 그 주간에 설교할 본문을 놓고 주로 월요일에 묵상하는 시간을 보낸다. 목요일은 하루종일 기도하면서 설교를 준비하는 데 집중한다. 본문을 묵상하면서 가장 마음을 쏟는 것은 하나님의 마음을 읽는 것이다. 물론 본문의 의미를 바르게 파악하기 위해 문자와 배경 그리고 성경신학적 시각으로 연구하는 과정을 거치지만,

단순한 의미 파악에 멈추지 않으려 한다. 다음의 글에 성경을 연구하는 내 자세가 잘 나타나 있다.

> 성경은 연인의 편지처럼 읽어야 합니다. 성경은 하나님이 우리에게 보내신 사랑의 편지이기에, 성경에는 하나님의 따스한 숨결이 흐르고 죽음보다 강한 하나님의 사랑이 깃들어 있습니다. 하나님의 말씀을 학문적으로 분석하고 정리한다 해도, 하나님이 들려주시는 사랑의 목소리를 듣지 못한다면, 성경을 제대로 읽는 것이 아닙니다. 뛰어난 학문적 지식을 지녔지만 하나님의 마음을 모르는 신학자의 가슴으로 읽는 것이 아니라, 정말 주님을 사랑하는 그리스도인의 가슴으로 읽어야 성경을 통해 하나님을 만나고 주님의 음성을 들을 수 있습니다.[300]

요한복음 마지막 장에는 무너진 베드로를 다시 세우시는 예수님의 질문이 나온다. "요한의 아들 시몬아 네가 이 사람들보다 나를 더 사랑하느냐"(요 21:15). 세 번이나 똑같은 질문을 반복하시는 예수님. 예수님의 마음을 들여다보면 이것은 질문이 아니라 예수님의 사랑 고백처럼 들려온다. "베드로야, 네가 나를 부인하고 십자가 앞에서 도망했지만 나는 여전히 너를 사랑한다." 아내가 남편에게 "아직도 나를 사랑해요?" 하고 묻는 물음에는 "나는 당신을 이렇게 사랑하는데 당신도 나를 사랑하나요?"라는 아내의 사랑 고백이 묻어 있다. 어느 날 "하나님이 세상을 이처럼 사랑하사 독생자를 주셨으니"라는 구절을 묵상하다 책상 밑으로 엎드렸다. 이 말씀에서 눈물을 쏟는 하나님의 얼굴이 보였다. 전능하신 하나님이 죽은 우리를 살리시려 하나밖에 없는 아들을 주셨는데, 여전히 죄악에 빠져 살아가는 영혼들을 바라보며 흘리시는 하나님의 눈물이 보였다. 태초에 하나님이 천지를 창조하시니라! 이 말씀에서 하나님의 마음을 읽는 사람은 그 앞에 무릎을 꿇게 된다.

본문을 살려내는 설교란 본문 속에 깃들어 있는 하나님의 가슴을 선포하는 설교다. 하나님의 마음에 사로잡힌 설교자! 설교자의 열정은 깊은 사고나 헌신의 결단에서 나오는 것이 아니다. 본문에서 말씀하시는 하나님의 찬란한 영광의 모습을 발견할 때, 그때 생명을 던지는 진정한 열정과 헌신이 터져 나온다. 이런 사람의 관심은 설교를 듣고 있는 수많은 청중이 아니라 주님이다. 설교란 예수님이 지금 이 자리에 계신다면 전하실 그 말씀을 대신 전하는 위대한 사역이다. 강단에 설 때마다 예수님이 앞자리에서 듣고 계신다고 생각해 보라. 예수님이 "그것이 내가 전하고 싶은 말이야" 하시며 고개를 끄덕여야 진짜 설교다. 예수님의 얼굴을 마주하고 설교하는 사람은 부족한 설교에 낙심하지 않는다. 겸손히 주님의 긍휼과 은혜를 구할 뿐이다. 넘치는 은혜로 회중의 변화를 눈으로 본다 해도 교만하지 않는다. 막대기 같은 인생을 사용해 주신 하나님의 은혜를 높이 찬양할 뿐이다. 나 같은 사람에게 말씀 사역을 맡기신 하나님의 은혜에 감사할 뿐이고, 진흙 같은 자신을 통해서도 영광을 드러내시는 하나님의 역사를 찬양할 뿐이다.

나는 2009년도에 칼빈 탄생 500주년을 맞이하여, 그가 태어난 프랑스 누아용의 집과 자라난 교회, 그가 목회한 스트라스부르그와 스위스 제네바의 교회를 탐방한 적이 있다. 칼빈은 강단에 오를 때마다 "설교자가 먼저 하나님의 말씀을 힘써 따르지 않는다면 강단에 오르면서 목이 부러지는 편이 낫다"고 읊조리곤 했다. 지금도 여전한 성 베드로교회에 들어가 꽈배기 모양의 강단을 오르면서 칼빈의 그 심정을 달라고 기도했다. 설교자로 부름받은 후 오직 진리의 복음을 위해 삶을 던진 칼빈은, 그가 마지막까지 섬긴 성 베드로교회 근처의 공원묘지에 묻혔다. 초라한 시골 묘지 한 구석 무덤에 작은 묘비명 하나가 그의 이름을 희미하게 보여주고 있다. 사람들은 그곳이 비어있는 무덤이라고 말한다. 자신의 무덤조차 알려지기를 거부하고 오직 하나님의 영광을 위해 달려온 칼빈, 본문을 살아낸 한 설교자의 빈 무덤을 통해 십자가의 붉은 피가 쏟아져 나왔다.

Chapter 8

강해설교와 목회:
말씀이 이끌어 가는 목회

_정승룡

지금까지 한국 교회의 성장 동력은 강단이었다고 많은 학자들이 말한다. 한 통계에 따르면, 한국의 목회자와 성도들에게 설문한 결과 목회에서 가장 중요한 사역으로 88.9퍼센트가 설교 사역을 꼽았으며, 72퍼센트가 한국 교회의 성장에 강단의 설교 사역이 지대한 영향력을 미쳤다고 응답했다.

그렇다면 지금 한국 교회가 정체되고 위기를 겪고 있다면 그것은 여러 요인이 있을 수 있지만, 당연히 강단에도 그 원인이 있다고 하겠다. 한국 교회의 위기는 곧 강단의 위기라고 해도 과언이 아니다. 한국 교회의 강단을 갱신하고 다시 한번 이 위기를 돌파하기 위해 더 강력한 하나님 말씀의 역사가 필요하다. 말씀이 말씀 되고 능력이 되는 한국 교회의 강단이 되어야 할 것이다.

초대교회에서 그 해답을 찾다

　초대교회의 어려운 상황에서도 건강한 교회를 이루며 '모든 믿는 자의 본'을 보인 교회를 소개하고 해답을 찾고자 한다. 바로 데살로니가교회다. 사도 바울은 제2차 전도여행 중에 데살로니가에 이른다. 그곳에서 3주간 머물며 하나님의 말씀, 즉 구약을 강론하고 뜻을 풀어 그리스도를 증언하고 전했다. 그 결과 경건한 헬라인과 귀부인들도 믿고 주께 돌아오는 강력한 생명의 역사가 일어났다. 그들을 중심으로 데살로니가교회가 탄생했다. 이것은 놀라운 기적이다. 바울과 일행은 이 말씀의 권능과 성령의 역사를 보며 기뻐하고 또 기뻐했을 것이다.

　그러나 바울을 시기하던 유대인들은 달랐다. 그들은 시장의 불량배를 동원해 성을 요란하게 하고, 바울과 일행을 잡아 겁박하려 했다. 바울은 어쩔 수 없이 동반자요 동역자인 디모데와 실라를 그 지역에 남겨놓고 아테네로 이동한다. 바울은 아테네를 거쳐 고린도에서 복음을 전했다. 아마도 데살로니가의 처음 믿은 형제와 자매들이 많이 그리웠을 것이다. 유대인들이 훼방하는 가운데 그들을 남겨두고 떠나온 것이 마음에 많이 걸렸을 것이다. 그들이 믿음 위에 견고하게 서 있기를 간절히 기도했을 것이다.

　얼마 후 디모데와 실라가 마케도니아에서 고린도로 내려왔다. 바울은 그들에게 매우 진지하게 데살로니가 성도들과 교회의 형편을 물었을 것이다. 그런데 뜻밖의 소식을 듣게 된다. 데살로니가교회의 성도들이 그 모진 상황 가운데서도 '믿음의 역사, 사랑의 수고, 소망의 인내'가 풍성한 교회를 이루고 있었던 것이다(살전 1장). 신앙의 3대 덕목인 믿음, 소망, 사랑을 모두 겸비한 건강한 공동체를 세웠을 뿐 아니라, 그들의 믿음의 소문이 각처에 펴지고, 믿는 사람들에게 본이 되고 있다는 것이다. 성경은 "너희가 마게도냐와 아가야에 있는 모든 믿는 자의 본이 되었느니라"(살전 1:7)고 기록한다. 이것은 또 다른 기적이다.

상황적으로 볼 때 믿음을 시기하고 박해하는 유대인들이 여전히 그들을 힘들게 하고 있었다. 바울이 그들에게 복음을 전하고 그 복음이 숙성될 충분한 시간이 흐르지 않았다. 시간적으로 보더라도 이러한 건강한 교회, 믿음의 본이 되는 교회가 된다는 것은 기적이다. 이 기적은 어떻게 가능했을까? 지금도 이러한 기적이 이 시대의 모든 교회에 가장 필요하다.

말씀이 역사하다

데살로니가교회의 놀라운 기적의 배후에는 말씀의 역사가 있었다. 바울은 그들 가운데 말씀이 역사했다는 사실을 이렇게 전한다. "이러므로 우리가 하나님께 끊임없이 감사함은 너희가 우리에게 들은 바 하나님의 말씀을 받을 때에 사람의 말로 받지 아니하고 하나님의 말씀으로 받음이니 진실로 그러하도다 이 말씀이 또한 너희 믿는 자 가운데에서 역사하느니라"(살전 2:13).

바울은 제2차 전도여행에서 데살로니가에 이르렀을 때 늘 그랬듯 유대인의 회당을 찾았다. 그리고 그곳에서 세 안식일에 구약의 뜻을 풀어 예수가 메시아, 곧 그리스도임을 증언했다. 성경은 이렇게 기록하고 있다. "바울이 자기의 관례대로 그들에게로 들어가서 세 안식일에 성경을 가지고 강론하며 뜻을 풀어 그리스도가 해를 받고 죽은 자 가운데서 다시 살아나야 할 것을 증언하고 이르되 내가 너희에게 전하는 이 예수가 곧 그리스도라 하니"(행 17:2-3).

바울은 회당에 모인 자들을 향해 말씀을 강해했다. 이 말씀은 당연히 구약이었다. 바울은 말씀을 강해하면서 그 뜻을 풀어, 메시아의 고난과 죽음 그리고 부활에 대해 강론했다. 바로 예수가 구약에서 예언한 메시아, 그리스도임을 증언한 것이다. 그때 회당에 모여 있던 자들 중에 그 말을 바울 개인의 말로 받지 않고 하나님의 말씀으로 받은 사람들이 있었다. 그들은 성령의 기쁨 가운데 그 말씀을 믿음으로 받았다. 그 말씀을 믿음으로 받은 자들 가운데 하나님의 말씀이 역사하니 그들이 "우상을 버리고 하나님께로 돌아와서 살아 계시고 참되신 하나님을 섬기는"(살전 1:9) 하나님의 백성이 되었다. 그리고 그 어려운 초대교회의 상황에서 "죽은 자들 가운데서 다시 살리신 그의 아들이 하늘로부터 강림하실 것을"(살전 1:10) 소망하며 인내하는 성도로 서게 된 것이다. 말씀의 역사다.

바울은 다메섹 도상에서 부활하신 예수님을 만나고, 아나니아의 안수기도 중에 성령을 받는다(행 9장). 바울은 구약에서 예언한 메시아가 예수님임을 확신하게 된다. 그리고 곧장 세례(침례)를 받고, 메시아 예수 그리스도를 전하기 시작한다. 바울의 전도는 유대인 회당에 들어가 성경을 강해하는 것이었다. 구약을 강론하며 뜻을 풀어 그가 박해했던 예수가 그리스도임을 성경 강해로 강력하게 전파한 것이다.

데살로니가교회의 예에서 보듯, 하나님의 말씀이 강력하게 역사해 놀라운 기적을 이루려면 두 가지 요소가 결합해야 한다. 첫째는 설교자가 말씀을 강론하고 그 뜻을 풀어 예수를 증언해야 한다. 본문을 자의적으로 해석해 말씀의 내용과 의도와 달리 자기의 의도를 전하는 것은 말씀의 역사를 막을 뿐 아니라 재앙을 불러온다(렘 14:13-16). 둘째로 그 말씀을 받는 사람들은 말씀을 사람의 말이 아닌 하나님의 말씀으로 받아야 한다. 자기의 이성과 생각, 경험과 지식을 초월하는 말씀이 선포될 때 믿음의 그릇으로 받아야 한다.

이 두 요소는 성령의 도우심이 없이는 불가능하다. 말씀의 원저자인 성령께서 그 말씀을 묵상하는 설교자에게 조명하심의 은혜를 부어, 그 말씀의 내용과 저자의 의도를 밝히 알 수 있도록 역사해 주셔야 한다. 바울은 분명하게 밝히고 있다. "이는 우리 복음이 너희에게 말로만 이른 것이 아니라 또한 능력과 성령과 큰 확신으로 된 것임이라"(살전 1:5). 바울은 복음을 성령의 큰 확신과 능력 가운데 전했다고 말하고 있다.

또 듣는 사람에게도 성령이 역사하셔야 한다. 그들 가운데 진리의 성령이 임하셔서 그들의 마음과 귀를 열어주셔야 말씀을 말씀으로 받을 수 있다. 바울은 데살로니가 성도들에게 "또 너희는 많은 환난 가운데서 성령의 기쁨으로 말씀을 받아"(살전 1:6)라고 말한다. 바울은 그들이 선포되는 말씀을 하나님의 말씀으로 받은 것은, 그들의 어떠함이 아니라 성령의 도우심이었다고 말한다. 그들의 모든 것을 초월한 성령의 기쁨으로 말씀을 믿음으로 받았다고 말하는 것이다.

데살로니가의 기적은 성령 안에서 이 두 요소가 결합해, 말씀이 강력하게 그들 가운데서 역사한 결과다. 말씀이 강력하게 역사하여 짧은 시간에 어려운 상황 가운데서도 건강한 성도, 건강한 교회, 믿음의 본이 되는 성도, 믿음의 본이 되는 교회가 세워진 것이다.

지금도 필요한 것은 설교자의 신실한 말씀 강해다. 지금도 필요한 것은 그 말씀을 사람의 말이 아닌 하나님의 말씀으로 받는 성도의 영적 겸손과 순종이다. 그렇게 될 때 데살로니가교회의 이야기는 지금도 여전히 유효하며, 우리 교회의 이야기가 될 수 있다.

예수님은 당신의 교회를
성령과 말씀으로 인도하신다

　요한계시록의 일곱 교회에 예수님의 칭찬과 책망의 메시지가 전달되는 과정을 보면 매우 흥미롭다. 각 교회를 향한 메시지 내용은 다르지만, 그 메시지를 담아 전하는 형식은 동일하다. 교회를 친히 세워가시는 예수님은 사도 요한을 택하시고 성령으로 감동시켜 말씀을 계시해 주신다. 요한은 이렇게 증언한다. "주의 날에 내가 성령에 감동되어 내 뒤에서 나는 나팔 소리 같은 큰 음성을 들으니 이르되 네가 보는 것을 두루마리에 써서 에베소, 서머나, 버가모, 두아디라, 사데, 빌라델비아, 라오디게아 등 일곱 교회에 보내라 하시기로"(계 1:10-11). 요한은 성령의 감동을 받고 소아시아 일곱 교회를 향해 예수님의 말씀을 전한다.

　그 형식은 이렇다. 먼저 수신자와 그 교회를 향해 전할 메시지를 주신 예수님에 대한 환상을 소개한다. 에베소교회를 예로 들어본다. "에베소 교회의 사자에게 편지하라 오른손에 있는 일곱 별을 붙잡고 일곱 금 촛대 사이를 거니시는 이가 이르시되"(계 2:1). 그 수신자를 분명하게 밝히고 메시지의 근원인 예수님을 소개한다. 다음은 그 교회를 향한 칭찬과 책망의 메시지를 전한다. "내가 네 행위와 수고와 네 인내를 알고 또 악한 자들을 용납하지 아니한 것과 자칭 사도라 하되 아닌 자들을 시험하여 그의 거짓된 것을 네가 드러낸 것과 또 네가 참고 내 이름을 위하여 견디고 게으르지 아니한 것을 아노라 그러나 너를 책망할 것이 있나니 너의 처음 사랑을 버렸느니라 그러므로 어디서 떨어졌는지를 생각하고 회개하여 처음 행위를 가지라 만일 그리하지 아니하고 회개하지 아니하면 내가 네게 가서 네 촛대를 그 자리에서 옮기리라 오직 네게 이것이 있으니 네가 니골라 당의 행위를 미워하는도다 나도 이것을 미워하노라"(계 2:2-6). 매우 따뜻하면서도 분명하고 날카로운 책망이 담겨있다. 사도 요한은 받은 계시의 말씀을 가감 없이 전달했다. 사도 요한이 전한 말씀이 교회를 향한 성령의 말씀임을 분명히 알고 들을 귀 있는 자는 들어야 한다고 마지막으로 권면하면서 말씀을 마친다.

일곱 교회에 대한 계시와 전달 내용은 모두 달랐다. 각 교회의 영적 상황과 형편이 다르기에 예수님도 다른 메시지를 주신 것이다. 그러나 여기서 주목할 내용은 그 형식이다. 형식은 같았다는 것이다. 수신자에 대한 분명한 언급이 있다. 설교는 대상이 분명하다. 그 대상은 각각 다르다. 대상의 영적 형편과 상황이 다르고, 말씀을 받는 시점이 다르다. 그러므로 회중을 해석하는 것은 무엇보다 중요하다. 더 나아가 본문과 회중의 사이를 해석해야 한다고 크래독은 자신의 저서 『크래독의 설교 레슨』(도서출판 대서 역간)에서 강조하고 있다.

그리고 공동체에 소개하는 예수님에 대한 환상이 다르다. 그 말씀을 전하게 하신 예수님의 다양한 모습을 환상에서 본 그대로 전한다. 말씀의 근원이 교회의 주인이신 예수 그리스도임을 분명히 하고 있다. 그리고 말씀을 받는 공동체가 바라보아야 할 예수님의 환상을 소개한다. 이것은 메시지의 내용과 무관하지 않다. 그들에게 묘사되는 예수님의 환상이 다른 것처럼, 그들을 향한 메시지 역시 모두 달랐다.

마지막으로 주목해야 할 형식 중 하나는 메시지의 마지막 권면이다. "귀 있는 자는 성령이 교회들에게 하시는 말씀을 들을지어다"(계 2:7). 이 권면의 말씀은 모든 교회에 동일하게 주어졌다. 사도 요한이 예수님께 받은 이 말씀은 곧 성령께서 교회들에게 하시는 말씀이라는 사실에 주목해야 한다. 이는 예수님이 사도 요한을 통해 소아시아 일곱 교회를 말씀으로 칭찬하고 책망하며 인도하실 때 성령으로 하셨다는 사실이다.

이 형식은 교회의 주인이고 참 목자이신 예수님의 제자로 지역 교회 목사의 직임을 받은 설교자가 참조해야 할 매우 중요한 모형이다. 설교자는 이미 손에 쥔 성경을 성령 안에서 묵상하면서, 교회를 향한 예수님의 음성을 들어야 한다. 철저한 석의(釋義)와 해석을 통해 성령의 음성을 들어야 한다. 그와 동시에 이 말씀이 선포될 회중의 삶의 자리를 철저히 석의하고 해석해야 한다. 그래서 하나님의 말씀과 회중의 삶이 만나도록 영적 중간다리 역할을 해야 한다. 이것은 한 지역 교회의 목회자이면서 설교자에게 가능한 일이다. 따라서 나는 회중을 향한 가장 신실한 설교자는 그 교회를 담임하고 있는 담임목사라고 생각한다. 회중이 반영되지 않은 상품화된 설교도 하나님은 사용하신다. 그러나 그것은 설교의 표준이 될 수 없다. 설교 사역의 중요한 파트너는 회중이기 때문이다.

마지막으로 설교자는 교회에 담대하게 외쳐야 한다. "귀 있는 자는 성령이 교회들에게 하시는 말씀을 들을지어다"(계 2:7). 설교자가 외치는 말씀이 하나님의 말씀, 교회를 향한 예수님의 말씀, 성령이 교회에 하시는 말씀이라고 담대하게 외칠 수 있기 위해서는, 말씀의 석의와 해석의 묵상 과정을 통해 성령의 조명하심 가운데 본문에서 말씀하시는 예수님의 음성, 성령의 음성을 들어야 한다. 그 묵상의 결과가 성경의 원저자이신 성령께서 본문에서 말하기 원하시는 내용과 의도와 동일해야 한다. 이것은 성경학자들의 도움이 필요하다. 그래서 주석으로 검증하는 단계를 거쳐야 한다.

예수님은 비유로 설교를 가르치셨다

　예수님이 제자들에게 말씀하셨다. "내가 너희에게 어두운 데서 이르는 것을 광명한 데서 말하며 너희가 귓속말로 듣는 것을 집 위에서 전파하라"(마 10:27). 나는 이 구절을 예수님이 제자들에게 비유로 설교를 가르치신 것이라 생각한다(막 4:34). 이 비유의 방점이 어디 있는가? '듣는 것'에 있다. 광명한 데서 말하려면 전제되는 것이 어두운 데서 듣는 것이다. 듣지도 않았는데 말하는 것은 거짓이며 사기다. 집 위에서 전파하려면 먼저 귓속말로 들어야 한다. 귀에 대고 하신 말씀이 없는데 집 위에서 전파하는 것도 거짓이며 사기다.

　그래서 설교자는 성령의 조명하심의 은혜를 힘입어 말씀 연구와 묵상에 집중해야 한다. 이 사역에 부끄러움이 없어야 한다. 설교자들에게 바울의 권면은 아무리 강조해도 지나치지 않다. "너는 진리의 말씀을 옳게 분별하며 부끄러울 것이 없는 일꾼으로 인정된 자로 자신을 하나님 앞에 드리기를 힘쓰라"(딤후 2:15). 설교자는 신실하게 말씀을 연구하고 묵상해, 성령께서 본문을 통해 말씀하시는 것을 들어야 한다. 설교자가 본문에서 들은 말씀이 분명하다는 확신이 들 때, 기다리는 회중에게 이것이 하나님의 말씀이라고 담대하게 외칠 수 있다. 이렇게 하나님의 말씀을 회중에게 풀어 놓으면, 믿음으로 받는 사람들 가운데 말씀의 역사가 일어난다. "하나님의 말씀은 살아 있고 활력이 있어 좌우에 날선 어떤 검보다도 예리하여 혼과 영과 및 관절과 골수를 찔러 쪼개기까지 하며 또 마음의 생각과 뜻을 판단하나니"(히 4:12). 이것이 성경의 약속이기 때문이다.

　하나님의 인도하심을 받아야 할 공동체와 개인에게 하나님의 말씀은 그들을 앞서 인도해 가신다. "주의 말씀은 내 발에 등이요 내 길에

빛이니이다"(시 119:105). 이것 역시 성경의 약속이다. 교회의 주인이시고 참 목사이신 예수님은 종의 입술을 통해 선포하게 하신 말씀으로 성령 안에서 교회를 세우고 인도하신다.

말씀이 늘사랑교회를 이끌다

하나님나라와 복음을 전파하다

나는 사우스웨스턴침례신학교에서 설교학을 공부했다. 공관복음을 중심으로 예수 설교(Jesus' Preaching)를 연구하고 박사논문을 썼다. 그 과정에서 예수 설교의 내용과 방법론을 접했다. 학위논문은 예수의 설교 방법론과 그 적용이었지만, 예수의 설교 내용도 함께 연구했다. 그 결과 예수님 설교의 대주제는 '하나님나라'임을 깨닫게 되었다. 이 내용은 조지 래드의 『하나님 나라』(CH북스 역간)와 톰 라이트의 『마침내 드러난 하나님 나라』(IVP 역간)에 잘 기술되어 있다.

"설교자는 그리스도의 입이다"라는 칼빈의 말처럼, 설교자는 예수 설교의 내용과 결을 같이 한다. 그래서 내 평생 설교의 대주제를 하나님나라로 정했다. 이것을 교회에 적용했다. 강단의 첫 설교와 중간의 의미 있는 설교 그리고 마지막 은퇴 설교를 같은 것으로 하는 것이다.

이것은 예수님의 설교 사역의 예에서 찾았다. 마가복음에 기록된 예수님의 첫 설교 내용이다. "이르시되 때가 찼고 하나님의 나라가 가까이 왔으니 회개하고 복음을 믿으라 하시더라"(막 1:15). 회개하고 복음을 믿으라는 이 말씀의 대전제는 하나님의 나라가 임했다는 사실이다. 하나님나라의 도래를 선포하고 복음을 선포하신 것이다.

예수님이 부활하시고 제자들과 함께 지상에 있는 마지막 짧은 기간 동안의 말씀을 누가는 이렇게 요약해 놓았다. "그가 고난 받으신 후에 또한 그들에게 확실한 많은 증거로 친히 살아 계심을 나타내사 사십 일 동안 그들에게 보이시며 하나님 나라의 일을 말씀하시니라"(행 1:3). 즉, 예수님의 첫 설교와 마지막 설교가 하나님나라에 관한 것이었다.

그리고 중간에 제자들의 마음이 생활의 염려로 흔들릴 때 예수님은 산상수훈을 통해 하나님의 나라를 구하라고 권하셨다. "그러므로 염려하여 이르기를 무엇을 먹을까 무엇을 마실까 무엇을 입을까 하지 말라 이는 다 이방인들이 구하는 것이라 너희 하늘 아버지께서 이 모든 것이 너희에게 있어야 할 줄을 아시느니라 그런즉 너희는 먼저 그의 나라와 그의 의를 구하라 그리하면 이 모든 것을 너희에게 더하시리라"(마 6:31-33). 마태복음에서 언급하는 "그의 나라와 그의 의"가 누가복음에서는 "그의 나라"로 좁혀진다. "다만 너희는 그의 나라를 구하라 그리하면 이런 것들을 너희에게 더하시리라"(눅 12:31). 결국 예수님은 제자들에게 삶의 최우선 순위로 하나님나라 구할 것을 주문하셨다.

내가 섬기던 대전 늘사랑교회 설교 사역에 이렇게 적용했다. 1999년 8월 22일 첫 설교를 시작으로 늘사랑교회 목회가 시작되었다. 그때 마태복음 6장 33절을 본문으로 "우리 소망, 하나님의 나라"라는 제목으로 설교했다. 하나님나라의 복음으로 구원받았지만, 우리 삶의 모든 영역에 하나님의 통치가 온전히 이루어지도록 두렵고 떨리는 마음으로 구원을 이루어가자고 권했다. 그리고 우리를 통해 가족과 이웃과 이 민족과 열방에 하나님의 나라가 확장되어 가도록 전도와 선교에 힘쓸 것을 권면했다. 더 나아가 우리 가운데 임하실 하나님의 나라를 기다리며 사모하는 마음을 키워나가자고 했다. 완성될 하나님의 나라, 그 승리의 정점에서 오늘을 해석하며 나아가는 우리가 되기를 권한 것이다. 이것이 설교 사역의 시작이었다.

7년이 지난 후 안식년을 떠나며, 부임 첫 설교와 똑같이 설교했다. 지난 7년 동안 함께 주를 바라보고 하나님의 나라를 꿈꾸며 성숙하고 성장해 왔는데, 우리 각자 안에 그리고 우리를 통해 하나님나라가 얼마나 확장되었는지 점검해 보았다. 그리고 완성되어 임하게 될 천국에 대한 사모함이 얼마나 커졌는지 점검했다. 그러고는 10년 만에 두 번째 안식년을 보냈다. 두 번째 안식년을 떠나면서 또 똑같이 설교했다. 우리가 함께한 17년 동안 우리 안에 하나님의 주권이 삶의 모든 영역에 얼마나 영향을 미쳤는지, 그리고 우리를 통해 이 땅과 열방에 하나님의 나라가 얼마나 확장되었는지, 더 나아가 완성될 천국을 얼마나 더 사모하고 있는지 점검했다. 내 은퇴설교는 이미 정해졌다고 교회에 말했다. 사역을 시작할 때 처음 전했던 바로 그 말씀, "우리 소망, 하나님의 나라"를 마지막으로 한번 더 선포하고 강단에서 내려오겠노라고 했다. 교회는 그 교회의 주인이고 참 목사이신 예수님 말씀의 큰 틀을 벗어나지 않고 그 안에 머물러 있다는 영적 안도감을 갖게 된다.

말씀에 감동되어 교회의 비전을 인도받다

2007년 3월 첫째 주일, 늘사랑교회가 창립 20주년을 맞았다. '1987-2008 늘사랑교회 22년사'를 보면, 그동안 하나님이 베풀어주신 은혜가 넘치는 것을 알 수 있다. 지난 20년의 은혜에 감사하며 또 다른 20년을 준비하는 중요한 예배였다.

당시 나는 안식년 중이었다. 그때 매일 간절히 기도하며 20주년에 주시는 감동의 말씀 받기를 구했다. 기도 중에 '안디옥교회를 묵상하라'는 성령의 감동을 받았다. 그래서 사도행전 11장에 있는 안디옥교회의 탄생과 성장을 묵상했다. 사도행전 11장 19-30절 말씀을 통해 향후 20년간 우리 교회의 비전에 대해 '성령의 내적 증거'를 얻게 되었다. 이 말씀이 우리 교회를 향한 주님의 마음임을 확신하게 되었다. 그 내용을 '안디옥 비전'이라 칭하고 내용을 교회에 선포했다. 안디옥 비전을 '복음전파, 인재양성, 이웃사랑' 세 가지로 요약했다.

안디옥 비전 I : 복음전파
"안디옥에 이르러 … 말하여 주 예수를 전파하니"(행 11:20)

안디옥 비전 II : 인재양성
"바나바가 사울을 찾으러 다소에 가서"(행 11:25)

안디옥 비전 III : 이웃사랑
"각각 그 힘대로 유대에 사는 형제들에게 부조를 보내기로 작정하고"(행 11:29)

그 후 성령의 강력한 역사로 더욱 활발하게 지역 전도와 해외 선교가 일어나는 것을 보았다. 한 예로 2009년 1월부터 2013년 7월까지 교회를 건축했는데, 나중에 보니 4년 반의 건축 기간 중에 선교사를 여섯 가정 파송하고, 해외선교가 더욱 강력하게 일어나는 것을 목도할 수 있었다. 2000년도부터 기도해 오던 기독대안학교 늘사랑기독학교가 2010년 교회 안에서 개교하여, 다윗 같은 다음세대의 기독 인재를 양육하게 되었다. 벌써 많은 졸업생이 국내외 대학에 진출했고, 무엇보다 견고한 믿음의 군사로 자라고 있다.

이웃사랑의 기치 아래 사회에 그늘진 곳을 찾아 섬기는 사역이 계속 늘어나고 있다. 교회 안에 발달장애 아동을 위한 사랑의 학교 사역도 더욱 전문화되어 갔다. 교회 밖 사역도 활발하게 늘어났다. 한 예로, 이미용 봉사를 하면서 사랑을 나누고 복음을 전하는 사역을 시작하자, 우리 지체들이 이미용 기술을 직접 배워 여러 곳을 찾아가 섬기는 일들이 일어났다. 일어나는 여러 사역을 보면서 '예수님이 설교자에게 선포하게 하신 말씀을 통해 성령으로 역사하신다'고 생각할 수밖에 없었다. 선포된 말씀을 통해 예수님이 직접 성령으로 일하시는 것을 온 성도와 함께 보는 것은 정말로 흥미진진하다. 어떤 것도 이보다 더 아름다울 수 없다. "주께서 하셨습니다"라며 모든 성도가 하나님께 영광을 돌렸다.

그렇게 10년이 지나고 창립 30주년을 맞았다. 공교롭게 그때도 안식년 중이었다. 많은 시간을 두고 주님과 기도로 교제하면서 30주년 말씀의 감동을 구했다. 그때 10년 전과 동일한 감동을 주셨다. '안디옥교회를 묵상하라'는 것이다. 그래서 이번에는 사도행전 13장 1-3절의 말씀을 묵상했다. 이 말씀을 묵상하면서 창립 30주년을 맞는 늘사랑교회를 향한 주님의 마음을 어렴풋이 알게 되었다. "내가 불러 시키는 일을 위하여 바나바와 사울을 따로 세우라"(행 13:2)는 말씀과 함께, 주께서 바나바와 바울을 불러 시키신 일이 무엇인지 성경을 더 열심히 보았다. 그들은 교회의 파송을 받아 가는 곳마다 복음을 전하고 교회를 개척했다. 안디옥교회는 힘들지만 순종했다. 금식하고 기도하며 두 사람을 안수하고 보냈다. 바울과 바나바가 성령의 보내심을 받아(행 13:4) 해외선교를 시작한 것이다. 그들의 전략은 디아스포라 유대인 회당에 들어가 구약을 강론하며 뜻을 풀어, 예수가 메시아 곧 그리스도 주이심을 증언하는 것이었다. 주의 손이 그들과 함께하시어 믿고 주께 돌아오는 자들이 많았다. 바울과 바나바는 그들을 중심으로 교회를 개척했다.

이 말씀을 묵상하면서, 창립 30주년을 맞는 우리 교회를 향한 주님의 마음을 분명히 알 수 있었다. 기도하면서 '성령의 내적 증거'를 받았다. 그것은 바로 교회를 개척하는 것이었다. 우리 늘사랑교회는 늘 전도와 선교에 힘써 왔지만, 좀더 구체적으로 교회를 개척하는 목표를 세웠다. 그리고 그동안 우리의 선교 전략 밖에 있던 디아스포라 한인들을 품게 되었다. 2017년 30주년 말씀을 근거로 늘사랑교회는 '미셔널 교회'로 전환을 시작했다. 그 결과 2018년에 국내에 두 교회와 해외에 두 교회를 개척했다. 한인 디아스포라의 메카라고 할 수 있는 남가주에 남가주 늘사랑교회, 현재 한인들이 가장 활발하게 모여드는 베트남 하노이에 하노이 늘사랑교회를 개척했고, 이 두 교회는 왕성하게 성장하고 있다. 2020년에는 애틀랜타 늘사랑교회를 또 개척했다. 하나님께서 말씀하게 하시고, 그 말씀을 이루어가시는 것을 우리는 목도할 수 있었다.

한 해의 목회 사역도 말씀으로 인도받다

교회의 장기 비전에 따라 교회 사역을 정비하고 진행해 가지만, 매년 송구영신 예배에 선포하게 하시는 말씀으로 그 한 해의 영적 주제를 삼는다. 연초에 주시는 말씀으로 한 해 동안 역사하실 것을 기대하며, 그 말씀을 수종 드는 한 해의 목회를 구상한다. 예를 들면, 2006년도 말씀으로 신명기 6장 1-9절을 주셨다. 그 말씀을 중심으로 "너는 주의 말씀을 새기고 가르치라"를 그 해의 영적 주제로 삼았다. 이 주제 말씀을 수종 들기 위해 교회 사역을 조절했다. 먼저는 부흥회 강사를 선정할 때 그 주제를 가장 잘 다룰 수 있는 분을 초청해 그 주제로 부흥회를 진행했다. 그리고 가르칠 수 있는 시간을 확보하기 위해 수요예배를 짧게 드리고, 1시간 30분에 걸쳐 제자훈련과 성경학교 시간으로 개편했다. 그 후로 지금까지 계속 그렇게 해오고 있는데, 많은 사람이 참여해 말씀과 사역의 훈련을 받고 있다. 수요예배 시간을 줄이고, 가르쳐 지키게 하는 훈련시간으로 전환하는 것은 쉬운 일이 아니다. 그러나 말씀이 있었기에 전통보다 말씀에 순종하는 것이 더 중요함을 알게 되어 큰 어려움 없었다.

이렇게 한 해의 목회 사역을 구상할 때 제일 중요하게 여기는 것이, 그 해의 말씀을 감동으로 받는 것이다. 주께서 말씀을 주시고 한 해 동안 우리 교회 안에서 또는 교회를 통해 그 말씀이 이루어지기를 원하신다고 믿기 때문이다. 보통 3월부터 다음 해에 받을 말씀의 감동을 위해 기도를 시작한다. 그리고 8월경에 성령의 도우심 가운데 성령의 내적 증거를 따라 말씀의 확증을 받는다. 그리고 다음 해의 목회 구상을 시작한다.

때로는 전혀 알지 못하겠는 말씀을 감동으로 받을 때도 있다. 2001년을 준비하면서 주실 말씀을 기대하며 기도하는데, 예레미야 29장 11-13절 말씀으로 인도하셨다. "여호와의 말씀이니라 너희를 향한 나의 생각을 내가 아나니 평안이요 재앙이 아니니라 너희에게 미래와 희망을 주는 것이니라 너희가 내게 부르짖으며 내게 와서 기도하면 내가 너희들의 기도를 들을 것이요 너희가 온 마음으로 나를 구하면 나를 찾을 것이요 나를 만나리라." 처음에는 이 말씀이 무척 좋았다. 설교도 쉽게 준비되었다. 한국 교회 송구영신 예배의 전통인 축복을 빌어주는 메시지와도 아주 잘 맞는 듯했다. 그래서 "2001년은 평안과 희망의 해가 될 것입니다. 2001년은 기도응답의 해가 될 것입니다. 2001년은 하나님을 경험하는 해가 될 것입니다"라고 말씀을 준비했다. 그런데 시간이 갈수록 마음에 걸리는 것이 있었다. 그 말씀의 역사적 배경을 무시하고 그 구절만 문맥에서 떼어내, 성도들이 듣기 좋게 말씀을 왜곡한 것이다. 그 사실이 설교자의 양심을 마구 찔러 아프게 했다.

그래서 본문의 의도대로 말씀을 전하기로 했다. 이스라엘 백성이 예레미야의 진단대로 "생수의 근원"이신 하나님을 버리고, 물을 담을 수 없는 터진 웅덩이를 스스로 파는 죄악(렘 2:13)을 범해 심판을 받는 배경과, 하나님이 그들을 회복시키실 것이라는 소망의 약속을 겸해 설교하기로 했다. '그들의 죄악이 재앙을 초래했지만 하나님이 회복시키실 것'이라고 설교하기로 했다. '그 재앙의 상황에서 하나님께 나아가 부르짖으며 기도하면 하나님이 응답할 것이고, 온 마음으로 하나님을 찾으면 하나님이 만나주실 것'이라고 설교하기로 했다.

그래서 설교의 서론에, 말씀의 석의와 해석에서 고민하고 방황했던 부끄러운 모습을 그대로 토설하고 설교했다. 올 한 해 개인적으로나 우리 공동체적으로 재앙이라고 생각될 수 있는 고난의 언덕을 만날지도 모른다. 그러나 우리를 향하신 하나님의 생각과 계획은 그 재앙의 자리에서 우리가 무너지는 것이 아니라 미래의 소망을 갖는 것이다. 그 고난은 평안, 즉 번영으로 가는 과정임을 기억하라고 전했다. 하나님의 계획과 생각은 재앙이 아니라 결국 평안이라는 것이다. 그러니 고난의 언덕에서 낙심하지 말고 더욱 열심히 주께 부르짖어 기도해 약속하신 응답을 받고, 더 나아가 하나님을 찾고 찾아 하나님을 만나고 체험하는 한 해가 되게 하자고 했다. 송구영신 예배에서 축복의 메시지를 기대했던 성도들에게는 다소 어색한 분위기였지만, 설교자의 마음은 편했다. 하나님의 말씀을 청중이 듣기 좋도록 왜곡하지 않았기 때문이다. 말씀을 말씀 그대로 전했다는 영적 안도감이 들었다.

그로부터 6일이 흘러 1월 7일 주일 아침을 맞았다. 희망의 신년주일 말씀을 준비하고 교회에 가려고 하는데 교회에서 전화가 왔다. 간밤에 내린 눈으로 예배당이 무너졌다는 것이다. 2001년 1월 6일 밤은 대전에 기상청이 세워진 이래로 눈이 가장 많이 내린 날로 기록되었다.

당시 우리 교회는 가건물로 지어진 창고 예배당이었다. 어느 회사가 가건물로 지어놓은 창고를 빌려 예배당으로 사용하고 있었다. 그런데 눈의 무게를 이기지 못하고 신년주일 아침에 무너져버린 것이다. 주일 새벽기도회에 참석한 사람들의 말에 따르면, 기도 중에 '뚝뚝' 하는 소리가 지붕에서 들렸다고 한다. 다행스러운 것은 새벽기도회에 나오신 분들이 다 돌아가고 1부 예배 시작 전에 무너진 것이다. 그래서 아무도 다치지 않았다. 조금만 늦게 무너졌으면 대형 사고가 날 뻔했다.

교회로 달려가 보니 정말 참담했다. 본당이 무너져 눈 아래 깔려 있었다. 조금 있으니 9시에 드리는 1부 예배에 참석하려고 사람들이 하나둘 모여들었다. 그러나 예배를 드리지 못하고 참담한 마음으로 기도하며 2부 예배 시간을 기다렸다. 11시 가까이 되니 2부 예배를 드리러 많은 성도가 눈 덮인 교회 마당으로 들어왔다. 무너진 예배당을 보면서 모두 어쩔 줄 몰라 당황했다.

간단히 설명하고 신년주일 예배를 드리기로 했다. 새로 지은 교육관 2층의 작은 예배당에서 의자를 모두 빼내고 촘촘히 서서 예배드렸다. 당시 성도는 아이들을 포함해 약 450명 정도였다. 200명 정도는 서서 2층 교육관에서 예배드리고, 나머지 200명 정도는 눈 덮인 교회 마당에 서서 창문에서 흘러나오는 소리를 들으며 눈물로 예배를 드렸다. 무슨 설교를 했는지 기억도 나지 않는다. 예배를 마치고 긴급운영위원회가 열렸다. 회의실로 가는 내 표정이 너무 침울하고 어두웠는지 운영위원 집사님 한 분이 내 어깨를 감싸며 말했다. "목사님, 금년에 우리 교회가 크게 부흥할 모양입니다. 하나님이 며칠 전 목사님을 통해 말씀하셨잖아요. 너희를 향한 내 생각은 내가 아나니 재앙이 아니고 평안이라. 장래의 소망을 주려 하는 것이라고요."

무거운 마음과 가라앉은 분위기로 긴급운영위원회가 열렸다. 그때 나를 위로하던 그 집사님이 위원회 전체에게 말했다. "하나님이 목사님을 통해 이미 말씀하신 상황이 펼쳐졌습니다. 이것은 재앙이 아니라 번영으로 가는 길목의 한 사건입니다. 올 한 해 우리 교회가 크게 부흥할 것입니다. 열심히 기도해 응답받고 하나님을 찾아 하나님을 경험하는 해가 되도록 합시다." 나는 6일 전에 이 설교 말씀을 전했지만, 막상 그 상황이 되니 막중한 책임감에 말씀을 잊고 있었다. 그런데 그 집사님은 전한 말씀을 그대로 믿고 있었다. 정말 큰 감동과 위로를 받았다.

집사님이 이 말씀을 회의석상에 풀어놓자, 그 말씀이 돌아다니며 운영위원들의 마음을 터치하기 시작했다. 조금 과장하면, 그 말씀이 닿자 어두운 마음과 얼굴이 환하게 변했다. 회의의 방향이 결정되어 버렸다. 예배당 붕괴의 원인을 규명하는 단계를 뛰어넘어, 순간적으로 제1차 건축회의가 되었다. 아무런 준비나 대책이 없었으나, 그로부터 두 달 후 튼튼한 가건물이 완성되었다. 건물이 지어진 것도 중요하지만, 건축하는 동안 중보기도회가 자매들 중심으로 시작되었고, 형제 중보기도회도 진행되었다. 너나 할 것 없이 회개하며 주님의 도우심을 구했다. 영적으로 새로워지고 하나님을 체험하는 간증과 함께 우리의 믿음이 새로워졌다.

건축하는 동안 꽤 떨어진 한국침례신학대학교의 강당을 빌려 예배드렸다. 그런데 신기한 일이 벌어지기 시작했다. 많은 사람이 그 불편을 무릅쓰고 임시 예배 처소에 찾아와 등록하는 것이었다. 그 해에 장년 250여 명, 아이들 150여 명이 등록하면서 성도 수가 거의 두 배가 되었다. 2부 예배를 드리던 교회가 예배당을 다시 건축하고 입주하자마자 4부 예배를 드려야 할 정도가 된 것이다. 그때 시작된 자매 중보 기도회는 지금도 우리 교회의 은혜의 샘터다.

돌이켜 보면 아찔하다. 만약 말씀을 듣기 좋게만 설교하려고 본문의 배경을 무시하고 설교했다면 강단의 권위는 떨어지고 말았을 것이다. 지금도 그 생각을 하면 등골이 오싹하다. 성령께서 설교자의 양심을 찔러주신 것이 얼마나 감사한지 모른다.

이렇게 연초에 주신 말씀을 선포했을 때 주께서 그 말씀으로 역사해 주신 간증은 넘쳐난다. 매년 마지막 주일은 감사와 찬양의 간증 예배를 드린다. 송구영신 예배에서 주신 말씀이 자신과 가정에 어떻게 역사했고 어떤 말씀의 열매가 있었는지, 하나님과 성도 앞에서 간증하고 하나님을 찬양한다. 말씀하시고 그 말씀을 따라 일하시며 성취하시는 하나님을 마음껏 간증하고 감사와 찬양을 드리는 송년 주일 예배는, 은혜와 감사의 눈물로 우리 마음을 촉촉하게 적신다.

묵상 중 감동으로 주신 말씀을 주일 예배에서 설교하다

나는 설교 정의의 핵심 키워드가 '다시 말하다'(Retelling)라고 생각한다. "내가 너희에게 어두운 데서 이르는 것을 광명한 데서 말하며 너희가 귓속말로 듣는 것을 집 위에서 전파하라"(마 10:27). 설교자는 주께서 말씀하신 것을 잘 듣고, 광명한 곳에서 그리고 집 위에서 그것을 외쳐야 한다. 한 해의 영적 주제를 말씀 묵상 가운데 성령의 내적 감동과 확신으로 받아 말씀을 전하는 것처럼, 한 주간의 삶 역시 그 주간의 말씀 묵상을 통해 성령의 감동과 확신의 증거를 따라, 증인으로서 하나님의 말씀을 주일 설교를 통해 회중 앞에 증언한다. 주께서 하신 말씀을 성령의 조명하심으로 듣고, 돌아서서 회중에게 그들이 들을 말씀을 다시 말하는 것이다.

  이것을 구체적으로 어떻게 목회 현장에 적용할 것인가? 소위 큐티 설교를 하는 것이다. 정해진 본문의 순서에 따라 매일 묵상하고, 그 주간에 묵상한 말씀 가운데 주일 강단에서 다시 한번 전할 필요가 있다고 성령께서 확증해 주시는 말씀을 설교한다. 우리 교회는 큐티집을 한 권 정해 모든 성도가 함께 묵상한다. 매일의 개인적인 경건의 삶 묵상도 모든 성도가 동일한 본문을 볼 것을 권한다. 성령의 감동으로 받은 말씀에 순종하며 살도록 격려한다. 새벽기도회도 어떤 설교자가 설교하든 순서에 따라 정해진 본문으로 설교한다. 담임목사 역시 개인적 묵상과 더불어 강단을 맡은 자로서 목회적인 각도에서 말씀을 묵상한다. 그러는 가운데 '성령의 내적 증거'로 감동케 하시는 말씀을 받아 본문의 뜻을 풀어 원포인트 주제를 정하고, 적용 중심의 소지를 나누어 말씀을 전한다.

  이렇게 설교하면 성도들은 전혀 예상하지 못한 말씀을 설교로 듣는 것이 아니라, 지난 주간에 묵상한 말씀 가운데 주께서 강조하시는 말씀을 다시 듣고, 그 말씀을 어떻게 현장에서 살아낼지를 고민하게 된다. 설교자의 의도를 불필요하게 의심하지 않고 말씀에 직면하게 하는 장점이 있다. 그 말씀을 전하는 설교자와 대립각을 세우는 것이 아니라 말씀과 직접 대면하면서 순종의 결단을 하게 된다. 그래서 설교자가 말씀으로 교회를 이끌어가는 것이 아니라, 교회의 주인이신 예수님이 말쏨으로 그분의 백성을 만지고 이끌어 가신다는 믿음이 생기게 된다. 그렇기에 전 교인이 우리를 인도하시는 예수님을 바라보고 그분께만 모든 영광을 돌리게 된다.

설교자 입장에서도 매우 유익하다. 자신이 익숙하고 좋아하고 잘하는 말씀만을 선택해 설교하는 실수에서 벗어날 수 있다. 또 설교의 의도에 대해 성도들에게 불필요한 오해를 받지 않을 수 있다. 무엇보다 설교자 자신이 묵상을 통해 자신을 돌아보게 되고, 하나님의 말씀을 감동으로 받고, 감동받은 그 말씀을 전해야 하니, 매일의 말씀 묵상이 진지해지고 영적으로 깨어있게 되는 유익이 있다.

우리가 구독하는 큐티집의 경우 성경 본문의 묵상 주기가 약 5년이어서, 5년이면 성경 전체를 한 번 묵상하게 되고, 그 가운데 감동으로 주신 말씀을 전하게 되니, 신구약의 균형적인 설교가 가능하다. 그리고 5년 주기로 성경 전체를 묵상하면서 묵상의 깊이가 더해지고 그 결과가 쌓이게 된다. 성도 입장에서도 다양한 본문의 설교를 듣고 균형 잡힌 영적 자양분을 섭취할 수 있다.

또 주일 말씀을 기초로 매주 모이는 소그룹 목장의 교재를 만든다. 그리고 그 말씀을 어떻게 살아냈는지, 그 결과 주께서 어떻게 역사해 주셨는지, 또 말씀을 살아내지 못했다면 무엇이 문제인지를 나누며, 말씀이 중심이 되어 온 교회가 한 영적 흐름을 타고 주와 동행하려고 노력한다.

무엇보다 가장 중요한 유익은, 목사가 설교로 교회를 주도하고 인도하는 것이 아니라, 교회의 주인이신 예수님이 종의 말씀 사역을 통해 친히 교회를 인도하신다는 믿음이 성도들 가운데 자리 잡게 된 것이다. 설교자와 성도 모두 예수님을 바라보는 교회가 되어간다. 더불어 예수님을 따르려고 애쓰는 설교자에게 성도는 아낌없는 영적 신뢰를 준다. 설교자에게는 이 또한 큰 기쁨이고 보람이다.

늘사랑교회에서 사역한 지 만21년이 넘었다. 그동안 성경 전체를 네 번 이상 묵상했다. 그러면서 그때마다 감동으로 주신 말씀 설교의 추억이 쌓여가고 있다. 이것은 설교자를 위한 설교의 추억이 아니라 말씀으로 친히 역사하신 예수님의 흔적이고 은혜의 기념비. 설교는 설교자의 것이 아니라 예수님의 것이고, 예수님이 주인으로 있는 공동체의 것이다.

말씀의 감동에 따라 늘사랑 사역을 마무리하고 떠나다

늘사랑교회 30주년 감사와 비전 예배를 드린 지 3년 반이 지났지만, 사도행전 13장 1-3절 말씀이 교회 가운데 계속 살아 역사했다. 특히 "내가 불러 시키는 일을 위하여 바나바와 사울을 따로 세우라"(행 13:2)는 말씀이 담임목사인 내게 성령의 감동으로 강력하게 임했다. 안디옥교회가 계속 성장하며 성숙해 가고 있는 가운데 주께서 바나바와 사울을 불러내신 것처럼, 늘사랑교회가 계속 성장하며 성숙해 가는 가운데 담임목사인 나와 아내를 불러내신 것이다. 바울과 바나바가 디아스포라 유대인을 향해 먼저 복음을 전한 것처럼, 디아스포라 한인 교회 사역으로 불러내신 것이다. 말씀의 감동과 성령의 인도하심이 내게 너무도 분명했다. 이제는 교회의 인도하심이 남았다. 교회 중직들에게 이 사실을 전하며, 나와 늘사랑교회를 향한 사도행전 3장 말씀의 인도하심에 대한 성령의 확증을 구했다.

교회의 리더들은 이 상황을 처음 접했을 때 적지 않은 충격을 받았다. 그들은 기도하며 말씀 앞에 머물 시간을 요구했다. 교회 역시 말씀 앞에서 성령의 확증을 구하는 시간이 필요했다. 그 시간은 내게도 매우 힘들고 고통스러운 시간이었다. 인간적으로 교회와 지체들에게 매우 미안했고, 모든 것을 내려놓고 떠나야 하는 아쉬움도 있었다. 그러나 결국 늘사랑교회 리더들은 주님이 말씀으로 나와 교회를 인도하고 계심을 성령 안에서 확인해 주었다. 그리고 담임목사 부부를 디아스포라 사역을 위해 안수하여 파송하기로 결정했다. 이 결단은 성령 안에서 역사하시는 말씀의 사건이 아니고는 어려운 일이었다.

  늘사랑교회 강단을 떠나며 21년 전 첫 설교와 동일한 "우리 소망, 하나님의 나라"라는 말씀을 전했다. 뜨겁게 사랑했던 늘사랑교회와 지체들을 교회의 주인이고 참 목자이신 "주와 및 그 은혜의 말씀"(행 20:32)에 의탁하고 떠나는 설교자는 행복한 말씀의 여정을 다시 시작한다.

미주

Chapter 1 왜 '본문이 살아있는 설교'인가

1) Walter Brueggemann, *The Word Militant: Preaching a Decentering Word* (Minneapolis: Fortress Press, 2010), 1-2. 『텍스트가 설교하게 하라』, 홍병룡 역(서울: 성서유니온선교회, 2012).

2) Phillips Brooks, *Lectures on Preaching* (New York: Dutton and Company, 1878), 5-34.

3) 이어질 내용은 다음의 글을 간단히 정리하고 발전시킨 것이다. 권호, "현대 강해설교의 한 흐름: 장르가 살아있는 설교," 한국설교학회, 「설교한국」 제8권 (2013 봄호): 91-124.

4) 이에 대해 짧지만 좋은 다음의 안내서를 참고하라. Richard L. Eslinger, *The Web of Preaching: New Options in Homiletic Method* (Nashville, Abingdon, 2002), 9-14. 『설교 그물짜기』, 주승중 역(서울: 예배와 설교 아카데미, 2008).

5) Fred B. Craddock, *As One Without Authority*, rev. ed (St. Louis: Chalice, 2001), 3-19. 『권위 없는 자처럼』, 김운용 역(서울: 예배와 설교 아카데미, 2010).

6) Fred B. Craddock, *Overhearing the Gospel* (Nashville: Abingdon, 1978), 70-75.

7) Eugene L. Lowry, *The Homiletical Plot: The Sermon as Narrative Art Form* (Atlanta: John Knox Press, 1978), 25. 『이야기식 설교구성』, 이연길 역(서울: 한국장로교출판사, 2011).

8) Lowry, *The Homiletical Plot*, 48.

9) 신설교학에 대한 평가와 탈자유주의적(postliberal) 새 움직임을 파악하기 위해 다음의 책과 소논문을 참고하라. 찰스 L. 켐벨, 『프리칭 예수』, 이승진 역(서울: CLC, 2001); Thomas Long, "What Happened to Narrative Preaching?" JP 28 (2005): 9-14.

10) Haddon W. Robinson, *Biblical Preaching: The Development and Delivery of Expository Messages* (Grand Rapids: Baker Book House, 1980). 『강해설교』, 박영호 역(서울: CLC, 2011).

11) Haddon W. Robinson, "Set Free from the Cookie Cutter," in *The Art and Craft Biblical Preaching*, 323-27.

12) Steven D. Mathewson, *The Art of Preaching Old Testament Narrative* (Grand Rapids: Baker Academic, 2002), 113-120. 『구약의 내러티브 설교』, 이승진 역(서울: CLC, 2011).

13) Jeffrey D. Arthurs, *Preaching with Variety: How to Re-create the Dynamics of Biblical Genres* (Grand Rapids: Kregel, 2007). 『목사님 설교가 다양해졌어요』, 박현신 역(서울: 베다니, 2010).

14) Arthurs, *Preaching with Variety*, 22, 17.

15) Arthurs, *Preaching with Variety*, 131-40.

16) Daniel L. Akin, David L. Allen, and Ned L. Mathews, *Text-Driven Preaching: God's Word at the Heart of Every Sermon* (Nashville: B&H Academic, 2010), 107. 『본문이 이끄는 설교』, 김대혁, 임도균 역(서울: 아가페, 2020).

17) James W. Cox, *Preaching* (San Francisco: Harper and Row, 1985), 12.

18) Calvin Miller, *Spirit, Word, and Story: A Philosophy of Preaching* (Dallas: Word Publication, 1989).

19) Michael Duduit, ed., *Handbook of Contemporary Preaching* (Nashville: Broadman Press, 1992).

20) Hershael W. York and Bert Decker, *Preaching with Bold Assurance: A Solid and En-*

during Approach to Engaging Exposition (Nashville: B&H, 2003), 60-62. 『확신 있는 설교』, 신성욱 역(서울: 생명의말씀사, 2008).

21) Allen, *Text-Driven Preaching*, 104.

22) David L. Allen, "The Rules of the Game: Seven Steps to Proper Interpretation," in *The Art and Craft Biblical Preaching*, 237-41.

23) York and Decker, *Preaching with Bold Assurance*, 62-64. 다이어그램을 활용한 설교 구조 실례는 같은 책 82-93페이지를 보라.

24) 이어지는 예는 다음을 참고했다. Robert Vogel, "Biblical Genres and The Text-Driven Sermon," in *Text-Driven Preaching*, 167, 173-175.

25) Adam B. Dooley and Jerry Vines, "Delivering a Text-Driven Sermon," in *Text-Driven Preaching*, 253-67.

26) David Allen, Steven Smith, Matthew McKellar, *A Pastor's Guide to Text-Driven Preaching* (Fort Worth: Seminary Hill Press, 2016), 13.

27) Cox, *Preaching*, 163.

28) Calvin Miller, *Preaching: The Art of Narrative Exposition* (Grand Rapids: Baker, 2006), 162-63.

29) John Stott, *Between Two Worlds: The Art of Preaching in the Twentieth Century* (Grand Rapids: Eerdmans, 1982), 125.

30) 해돈 W. 로빈슨, 『강해설교』, pp.23-24.

31) John S. McClure, "Expository Preaching" in *Concise Encyclopedia of Preaching*, ed. William H. Willimon and Richard Lischer (Louisville: Westminster John Knox Press, 1995), 130-31.

32) Thomas G. Long, *Preaching and the Literary Forms of the Bible* (Philadelphia: Fortress Press, 1989), 11-13, 23-35. 『성서의 문학 유형과 설교』, 박영미 역(서울: 대한기독

교서회, 1995).

33) Stephen F. Olford and David L. Olford, *Anointed Expository Preaching* (Nashville: B&H Publishing, 1998), 256.

34) Long, *Preaching and the Literary Forms*, 12-13.

35) Arthurs, *Preaching with Variety*, 27.

36) Long, *Preaching and the Literary Forms*, 33.

Chapter 2 본문이 살아나는 본문연구

37) 본 장은 본 저자의 『새강해설교』 (2016)에 게재되었던 자료를 개정, 발전시킨 것이다.

38) D. A. Carson, *Becoming Conversant with the Emerging Church*, 36. 『이머징교회 바로 알기』, 이용중 역(서울: 부흥과개혁사, 2009).

39) John Piper, *The Supremacy of God in Preaching* (Grand Rapids: Baker Books, 1990), 86.

40) Sidney Greidanus, *The Modern Preacher and the Ancient Text* (Grand Rapids: William B. Eerdmans, 1993), 11. 『성경 해석과 성경적 설교』, 김영철 역(서울: 여수룬, 1999).

41) Peter Adam, *Speaking God's Words: A Practical Theology of Expository Preaching* (Downers Grove: InterVarsity Press, 1996), 128.

42) Steven W. Smith, *Dying to Preach: Embracing the Cross in the Pulpit*. 『나는 죽고 성도를 살리는 설교자』, 김대혁 역(서울: 베다니, 2012), pp.64-65.

43) Steven W. Smith, *Recapturing the Voice of God: Shaping Sermons like Scripture*. 『본문이 이끄는 장르별 설교』, 김대혁, 임도균 역(서울: 아가페, 2016), p.52.

44) Steven Smith, "Christology of Preaching," *Southwestern Journal of Theology*, vol. 50 (2008): 135. 설교의 형식이 본문의 형식과 장르를 반영할 때 성경 고유의 감성적 다이내믹을 전달할 수 있다. Jeffrey D. Arthurs, *Preaching with Variety: How to Re-create the Dynamics of Biblical Genres* (Grand Rapids: Kregel Academic, 2007), 13.

45) 본문이 살아있는 설교와 새강해설교(New Expository Preaching, NEP)는 본문이 이끄는 설교를 한국화한 표현이다. 이러한 설교는 모두 같은 철학을 공유한다.

46) William W. Klein, Craig L. Blomberg, and Robert L. Hubbard, *Introduction to Biblical Interpretation* (Dallas: Word Publishing), 406-25.

47) 원리화 단계는 설교학자에 따라 신학화 단계(theological process)로 명하기도 한다.

48) Timothy S. Warren, "A Paradigm for Preaching," *Bibliotheca Sacra*, vol. 156 (1985): 478.

49) Dokyun Lim, "Text-Driven Preaching and the Aurality of the Text: Reanimating Aural Effects in Preaching James" (Ph.D. diss., Southwestern Baptist Theological Seminary, 2011), 177.

50) Scott M. Gibson, *Preaching with a Plan: Sermon Strategies for Growing Mature Believers*.『주일 강단을 제자훈련의 기회로 활용하라: 제자훈련 중심의 설교계획』, 최우성 역(서울: 국제제자훈련원, 2014), pp.44-49.

51) Stephen Nelson Rummage, *Planing Your Preaching: A Step-by-step Guide for Developing a One-Year Preaching Calendar* (Grand Rapids: Kregel Ministry, 2002), 85.

52) George H. Guthrie, "Discourse Analysis," in *Interpreting the New Testament* (Nashville: Broadman, 2001), 258-9.

53) Linda Loyd Neeley, "A Discourse Analysis of Hebrews," *OPTAT: Occasional Papers in Translation and Texlinguistics* 3-4 (1987): 214.

54) 성경학자들 중에는 히브리서 12장 1-2절로 나누는 단락을 지지하는 학자들이 있다. Cynthia Long Westfall, *A Discourse Analysis of the Letter to the Hebrews* (NewYork: T&T Clark, 2005), 263; George H. Guthrie, *The Structure of Hebrews: A Text-Linguistic Anal-*

ysis (Grand Rapids: Baker Books, 1994), 132; 반면 3절까지 나눔을 선호하는 학자들도 있다. James Moffatt, *A Critical and Exegetical Commentary on the Epistle to the Hebrews*, The International Critical Commentary (New York: Charles Schribener's Sons, 1924), 192-98. Montefiore, *Commentary on the Epistle to the Hebrews*, 213; F. F. Bruce, *The Epistle to the Hebrews*, New International Commentary on the New Testament (Grand Rapids: Eerdmans, 1990), 332.

55) Dan McCartney, Chrales Clayton, *Let the Reader Understand: A Guide to Interpreting and Applying the Bible*. 『성경해석학』, 김동수 역(서울: IVP, 2000), pp.89-95.

56) 그렉 하이슬러, 『성령이 이끄는 설교』, 홍승철, 오태용 역(서울: 베다니출판사, 2008), p.201.

57) D. Martyn Llody-Jones, *Preaching & Preachers* (Grand Rapids: Zondervan, 1971), 99.

58) 본문 자체의 의미를 결정하는 기술과 원칙이 바로 성경해석학(hermenuetics)이다. 그런데 이 동사는 헬라어 hermeneuo에서 유래한 해석한다는 의미다. 따라서 성경적 강해는 성경 본문의 의미를 분명하게 드러나게 하는 것을 뜻한다.

59) Walter C. Kaiser Jr. *Toward an Exegetical Theology: Biblical Exegesis for Preaching and Teaching* (Grand Rapids: Baker, 1981), 88.

60) 본문 연구에서 핵심단어 연구가 유용한 도구지만, 단지 듣기 좋은 설교를 만들려는 의도에서 본문의 시대적 정황을 무시하고 사용하는 방법은 지양해야 한다. D. A. Carson, *Exegetical Fallacies* (Grand Rapids: Baker, 1996), 27-64. 『성경 해석의 오류』, 박대영 역(서울: 성서유니온선교회, 2002).

61) Graig L. Blomber, *A Handbook of New Testament Exegesis* (Grand Rapids: Baker, 2010), 197-210.

62) Daniel L. Akin, "The Work of Exposition: Structuring the Message," in *Engaging Exposition* (Nashville: B&H, 2011), 144.

63) Steven Smith, "Christology of Preaching," *Southwestern Journal of Theology*, vol. 50 (2008): 135. 설교의 형식이 본문의 형식과 장르를 반영할 때 성경 고유의 감성적 다이

내밀을 전달할 수 있다. Jeffrey D. Arthurs, *Preaching with Variety: How to Re-create the Dynamics of Biblical Genres* (Grand Rapids: Kregel Academic, 2007), 13.

64) 성경 저자는 메시지를 전달하기 위해 다양한 종류의 수사적 장치를 사용한다. 다양한 장치와 문학적 구조에 대한 연구를 위해 다음의 자료를 참조할 수 있다. W. Pandolph Tate, *Biblical Interpretation: An Intergrated Approach* (Peabody: Hendrickson, 2008), 93-100.

65) Greidanus, *The Modern Preacher and the Ancient Text*, 23.

66) 도널드 해밀턴(Donald Hamilton)은 성경의 장르를 다음과 같이 11개(초기역사, 구약역사, 성경적 시, 지혜문학, 예언문학, 묵시문학, 신약역사, 예수님의 가르침, 기적, 비유, 서신서)로 세분화해 이해하고 장르를 고려한 설교 접근법을 제시했다. Donald L. Hamilton, *Homiletical Handbook* (Nashville: Broadman, 1992), 118-98.

67) 스티븐 스미스, 『본문이 이끄는 장르별 설교』, 김대혁, 임도균 역(서울: 아가페북스, 2016), p.60.

68) 신약성경에서 좀더 세분화된 장르의 구분을 연구하기 위해서는 다음 자료를 참조할 수 있다. James L. Bailey, "Genre Analysis," in *Hearing the New Testament* (Grand Rapids: Eerdmans, 1995), 207-8.

Chapter 3 본문이 살아나는 설교와 장르

69) 이 장은 권호, 임도균, 김대혁, 박현신, 『새강해설교』(용인: NEP, 2016)의 3장 "성경 장르와 새강해설교"를 수정 보완한 것임을 밝힌다.

70) Thomas G. Long, *Preaching and the Literary Forms of the Bible*. 『성서의 문학 유형과 설교』, 박영미 역(서울: 대한기독교서회, 1995).

71) 제프리 아더스, 『목사님 설교가 다양해졌어요』, 박현신 역(서울: 베다니, 2010).

72) 토머스 롱, 『성서의 문학 유형과 설교』, p.64.

73) Mike Graves, *The Sermon as Symphony: Preaching the Literary Forms of the New Testament* (Valley Forge: PA, Judson Press, 1997), 3-25.

74) 제프리 아더스, 『목사님 설교가 다양해졌어요』, 박현신 역(서울: 베다니, 2010), p.36.

75) 스티븐 스미스, 『본문이 이끄는 장르별 설교』, 김대혁, 임도균 역(서울: 아가페북스, 2016), p.51.

76) 이 표현들은 화행이론(speech-act theory)이 말하는 발화행위(locutionary act), 발화수반행위(illocutionary act), 발화효과행위(perlocutionary act)의 작용에 대한 인식과 그 맥을 같이한다. 여기에 대해서는 Anthony C. Thiselton, *New Horizons in Hermeneutics: The Theory and Practice of Transforming Biblical Reading*. 『해석의 새로운 지평』, 최승락 역(서울: SFC출판부, 2015), pp.375-413을 참조하라. 또 화행이론을 바탕으로 장르 개념을 통해 저자 중심의 본문 커뮤니케이션을 회복시키는 Kevin J. Vanhoozer, *Is There A Meaning in This Text? The Bible, The Reader, and the Morality of Literary Knowledge*. 『이 텍스트에 의미가 있는가?』, 김재영 역(서울: IVP, 2003), pp.542-566을 참조하라.

77) E. D. Hirsch, Jr. *Validity in Interpretation* (New Haven: Yale University Press, 1967), 68-126. 이 책의 3장은 장르에 대한 개념을 이해하는 데 많은 도움을 준다.

78) 케빈 밴후저, 『이 텍스트에 의미가 있는가?』, 김재영 역(서울: IVP, 2003), p.548.

79) J. Kent Edwards, *Deep Preaching: Creating Sermons that Go Beyond the Superficial*. 『깊은 설교』, 조성헌 역(서울: CLC, 2012), pp.141-142. 에드워즈는 문학적 장르까지 하나님께 영감된 것으로 말씀과 장르가 완벽한 조합을 이루어 하나님의 아이디어가 형성되었기에, 설교에 본문의 장르와 메시지가 모두 반영되어야 한다고 주장한다.

80) William W. Klein, Craig L. Blomberg, and Robert L. Hubbard, *Introduction to Biblical Interpretation*. 『성경 해석학 총론』, 류호영 역(서울: 생명의말씀사, 2007), pp.47-51. 클라인, 블롬버그, 하버드는 해석의 목표를 고대와 현대 차원을 모두 설명할 수 있어야 하는데, 원래 수신자들이 듣고 이해했을 성경의 메시지를 이해할 뿐 아니라, 해석의 과정에서 만들어내는 효과를 어느 정도 기술할 수 있도록 해야 한다고 말한다.

81) 권호, "현대설교의 한 흐름: 장르가 살아있는 설교", 「교회와 문화」 31 (2013):143-

78.

82) 스티븐 스미스, 『본문이 이끄는 장르별 설교』, 김대혁, 임도균 역(서울: 아가페북스, 2016), pp.12-42.

83) 토머스 롱, 『성서의 문학 유형과 설교』, p.64.

84) 제프리 아더스, 『목사님 설교가 다양해졌어요』, 박현신 역(서울: 베다니, 2010), p.36.

85) 윌리엄 클라인, 크레그 블롬버그, 로버트 하버드, 『성경 해석학 총론』, 류호영 역(서울: 생명의말씀사, 2007), pp.51-56.

86) 스티븐 스미스, 『본문이 이끄는 장르별 설교』, 김대혁, 임도균 역(서울: 아가페북스, 2016), p.72.

87) Hershael W. York, and Bert Decker, *Preaching with Bold Assurance: A Solid and Enduring Approach to Engaging Exposition*. 『확신 있는 설교』, 신성욱 역(서울: 생명의말씀사, 2008), p.23.

88) 이 두 가지 설교 모델에 대한 구체적인 논의에 대해서는 Darrell W. Johnson, *The Glory of Preaching: Participating in God's Transformation of the World* (Downers Grove, IL: InterVasity, 2009), 53-75를 참고하라.

89) Johnson, *The Glory of Preaching*, 59.

90) 스미스, 『본문이 이끄는 장르별 설교』, p.27; 아더스, 『목사님 설교가 다양해졌어요』, p.25.

91) Steven W. Smith, *Dying to Preach: Embracing the Cross in the Pulpit*. 『나는 죽고 성도를 살리는 설교자』, 김대혁 역(서울: 베다니, 2011), pp.169-206.

92) Daniel L. Akin, David L. Allen, and Ned L. Mathews, *Text-Driven Preaching: God's Word at the Heart of Every Sermon*. 『본문이 이끄는 설교』, 김대혁, 임도균 역(서울: 베다니, 2016), pp.10-21.

93) 요크, 데커, 『확신 있는 설교』, pp.27-38.

94) 아더스, 『목사님 설교가 다양해졌어요』, p.25.

95) 데이비드 알렌 외, "본문이 이끄는 설교를 위한 실제적 준비", 『본문이 이끄는 설교』, 김대혁, 임도균 역 (서울: 베다니, 2016), p.152. 알렌은 우리의 본문이 단순히 설교의 재료가 아니라 설교의 원천이 되어야 함을 주장한다.

96) 스미스, 『나는 죽고 성도를 살리는 설교자』, pp.91-112. 스미스는 하나님의 커뮤니케이션이 결국 우리의 설교신학, 철학, 방법론, 스타일을 결정하게 해야 함을 조리 있게 설명한다.

97) 알렌, "본문이 이끄는 설교를 위한 실제적 준비," 『본문이 이끄는 설교』, p.152. 알렌은 우리의 본문이 단순히 설교의 재료가 아니라 설교의 원천이 되어야 한다고 바르게 지적한다.

98) 스미스, 『본문이 이끄는 장르별 설교』, pp.46-53.

99) 요크, 데커, 『확신 있는 설교』, pp.47-53. 요크는 설교자의 의무 중 하나로 성경 저자의 의도를 전해야 할 의무와 더불어, 청중을 고려해 효과적으로 전할 수 있도록 생각해야 할 의무, 즉 효과성과 창의성을 고려할 것을 지적한다.

100) 이 부분은 김대혁, "장르적 성격이 살아나는 설교 방법론 제안: 비탄시를 중심으로", 「복음과 실천신학」 30 (2014):42-52에서 일부를 발췌해 수정한 내용임을 밝힌다.

101) 스티븐 스미스는 장르의 특징을 담는 설교를 위해 본문 내용(substance), 구조(structure) 그리고 역동성(spirit)이라는 구체적인 요소를 설교에 반영할 것을 주장한다. 한편 토머스 롱은 설교가 본문의 기능(function)과 내용(focus)에 부합해야 할 것을 주장한다. 이 글에서는 본문과 설교의 기능과 목적(function), 내용(focus), 흐름(flow), 구조(form) 그리고 감정(feeling)을 통합해 포괄적으로 사용한다.

102) Richard N. Soulen, *Handbook of Biblical Criticism*. 2nd ed. (Atlanta: John Knox, 1981): 75.

103) 트렘퍼 롱맨은 장르를 이해하는 데 다양한 메타포를 사용해 왔다고 설명하는데, '직관'(intuition), '계약'(contract), '게임'(game), '코드'(code), 그리고 '하부 구조와 표현

의 패턴'(deep structure and patterns of expression) 등이 그것이다. Tremper Longman III, "Form Criticism, Recent Development in Genre Theory and the Evangelical," WTJ 47 (1985): 50-53.

104) 허쉬(Hirsch)는 이런 장르의 개념은 장르가 스스로 발견케 하는 장치(heuristic devices)로 사용되는 것으로 이해하며, 결국 장르의 타입을 이해한다는 것은 그 본문에 대한 '개념적 실마리'를 제공하는 것이라 주장한다. E. D. Hirsch, *Validity in Interpretation* (New Haven, CT: Yale University Press, 1967), 116; Grant R. Osborne, *The Hermeneutical Spiral: A Comprehensive Introduction to Biblical Interpretation*, Revised and Expanded (Downers Grove, IL: IVP Academic, 2006), 181-83을 참조하라.

105) Hirsch, *Validity in Interpretation*, 92; 밴후저, 『이 텍스트에 의미가 있는가?』, pp.545-547.

106) Carolyn R. Miller, "Genre as Social Action," QJS no. 70 (1984): 159.

107) Ronald B. Allen, "A Response to Genre Criticism-Sensus Literalis," in *Hermeneutics, Inerrancy, and the Bible*, ed. Earl D. Radmacher and Robert D. Preus (Grand Rapids: Zondervan, 1984), 198-99.

108) 군켈(Gunkel)은 앞서 설명한 문학적 특징(content, mood, form) 외에도 동기, 즉 모티프(motif)와 삶의 정황(life setting)을 주요 장르적 범주로 보고 있다. 그러나 군켈은 가설에 근거한 삶의 정황을 본문 해석에 과도하게 적용하고 있다. Hermann Gunkel, *Introduction to Psalms: The Genres of the Religious Lyric of Israel*. Trans. J. Noglaski (Macon: Mercer University Press, 1998). 이에 대한 비판으로는 Tremper Longman III, "Form Criticism, Recent Development in Genre Theory and the Evangelical," WTJ 47 (1985): 46-67을 보라. 우리의 설교가 본문의 배후(preaching behind the text)가 아니라 본문을 설교한다는 점(preaching the text)에서 군켈의 전제와 가설은 조심할 필요가 있다.

109) Ludwig Wittgenstine, *On Certainty*, eds. G. E. M. Anscombe and G. H. von Wright, trans. Denis Paul and G. E. M. Anscombe (San Francisco: Harper & Row, 1969), 65.

110) Kevin J. Vanhoozer, *The Drama of Doctrine: A Canonical-Linguistic Approach to*

Christian Theology (Louisville: Westminster John Knox, 2001), 213.

111) 밴후저, 『이 텍스트에 의미가 있는가?』, pp.560-562.

112) 밴후저는 현대 포스트모더니즘의 독자 중심의 해체주의 해석의 공격을 받는 저자 중심의 전통적 해석학을 장르에 관한 이해와 언어철학에 기초한 화행이론(speech-act theory)을 통해 복원하고 있다.

113) Jeannine K. Brown, "Genre Criticism and the Bible," in *Words & the Word*, ed. David G. Firth and Jamie A. Grant (Downers Grove, IL: InterVasity, 2008), 130-135.

114) Abraham Kuruvilla, *Text to Praxis*, Library of New Testament Studies, ed. Mark Goodacre, vol. 393 (New York: T & T Clark, 2009), 38.

115) 밴후저, 『이 텍스트에 의미가 있는가?』, p.561.

116) 밴후저, 『이 텍스트에 의미가 있는가?』, p.560.

117) Hirsch, *Validity in Interpretation*, 76; Kevin J. Vanhoozer, "From Speech Acts to Scripture Acts: The Covenant of Discourse and the Discourse of the Covenant," in *After Pentecost: Language and Biblical Interpretation*, eds. Craig Bartholomew, Colin Greene, and Karl Möller (Grand Rapids: Zondervan, 2001), 18.

118) Jeannine K. Brown, *Scripture as Communication: Introducing Biblical Hermeneutics* (Grand Rapids: Baker, 2007), 140.

119) 롱, 『성서의 문학 유형과 설교』; 아더스, 『목사님 설교가 다양해졌어요』; Sidney Greidanus, *The Modern Preaching and the Ancient Text*, 『성경 해석과 성경적 설교』, 김영철 역(서울: 여수룬, 1992); 스미스, 『본문이 이끄는 장르별 설교』.

120) 스미스, 『본문이 이끄는 장르별 설교』, p.60.

121) 스미스, 『본문이 이끄는 장르별 설교』, p.62.

122) 구약의 내러티브 본문에 대한 해석과 설교에 대한 가장 기본적인 입문서로 Richard L. Pratt Jr., *He Gave Us Stories: The Bible Student's Guide to Interpreting Old Testa-*

ment Narratives.『구약의 내러티브 해석』, 이승진, 김정호, 장도선 역(서울: CLC, 1993); Steven D. Mathewson, *The Art of Preaching Old Testament Narrative*.『청중을 사로잡는 구약의 내러티브 설교』, 이승진 역(서울: CLC, 2004)를 참조하라.

123) 여기에 대해 토머스 롱은 (1)본문의 장르가 무엇인가? (2)이 장르의 수사적 기능은 무엇인가? (3)이 장르의 수사적 효과를 얻으려고 어떤 문학적 장치를 사용하고 있는가? (4)본문 안에서 문학적 배경을 고려해 볼 때, 위의 세 가지 질문으로 서술한 본문의 특성과 동력을 어떻게 구체화하고 있는가? 이 네 가지를 살펴볼 것을 제시하며, 본문의 내용(focus)와 기능(function)을 구체화할 것을 주장한다. 롱,『성서의 문학유형과 설교』, p.46.

124) 아래의 설명은 Kuruvilla, *Text to Praxis*, 164-74의 내용을 바탕으로 수정, 확장, 발전시켜 주해화, 신학화, 설교화 과정의 예로 삼아 본 것이다.

125) Andreas J. KÖsternberger and Richard D. Patterson, *Invitation to Biblical Interpretation: Exploring the Hermeneutical Triad of History, Literature, and Theology* (Grand Raids, MI: Kregel, 2011), 237-51. 이야기 장르의 해석과 설교학적 조언에 대해서는 스미스,『본문이 이끄는 장르별 설교』, pp.77-122; 아더스,『목사님 설교가 다양해졌어요』, pp.97-165를 살펴보라.

126) Daniel L. Akin, Bill Curtis, and Stephen Rummage, *Engaging Exposition* (Nashville, TN: B&H, 2011), 74-90. 커티스(Curtis)는 설교 아우트라인을 결정하기에 앞서 본문의 장르에 부합되는 구체적인 아우트라인(genre-specific outline)을 작성할 것을 권한다. 에이컨, 커티스, 러미지,『매력적인 강해설교』, 권호, 김대혁, 임도균 역(서울: CLC, 2019)를 참조하라.

127) Kuruvilla, *Text to Praxis*, 171.

128) 설교 작성에 있어서 본문의 구조와 감정을 반영해야 할 근거와 구체적인 방법에 대한 논의에 대해서는 David L. Larsen, *The Anatomy of Preaching: Identifying the Issues in Preaching Today* (Grand Rapids: Baker, 1989), 60-71을 참조하라.

129) Ramesh Richard, *Scripture Sculpture*.『삶을 변화시키는 7단계 강해설교 준비』, 정현 역(서울: 디모데, 1996), pp.105-114. 리처드는 이 과정을 본문의 목적에서 설교의 목적으로 연결하는 '목적의 다리'로 명명하며, 목적의 설교의 '두뇌'가 된다고 이해한다.

130) 스미스, 『본문이 이끄는 장르별 설교』, pp.44-46.

131) 이 부분에 대해서는 앞 장의 임도균 박사의 글과 Timothy S. Warren, "The Theological Process in Sermon Preparation", *Bibliotheca Sacra* 156 (Jul 1999), 336-56를 참조하라.

132) 다리 놓기에 대한 은유에는 분명히 한계가 있다. 다리 놓기보다는 설교적 여정이라는 말이 더 도움이 될 수도 있지만, 전통적 강해설교와 맥을 같이하면서도 차이점을 설명하기 위해 이 은유를 그대로 쓰도록 한다. 이 과정에 대해 더 효과적인 은유를 논의하기 위해서는 Gary T. Meadors ed. *Four Views on Moving Beyond the Bible to Theology*. 『성경 어떻게 적용할 것인가』, 윤석인 역(서울: 부흥과개혁사, 2011)을 보라.

133) 이는 다른 말로 본문 주해의 결과물을 하나님의 구속사적 관점과 인간 본성에 대한 타락의 관점으로 이해하여 보편적 신학적 진리를 발견하고 표현하는 것으로 이해될 수 있다. Bryan Chapell, *Christ-Centered Preaching: Redeeming the Expository Sermons*. 『그리스도 중심의 설교』, 김기제 역(서울: 은성, 1999), pp.51-56, 335-339.

134) Haddon W. Robinson, *Making a Difference in Preaching*. 『탁월한 설교에는 무언가 있다』, 김창훈 역(서울: 솔로몬, 2011), pp.103-130.

135) Donald R. Sunukjian, *Invitation to Biblical Preaching*. 『성경적 설교의 초대』, 채경락 역(서울: CLC, 2009), pp.83-106, 175-182.

136) Haddon W. Robinson, *Biblical Preaching: The Development and Delivery of Expository Message*, 2nd ed. 『강해설교』, 박영호 역(서울: CLC, 2001), pp.39-65.

137) 큐레이터로서 설교자에 대한 은유에 대해서는 Abraham Kuruvilla, *A Vision for Preaching*. 『설교의 비전』, 곽철호, 김석근 역(이천: 성서침례대학원대학교출판부, 2018), p.132를 살펴보라.

Chapter 4 본문이 살아있는 설교의 연관성과 적용

138) 이어질 내용은 다음 글을 간단히 정리하고 발전시킨 것이다. 권호, 『본문이 살아있는 설교』(서울: 아가페북스, 2018), pp.34-35.

139) John Stott, *Between Two Worlds: The Art of Preaching in the Twentieth Century* (Grand Rapids: Eerdmans, 1982), 137.

140) 연관성에 대한 글은 다음 소논문을 간단히 정리하고 발전시킨 것이다. 권호, "효과적인 연관 작업을 위한 이론적 토대와 주요 기법", 「신학정론」 37/1 (2018. 06): 435-67.

141) relevance 혹은 relevancy를 '적실성'이라고 번역하는 것이 좋음에도 불구하고, 곧 살펴보겠지만 기존 설교학에서 이것을 적용으로만 한정해서 생각하는 경향이 있다. 이런 이유로 나는 '연관성'이라는 번역을 선택했다.

142) David Veerman, 'Apply Within' in *The Art and Craft Biblical Preaching*, eds. Haddon W. Robinson and Craig B. Larson (Grand Rapids: Zondervan, 2005), 285.

143) Keith Willhite, *Preaching with Relevance: Without Dumbing Down* (Grand Rapids: Kregel, 2001), 17.

144) Willhite, *Preaching with Relevance*, 17.

145) Anthony C. Thiselton, *The Two Horizons: New Testament Hermeneutics and Philosophical Description With Special Reference to Heidegger, Bultmann, Gadamer, and Wittgenstein* (Grands Rapids: Eerdmans, 1980), xix. Thiselton, 『두 지평: 성경 해석과 철학적 해석학』, 박규태 역(서울: IVP, 2017).

146) Thiselton, *The Two Horizons*, xix.

147) Thiselton, *The Two Horizons*, 10-17.

148) Kevin J. Vanhoozer, *Is There a Meaning in This Text?: The Bible, the Reader, and the Morality of Literary Knowledge* (Grand Rapids: Zondervan, 1998), 421. 『이 텍스트에 의미가 있는가?』, 박규태 역(서울: IVP, 2008).

149) Vanhoozer, *Is There a Meaning in This Text?*, 423.

150) Vanhoozer, *Is There a Meaning in This Text?*, 422.

151) Grant R. Osborne, *The Hermeneutical Spiral: A Comprehensive Introduction to Biblical Interpretation* (Downers Grove: IVP, 1991), 318. 『성경해석학 총론』, 임요한 역(서울: 부흥과개혁사, 2017).

152) Osborne, *The Hermeneutical Spiral*, 318.

153) Osborne, *The Hermeneutical Spiral*, 332.

154) Osborne, *The Hermeneutical Spiral*, 318. 오즈번이 말하는 상황화는 해방신학자들의 잘못된 시도처럼 모든 성경의 내용을 사회 경제적 해방의 틀로 바꾸는 것이 아니다. 그가 제시하는 것은 현재 말씀 수용자의 변형적 특성(transformational character)을 인식하는 상황화다. 즉, 성경 계시의 내용은 변하지 않게 하면서, 계시가 전달되는 형태를 바꾸는 것이다.

155) Osborne, *The Hermeneutical Spiral*, 330-31.

156) Osborne, *The Hermeneutical Spiral*, 353-358.

157) Timothy S. Warren, "A Paradigm for Preaching," *Bibliotheca Sacra* 148 (October-December 1991): 467.

158) Warren, "A Paradigm for Preaching," 472-481.

159) 이런 문제점을 인식한 워렌은 후에 자신의 신학적 과정에 대한 이론을 세부적으로 발전시켰다. 그는 신학적 과정이 양식화(stylizing: 주석적 언어를 일반적 신학적 언어로 바꾸는 것), 신학화(theologizing: 특정 시대에 묶인 진술을 시대를 초월한 진리로 바꾸는 것), 조직화(organizing: 본문의 구조를 논리적이고 심리적 흐름으로 바꾸는 것)를 통해 설교적 과정으로 이어져야 한다고 주장했다. Timothy S. Warren, "The Theological Process in Sermon Preparation," *Bibliotheca Sacra* 156 (July-September 1999): 336-56. 그러나 워렌이 후에 발전시킨 이론은 세밀함을 넘어 복잡함을 주기 때문에, 과연 실효적 설교 과정이 될 수 있는지에 대한 의문을 일으킨다.

160) Donald R. SunukJian, *Invitation to Biblical Preaching: Preaching Truth with Clarity and Relevance* (Grand Rapids: Kregel Publications, 2007), 27-41. 『성경적 설교의 초대』, 채경락 역(서울: CLC, 2009).

161) SunukJian, *Invitation to Biblical Preaching*, 27-31.

162) Osborne, *The Hermeneutical Spiral*, 332.

163) 예를 들어, 이런 문제점을 인식한 워렌은 후에 자신의 신학적 과정에 대한 이론을 세부적으로 발전시켰다. 그는 신학적 과정이 양식화(stylizing: 주석적 언어를 일반적 신학적 언어로 바꾸는 것), 신학화(theologizing: 특정 시대에 묶인 진술을 시대를 초월한 진리로 바꾸는 것), 조직화(organizing: 본문의 구조를 논리적이고 심리적 흐름으로 바꾸는 것)를 통해 설교적 과정으로 이어져야 한다고 주장했다. Timothy S. Warren, "The Theological Process in Sermon Preparation," *Bibliotheca Sacra* 156 (July-September 1999): 336-56. 그러나 워렌이 후에 발전시킨 이론은 세밀함을 넘어 복잡함을 주기 때문에, 과연 실효적 설교 과정이 될 수 있는지에 대한 의문을 더욱 일으킨다.

164) Douglas Sturat, *Old Testament Exegesis* (Louisville: Westminster John Knox Press, 2001), 24-25.

165) 이 점과 관련된 다양한 학자들의 견해를 살펴보기 원한다면 다음 자료를 참고하라. 권호, 『본문이 살아있는 설교』(서울: 아가페북스, 2018), pp.107-126.

166) Osborne, *The Hermeneutical Spiral*, 334.

167) Osborne, *The Hermeneutical Spiral*, 334. 이 성경 해석학적 방법을 설교학적으로 발전시킨 사람은 스누키안이다. 그는 설교 개요에서 이 같은 작업을 할 것을 제안했다. 내 대상화 작업은 스누키안의 방법론과 같은 맥락을 가지고 있으나, 더 세부적이고 실제적인 대상화 과정을 거치기 위해 '사람'과 '상황'이라는 두 요소로 나누어 이 작업을 수행하게 했다.

168) 권호, 『본문이 살아있는 설교』, pp.129-134.

169) 적용에 관한 글은 다음 소논문을 간단히 정리하고 발전시킨 것이다. 권호, "효과적 적용을 위한 이론적 토대와 주요 기법", 「신학정론」 37/2 (2019. 12): 403-25.

170) Hans-Georg Gadamar, *Truth and Method*, 2nd ed. (New York: Continuum, 1989), 306-07, 310.

171) Howard G. Hendricks and William D. Hendricks, *Living by the Book: The Art and Science of Reading the Bible* (Chicago: Moody, 2007), 289.

172) 다음 책에서 인용했다. John A. Broadus, *On the Preparation and Delivery of sermons*, 4th ed., Vernon L. Stanfield (New York: Harper & Row, 1979), 165.

173) Haddon Robinson, 'The Heresy of Application' in *The Art and Craft Biblical Preaching*, eds. Haddon W. Robinson and Craig B. Larson (Grand Rapids: Zondervan, 2005), 306.

174) 권호, 『본문이 살아있는 설교』(서울: 아가페북스, 2018), pp.140-150.

175) Craddock, *Overhearing the Gospel* (Nashville: Abingdon, 1978), 77, 87.

176) 구속사적 설교와 모범설교에 관련된 논쟁에 대해서는 다음 책을 참고하라. 코넬리스 트림프, 『구속사와 설교』, 박태현 역(서울: 솔로몬, 2018), pp.140-150.

177) Haddon W. Robinson, *Biblical Preaching: The Development and Delivery of Expository Message*, 2nd ed. (Grand Rapids: Backer, 2001), 96. 『강해설교』, 박영호 역(서울: CLC, 2011).

178) Robinson, *Biblical Preaching*, 86-96. Haddon W. Robinson, "The Heresy of Application," 306-11.

179) Steven D. Mathewson, *The Art of Preaching Old Testament Narrative* (Grand Rapids: Baker, 2002), 121. 『구약의 내러티브 설교』, 이승진 역(서울: CLC, 2011).

180) James W. Cox, *Preaching: Approach to the Design & Delivery of Sermons* (Eugene: Wipf and Stock, 1993), 163.

181) Calvin Miller, Preaching: *The Art of Narrative Exposition* (Grand Rapids: Baker, 2006), 162-63.

182) 로비 갤러티, 스티븐 스미스, 『한눈에 읽는 본문이 이끄는 설교』, 권호, 김대혁, 유형재, 임도균 역(서울: 아가페북스, 2019), p.188.

183) Daniel L. Akin, David L Allen, and Ned L Mathews, *Text-Driven Preaching: God's Word at the Heart of Every Sermon* (Nashville: B&H Publishing, 2010), 271-74.

184) 이어지는 내용은 다음 책을 재인용 및 편집했다. 권호, 『본문이 살아있는 설교』, pp.145-146.

185) Jerry Vines and Jim Shaddix, *Power in the Pulpit: How to Prepare and Deliver Expository Sermons* (Chicago: Moody Press, 1996), 123-24.

186) Hershael W. York and Bert Decker, *Preaching with Bold Assurance: A Solid and Enduring Approach to Engaging Exposition* (Nashville: Broadman, 2003), 188-190. 『확신 있는 설교』, 신성욱 역(서울: 생명의말씀사, 2008).

187) Donald R. Sunukjian, *Invitation to Biblical Preaching: Preaching Truth with Clarity and Relevance* (Grand Rapids: Kregel Publications, 2007), 73-84, 163-181.

188) York and Decker, *Preaching with Bold Assurance*, 145, 190. 요크도 종종 구체적 적용(specific application)이라는 용어를 사용했다.

189) 제시된 실례는 다음 책을 정리하고 발전시켰다. 권호, 『본문이 살아있는 설교 작성법』(서울: 아가페북스, 2019), pp.43-46.

190) Willhite, *Preaching with Relevance*, 17.

191) SunukJian, *Invitation to Biblical Preaching*, 106.

192) David Veerman, 'Apply Within' in *The Art and Craft Biblical Preaching*, eds. Haddon W. Robinson and Craig B. Larson (Grand Rapids: Zondervan, 2005), 285.

193) 원리화 과정이란 주해 단계를 통해 본문에서 발견한 중심메시지를 오늘날의 청중이 동일하게 받아들일 수 있는 '영적인 원리로 바꾸는 것'을 말하는데, 이것을 수행하면 일반적인 연관의 토대를 얻을 수 있다. 자세한 논의는 다음 자료를 참고하라. Grant R. Osborne, *The Hermeneutical Spiral: A Comprehensive Introduction to Biblical Interpreta-

tion (Downers Grove: IVP, 1991), 332; 권호, "효과적인 연관 작업을 위한 이론적 토대와 주요 기법",「신학정론」37/1 (2018. 06): 453-57.

194) Osborne, *The Hermeneutical Spiral*, 334. 대상화 과정은 원리화 과정을 거쳐 발견한 영적인 원칙이 현시대의 어떤 사람, 어떤 상황에 구체적으로 해당하는지 보여주는 작업이다. 권호, "효과적인 연관 작업을 위한 이론적 토대와 주요 기법", 457-462.

195) Veerman, 'Apply Within,' 286-88.

Chapter 5 본문이 살아나는 성경 봉독

196) 본 장은 본 저자의「복음과 실천신학」56권(2020)의 83-107페이지에 게재되었던 자료를 개정 발전시킨 것이다.

197) 김순환, "포스트모던 상황과 예배의 지평 확대를 위한 이론 및 실제",「복음과 실천신학」42권 (2017): 136. 예배와 문화의 관계에 대하여 다음 연구를 참조하라. 주종훈, "예배, 문화, 그리고 신학의 통합적 접근을 통한 예배 신학의 새로운 발전",「복음과 실천신학」27권 (2013): 44-72.

198) John Jefferson Davis, *Worship and the Reality of God*.『복음주의 예배학: 예배와 하나님의 실재하심』, 김대혁 역 (서울: CLC, 2017), p.26.

199) David L. Allen, *Text-Driven Preaching*. "서론",『본문이 이끄는 설교』, 김대혁, 임도균 역 (서울: 베다니, 2016), p.13.

200) Jeffrey D. Arthurs, *Devote Yourself to the Public Reading of Scripture* (Grand Rapids: Kgregel, 2014), 14.

201) Steven W. Smith, *Recapturing the Voice of God*.『본문이 이끄는 장르별 설교』, 김대혁, 임도균 역 (서울: 아가페북스, 2016), p.23.

202) Judson Cornwall, *Elements of Worship* (Newberry: Bridge: 1985), 1.

203) 학자마다 공동체 예배를 구성하는 요소에 대해 다양한 주장을 논한다. 다간(Dar-

gan)은 기도, 찬양, 성경 봉독, 설교, 봉헌, 이 다섯 가지 요소로 이해한다. E. C. Dargan, *Ecclesiology* (Louisville: Charles T. Dearing, 1897), 55. 역사적 관점에서 예배 예전 구성요소에 대하여 다음 자료를 참조하라. 김상구, "주일예배에 관한 연구",「복음과 실천신학」18권 (2008): 115-44.

204) 최창국,『예배와 영성』(서울: CLC, 2017), pp.99-100.

205) 주종훈,『예배 역사에서 배우다』(서울: 세움북스, 2015), p.208.

206) 김석한,『예배 구성요소와 순서의 신학적 해석』(대서, 2007), p.73.

207) 최창국,『예배와 영성』, p.77.

208) 김석한,『예배 구성요소와 순서의 신학적 해석』, p.72.

209) 개신교 공동 예배에서 성경 읽기는 성서정과의 순서를 따라 진행되기도 한다. 진행방식에는 두 가지가 있다. *lectio continua*는 성경을 처음부터 마지막까지 지속해서 봉독하는 것이다. *lectio selecta*는 교회력에 따라 선별된 성경 본문을 읽는 것이다. 성경 읽기는 일반적으로 구약의 율법과 예언의 말씀, 신약의 서신서, 복음서를 읽는다. 성서 일과는 3년 주기로 성경을 전체적으로 중요한 부분을 선택해 읽는 것이다. 이명희,『현대예배론』(대전: 침례신학대학교, 2016), p.258.

210) 허도화, "예배의 요소와 순서",『복음주의 예배학』(서울: 요단출판사, 2008), p.135.

211) 최창국,『예배와 영성』, p.156.

212) 최창국,『예배와 영성』, p.157.

213) J. Edward Lantz, *Reading the Bible Aloud* (New York: Macmillan, 1959), 43.

214) Hughes Oliphant Old, *The Reading and Preaching of the Scripture in the Worship of the Christian Church*, vol 1 (Grand Rapids: Eerdmans, 1998), 103.

215) James F. White, *Introduction to Christian Worship*,『기독교 예배학 개론』, 김상구, 배영민 역(서울: CLC, 2017), p.237. 설교와 예배의 관계에 대한 논의를 위해서는 다음 자료를 참조하라. 김대혁, "예배로서의 설교, 설교로서의 예배를 위한 실천적 제안: 본문

중심으로의 통합", 「복음과 실천신학」 51권 (2019): 9-38.

216) 김순환, 『예배학 총론: 예배와 삶의 통섭을 추구하며』(서울: 대한기독교서회, 2012), p.214.

217) 골로새서 4장 16절에서도 바울은 골로새 교인들에게 다음과 같이 권면한다. "이 편지를 너희에게서 읽은 후에 라오디게아인의 교회에서도 읽게 하고 또 라오디게아로부터 오는 편지를 너희도 읽으라." 이처럼 성경을 공동체 앞에서 함께 읽도록 권면한다. 데살로니가전서 5장 27절에도 사도 바울이 권면한다. "내가 주를 힘입어 너희를 명하노니 모든 형제에게 이 편지를 읽어 주라."

218) Dokyun Lim, "Text-Driven Preaching and the Aurality of the Text: Reanimating Aural Effects in Preaching James" (Ph. D. diss., Southwestern Baptist Theological Seminary, 2011), 26-33.

219) 성경은 믿음생활을 위해 성경 듣는 것의 중요성을 강조한다(스 7:10; 느 8:1-8; 단 9; 마 5-7; 11:15; 막 4:23, 7:16; 눅 4:16-30, 14:35; 행 13:7, 15:23-31; 골 4:16; 살전 5:27; 히 3:7, 15, 4:7; 계 2:7, 11, 17, 29, 3:6, 13, 22, 13:9). 예배의 성경적 배경 연구를 위해 다음 자료를 참조하라. 조기연, "예배의 성경적 배경", 『복음주의 예배학』(서울: 요단출판사, 2008), pp.45-80.

220) 정장복, 『예배학 개론』(서울: 예배와 설교 아카데미, 1999), p.52.

221) 회당은 바벨론 포로기에 형성되어 생겨났다고 여겨진다. 이러한 시기에 예루살렘 성전은 파괴되었고, 포로기에 유대인들은 예배드릴 수 있는 장소가 필요했다. Old, *The Reading and Preaching of the Scripture in the Worship of the Christian Church*, vol 1, 94. 그런데 이스라엘에 있는 유대인에게 회당이 더욱 정착된 것은 헬라제국의 문화에서 위협받아 신앙의 정체성을 형성하는 BC 4세기 이후였을 것이다. 최갑종, "초기 기독교 교회의 예배 스타일과 그 교훈", 「생명과 말씀」 15권 (2016): 157-8.

222) Robert E. Webber, *Worship is a Verb*. 『살아 있는 예배』, 황인걸 역(포항: 예본, 2003), p.100.

223) Old, *The Reading and Preaching of the Scripture in the Worship of the Christian Church*, vol 1, 99. 회당의 예배는 성전에서 행한 예배와 다른 모습이 있었다. 가령 회당

예배에서는 짐승을 드리는 희생 제사가 없고, 하나님의 말씀을 읽고 설명하고 기도하는 부분이 더욱 강조되었다. 김순환, 「예배학 총론」, p.40.

224) Andrew B. McGowan, *Ancient Christian Worship. Early Church Practices in Social, Historical, and Theological Perspective* (Grand Rapids: Baker Academic, 2014), 16-7.

225) Bryan Chapell, *Christ-Centered Worship.*『그리스도 중심적 예배』, 윤석인 역(서울: 부흥과개혁사, 2011), p.359.

226) 회당 예배에서 설교의 순서가 있었다(눅 4:16-30; 행 13:14-16). 회당에서 설교는 일반적으로 율법서와 선지서를 읽은 후 해설하는 형식이었다. James F. White, *A Brief History of Christian Worship.*『예배의 역사』, 정장복 역(서울: 쿰란출판사, 1993), p.41. 초기 교회 문헌 연구를 통한 초기 기독교의 예배에 대한 연구를 위해 다음 자료를 참조하라. 김상구, "초기 교회 문헌에 나타난 예배에 관한 소고", 「복음과 실천신학」 35권 (2015): 9-42.

227) 주종훈, 『예배 역사에서 배우다』, p.110.

228) Old, *The Reading and Preaching of the Scripture in the Worship of the Christian Church*, vol 1, 269. 신약성경의 구두적/청취적 사용에 대해 다음 자료를 참조하라. 임도균, "구두성과 로마서 5장: 구두성서비평을 통한 구두적 특징 검토", 「성경과 신학」 78권 (2016): 97-9.

229) 중세 교회에서도 예배 중 성경을 읽는 렉터를 두어, 예수님의 생애를 중심으로 편집된 렉셔너리에 따라 읽기도 했다. 종교개혁에서는 렉셔너리보다 성경 전체를 읽는 데 강조점을 두어, 성경을 읽을 뿐 아니라 의미를 해석하고 실천하도록 안내하는 설교가 더욱 강조되었다. 청교도 예배에서는 계몽주의 영향으로 성경을 봉독하고 이성적으로 본문을 이해하는 부분이 더욱 중요시되었다. 주종훈, 『예배 역사에서 배우다』, pp.209-210.

230) Peter Adam, *Speaking God's Words: A Practical Theology of Preaching* (Vancouver: Regent College Publishing, 1996), 15.

231) Ralph P. Martin, *Worship in the Early Church* (Grand Rapids: William B. Eerdmans, 1964), 69.

232) John A. Broadus, *On the Preparation and Delivery of Sermons*, ed. Jesse B. Weatherspoon, rev. ed. (London: Hodder and Stoughton, 1944), 360.

233) 로마 가톨릭에서는 성경을 읽는 '봉독직'(lector)을 공식적인 직분으로 두었다. 종교개혁자들이 많은 부분에서 예배를 개혁했지만, 성경을 읽는 직분은 그대로 수용했다. 웨스트민스터 예배 모범에 따르면, 성경 읽는 직분을 목회자 또는 성경교사 또는 신학생에게 주기도 했다. 장대선,『웨스트민스터 예배 모범 스터디』(서울: 고백과 문답, 2018), pp.50-51.

234) 최창국,『예배와 영성』, p.161.

235) Donald G. McDoughall, "Central Ideas, Outlines, and Titles," in *Preaching*, ed. John MacArthur (Nashville: Thomas Nelson, 2005), 188.

236) 스미스,『본문이 이끄는 장르별 설교』, p.60.

237) 아담 둘리, 제리 바인즈, "본문이 이끄는 설교의 전달",『본문이 이끄는 설교』, p.334.

238) 임도균, "성경 콘텐츠와 새강해설교,"『새강해설교』(용인: NEP), p.98.

239) 김석한,『예배 구성요소와 순서의 신학적 해석』, p.72.

240) 최창국,『예배와 영성』, p.161.

241) 이명희,『현대 예배론』, p.263.

242) J. Scott McLean, *The Basics of Speech Communication* (Boston, MA: Allyn & Bacon, 2003), 75.

243) Bert Decker, *You've Got to be Believed to be Heard* (New York: St. Martin's Press, 1992), 88.

244) Max McLean and Warren Bird, *Unleashing the Word: Rediscovering the Public Reading of Scripture* (Grand Rapids: Zondervan, 2009), 76-7.

245) 이명희,『현대 예배론』, pp.259-261.

246) Graeme Goldsworthy, *Preaching the Whole Bible as Christian Scripture* (Grand Rapids: Eermans, 2000), 25.

Chapter 6 본문이 살아나는 설교와 예배

247) 김순환, "한국교회 예배의 현주소와 그 발전적 미래 모색", 「성경과 신학」 63 (2012):27.

248) 이동영, 『송영의 삼위일체론』(서울: 새물결플러스, 2017), pp.46-47.

249) 최성수, 『예배와 설교 그리고 교회』(서울: 예영, 2018), pp.31-56.

250) 주종훈, "예배, 문화, 그리고 신학의 통합적 접근을 위한 예배 신학의 새로운 발전", 「복음과 실천신학」 27 (2013):44-72. 이 논문에서 예배와 문화를 통합적으로 바라보는 예배신학적인 이해를 돕는다.

251) 주종훈, "개혁주의 교회들을 위한 예배 갱신의 방향", 「개혁논총」 23 (2012):93-121.

252) 김순환, 『21세기 예배론: 전통과 현대의 만남을 추구하며』(서울: 대한기독교서회, 2003), p.214.

253) 김순환, "한국교회 예배의 현주소와 그 발전적 모색", pp.27-54.

254) 이런 통합적 시도는 그리 많지 않았다. 그러나 최근 이런 접근에 대한 당위성과 중요성을 강조하는 대표적인 예로 Michael J. Quicke, *Preaching as Worship: An Integrative Approach to Formation in Your Church*, 『예배와 설교』, 김상구, 배영민 역(서울: CLC, 2015)가 있다. 예배에서 설교에 대한 통전적 이해를 위해서는 김상구, "설교와 여타 예배 요소들과의 관계", 「복음과 실천신학」 12 (2006):155-81을 참고하라.

255) David A. Currie, *The Big Idea of Biblical Worship: The Development & Leadership of Expository Services* (Peabody: Hendrickson, 2017)를 참고하라. 이 글은 이 책의 내용과 맥을 같이하면서도, 예배와 설교의 내용과 기능적 통합 가능성에 대한 더욱 신학적인

이론을 제시하고, 거기에 따른 구체적인 제안을 한다는 데 차이가 있다.

256) Paul W. Hoon, *Integrity of Worship* (Nashville: Abingdon Press, 1971), 77.

257) 김순환, "한국교회 현대예배의 진로 모색을 위한 탐구와 제언", 「복음과 실천신학」 38 (2016):39-43.

258) Dereck W. H. Thomas, "규정적인 원리", in *Give Praise to God*.『개혁주의 예배학』, 김병하, 김상구 역(서울: CLC, 2012), pp.143-174.

259) 정장복,『예배의 신학』(서울: 예배와 설교아카데미, 2018), p.551.

260) 손재익,『특강 예배모범』(서울: 흑곰북스, 2018), p.40.

261) Bryan Chapell, *Christ-Centered Worship*.『그리스도 중심적 예배』, 윤석인 역(서울: 부흥과개혁사, 2009), p.188.

262) Robert E. Weber, *Ancient-Future Worship: Proclaiming and Enacting God's Narrative*.『예배학』, 이승진 역(서울: CLC, 2011), pp.29-46.

263) Timothy Keller, *Reformed Preaching*.『개혁주의 설교학』, 이은재 역(서울: 나침반, 1993), pp.34-35. 켈러는 설교의 기본 목적이 예배라는 합당한 반응을 이끌어내는 것이라고 지적한다.

264) Abraham Kuruvilla, *A Vision for Preaching*.『설교의 비전』, 곽철호, 김석근 역(이천: 성서침례대학원대학교 출판부, 2018), pp.188-189.

265) 마이클 J. 퀵,『예배와 설교』(서울: CLC, 2015), pp.210-215.

266) 여기에 대해서는 Bard Thompson, *Liturgies of the Western Church* (San Diego: Martino Fine Books, 2015)를 참고하라.

267) 여기에 대해서는 김상구, "초기 기독교 예배 형태에 관한 소고", 「복음과 실천신학」 13 (2007):17-57을 참조하라.

268) 정장복,『예배의 신학』, pp.183-194.

269) 물론 예배의 수행을 위해 성경 여러 본문을 사용해 예배를 이끌어갈 수도 있다. 그러나 이 소논문은 특정 본문을 중심으로 전체 예배를 이끌어가는 모델을 제시하고자 한다. 이는 궁극적으로 전체 성경을 설교 본문으로 삼는 *lectio continua* 방식을 따라서 반복적이고 정규적인 예배를 통해 전체 성경을 설교해 나간다는 목회 철학의 전제를 가질 때 더욱 효과적임을 밝힌다.

270) 기본적으로 설교 작성의 과정은 본문에 대한 주해화 과정, 본문과 청중을 함께 고려하는 신학화 과정, 그리고 오늘날 청중을 향한 설교화 과정으로 구분할 수 있다. 여기에 대한 자세한 논의는 Timothy S. Warren, "A Paradigm for Preaching," *BSac* 148 (1991):463-86; Timothy S. Warren, "The Theological Process in Sermon Preparation," *BSac* 156 (1999):336-56을 참조하라.

271) 앞서 2장 임도균 교수의 글을 참고하라. Warren, "A Paradigm for Preaching," 474.

272) Warren, "A Paradigm for Preaching," 476.

273) Haddon W. Robinson, *Biblical Preaching*. 『강해설교』, 박영호 역(서울: CLC, 2007), pp.64-137.

274) Warren, "A Paradigm for Preaching," 472-78.

275) Warren, "The Theological Process," 336-56.

276) Warren, "The Theological Process," 337.

277) 여기에 대한 대표적인 글로는 Haddon W. Robinson, "The Heresy of Application", in *The Art & Craft of Biblical Preaching*, ed. Haddon Robinson and Craig B. Larsen. 『성경적인 설교와 설교자』, 전의우 외 4명 역(서울: 두란노, 2006), pp.459-466을 보라.

278) Bryan Chapell, *Christ-Centered Preaching: Redeeming the Expository Sermon*. 『그리스도 중심의 설교』, 엄성옥 역(서울: 은성, 2016), pp.391-433.

279) 채펠, 『그리스도 중심의 설교』, pp.435-450.

280) 채펠, 『그리스도 중심의 설교』, pp.451-455.

281) 로빈슨, 『강해설교』, pp.129-136.

282) Warren, "A Paradigm for Preaching," 478.

283) Warren, "A Paradigm for Preaching," 479-81.

284) 칼빈은 기독교강요 3.8.1에서 "하나님의 모든 자녀는 그리스도를 닮도록 운명지어 졌다"고 말한다. 쿠루빌라, 『설교의 비전』, p.200에서 재인용.

285) David Allen, Text-Driven Preaching. "본문이 이끄는 설교의 실제적 준비", 『본문이 이끄는 설교』, 김대혁, 임도균 역(서울: 베다니, 2016), p.186.

Chapter 7 본문을 살아내는 설교자

286) Thom Rainer, Breakout Churches (Grand Rapids: Zondervan, 2005). 『좋은 교회에서 위대한 교회로』, 최예자 역(서울: 프리셉트, 2013).

287) 이원상, 『이제 우리가 그 길을 가겠습니다』(서울: 두란노, 2017), p.231.

288) David Platt, "Shepherd the Flock of God: Eight Questions for Pastors of God's People," in Together For the Gospel 2020. https://www.youtube.com/watch?v=-4_544lfQ-8

289) David L. Larsen, The Anatomy of Preaching: Identifying the Issues in Preaching Today (Grand Rapids: Kregel Publications, 1989), 48.

290) Benjamin B. Warfield, "The Purpose of the Seminary," in Selected Shorter Writings of Benjamin B. Warfield, 2 vols., ed. John E. Meeter (Nutley: Presbyterian and Reformed, 1970), 1:378.

291) Lucien Joseph Richard, The Spirituality of John Calvin (Atlanta: John Knox Press, 1974), 100-101.

292) 데이비드 알렌 외, 『본문이 이끄는 설교』, pp.16-17. "이것이 의미하는 바는 설교

는 반드시 성경의 본문에 기초해야 할 뿐만 아니라, 바로 그 본문의 의미를 실제적으로 설명해야 한다는 것이다."

293) Haddon W. Robinson, *Biblical Preaching: The Development of Delivery of Expository Messages* (Grand Rapids: Baker Book House, 1980), 18.

294) Donald K. McKim, *The Bible in Theology and Preaching: How Preachers Use Scripture* (Nashville: Abingdon Press, 1994), 15. 설교자는 나름대로 성경을 해석하는 시각을 지니고 있으며, 성경에 대한 관점이 설교 철학을 결정짓는다고 지적한다.

295) Fred B. Craddock, *As One without Authority* (Nashville: Abingdon Press, 1971; reprint, Missouri: Chalice Press, 2001), 30.

296) 류응렬, 『에베소서 설교하기』(서울: 두란노, 2013), p.29.

297) 데이비드 알렌 외, 『본문이 이끄는 설교』, p.16.

298) Robinson, *Biblical Preaching*, 26.

299) Phillip Brooks, *The Joy of Preaching* (Grand Rapids: Kregel Publications, 1989), 27.

300) 류응렬, 『창세기』(서울: 성서유니온, 2013년), p.11.

깊게 공감하고 함께 설교하기 위한
본문이 살아있는 설교 플랫폼

초판 1쇄 발행 2021년 1월 15일
초판 2쇄 발행 2022년 11월 15일

지은이　　　권호, 임도균, 김대혁, 류응렬, 정승룡

펴낸이　　　곽성종
기획편집　　방재경
디자인　　　투에스

펴낸곳　　　(주)아가페출판사
등록　　　　제21-754호(1995. 4. 12)
주소　　　　(06698) 서울시 서초구 효령로8길 5 (방배동)
전화　　　　584-4835(본사) 522-5148(편집부)
팩스　　　　586-3078(본사) 586-3088(편집부)
홈페이지　　www.agape25.com
판권　　　　ⓒ 권호 외 2021
ISBN　　　　978-89-537-9641-6 (03230)

저작권법에 의하여 한국 내에서 보호받는 저작물이므로
무단전재와 복제를 금합니다.

아가페 출판사